中等职业学校汽车运用与维修专业通用教材

汽车营销实务

主　编　韦弢勇　廖建国
副主编　王素芳　丘丽萍

机 械 工 业 出 版 社

本书在阐述现代市场营销理论的基础上，结合当今中国汽车市场的发展现状，系统地介绍了汽车市场概论、汽车市场消费者行为分析、汽车市场细分及目标市场选择、汽车产品与定价、汽车产品的分销、汽车产品的促销、汽车服务营销、汽车营销、汽车市场营销管理等知识，同时，精选了不少国内外汽车营销案例及复习思考题。

本书是根据职业院校制造业和现代服务业技能型紧缺人才培养培训工程相关文件精神编写的，内容深入浅出，实践性强，既可作为中等职业学校汽车贸易及相关专业教材，也可供汽车营销从业人员培训学习和参考。

图书在版编目（CIP）数据

汽车营销实务/韦弢勇，廖建国主编. —北京：机械工业出版社，2006.2（2024.1 重印）
中等职业学校汽车运用与维修专业通用教材
ISBN 978-7-111-18498-0

Ⅰ. 汽… Ⅱ. ①韦… ②廖… Ⅲ. 汽车工业-市场营销学-专业学校-教材 Ⅳ. F407.471.5

中国版本图书馆 CIP 数据核字（2006）第 009223 号

机械工业出版社（北京市百万庄大街 22 号 邮政编码 100037）
责任编辑：朱 华 版式设计：冉晓华 责任校对：张莉娟
封面设计：王伟光 责任印制：李 昂
北京捷迅佳彩印刷有限公司印刷
2024 年 1 月第 1 版 · 第 18 次印刷
184mm×260mm · 14.25 印张 · 346 千字
标准书号：ISBN 978-7-111-18498-0
定价：39.80 元

电话服务	网络服务
客服电话：010-88361066	机 工 官 网：www.cmpbook.com
010-88379833	机 工 官 博：weibo.com/cmp1952
010-68326294	金 书 网：www.golden-book.com
封底无防伪标均为盗版	机工教育服务网：www.cmpedu.com

中等职业学校汽车运用与维修专业通用教材
编 委 会

前　言

本套教材是根据教育部确定的中等职业学校汽车运用与维修专业技能型紧缺人才培养的指导思想，以提高学习者的职业实践能力和职业素养为宗旨，倡导以学生为本位的教育培训理念和建立多样性与选择性相统一的教学机制。通过综合和具体的职业技术实践活动，帮助学生积累实际工作经验，突出职业教育的特色，全面提高学生的职业道德、职业能力和综合素质。

汽车运用与维修专业技能型紧缺人才培养培训的基本原则是：

1. 以全面素质为基础，以能力为本位。
2. 以企业需求为基本依据，以就业为导向。
3. 适应企业技术发展，体现教学内容的先进性和前瞻性。
4. 以学生为主体，体现教学组织的科学性和灵活性。

根据这一指导思想和基本原则，我们组织编写了这套汽车运用与维修专业通用教材。

本套教材具有以下特点：

1. 采用新标准、新规范、新规定。
2. 反映新结构、新材料、新工艺、新知识与新经验。
3. 突出实践，理论与实训比例为1：1左右。
4. 教材内容以够用为主，定位准确，难度适宜。

通过本套教材的学习，可以使学生达到以下要求：

1. 能够了解汽车维修企业的生产过程，具备初步的企业生产经验。
2. 能够分析和解决本专业的一般技术问题，具有初步的工作计划、组织实施和评估能力。
3. 能够借助工具书阅读一般的专业外文技术资料。
4. 具有良好的人际交流能力、团队合作精神和客户服务意识。
5. 具有安全生产、环境保护以及汽车维修等法规的相关知识和技能。

学生通过对本套教材的学习，完全能掌握必要的本专业理论知识，同时还能达到相应的技能要求，还能够取得相应的职业资格证书，为就业打下良好的基础。

在本书编写过程中，按照中等职业学校三年制汽车运用与维修专业领域技能型紧缺人才培养培训指导方案要求，根据我国市场经济建设和汽车工业发展需求，以提高中等职业学校学生的职业实践能力和职业素养为宗旨，编写章节和内容的安排强调以学生为本位的教育理念和建立多样性与选择性相统一的教学机制。具体内容的选编注意紧密联系当前中国汽车市场的实际情况，通过精选案例，促进学生分析与解决问题的能力和汽车营销实际操作技能的提高，突出中等职业教育的特色。

本书由韦弢勇、廖建国担任主编，王素芳、丘丽萍担任副主编，参加编写工作的老师有（按章节顺序排列）：韦弢勇（第一、六章），廖建国（第二、三章）王素芳（第四、七章），王筠镇（第五、九章），陈均、丘丽萍（第八章）。马建华任主审，主编韦弢勇、廖建国统稿。

本书在编写过程中参考了国内外市场营销和有关汽车营销的论文和书籍等文献，在此，谨向原作者表示谢意。

本书除了可以作为中等职业学校汽车营销或汽车服务贸易相关专业方向的教材之外，也可供汽车营销从业人员培训学习和参考。

由于编者水平有限，加之编写时间所限，书中错漏之处在所难免，恳请广大读者不吝指正。

中等职业学校汽车运用与维修专业通用教材编委会

目　录

第一章　汽车市场概论

【学习目的】　通过学习，了解汽车营销市场的基本概念、汽车产品的市场营销观念、我国汽车工业与汽车市场的发展，掌握汽车市场营销的方式，理解并掌握汽车市场营销人员的职能与基本要求。

第一节　市场与市场营销（市场营销组合）

市场营销是现代企业的重要职能之一，只有通过市场营销活动，在市场上实现交换，企业才能在满足顾客需求的过程中获取利润，才能完成其所承担的社会分工职能，才能体现出企业的社会存在价值。正因为如此，市场营销受到了广大企业的高度重视。市场竞争越是向纵深发展，企业所面临的环境就越复杂，市场营销的作用就越重要。因此，企业必须全面深入地分析市场与市场环境的现状、特点，把握市场变化的趋势，通过市场营销活动参与市场竞争。市场营销能力与水平决定着企业在市场经济大潮中的兴衰命运。

一、市场的概念

市场是商品经济的产物。随着生产力的发展，社会出现分工，自己所生产的产品有消费结余，交换的需要从而使市场得以产生与发展。市场的含义随着商品经济的不断发展，内容得到不断丰富和充实，一般可以从三个方面来理解市场的含义：

1. 市场是商品交换的场所

在商品经济初期，商品交换不发达，人们总是在某个时间、某个地方聚集在一起进行商品交换，市场更多地强调交换空间与地理的含义，因而，市场被看作买卖双方进行商品交换的场所。如建材市场、农贸市场、中关村汽车交易市场等。这样的理解目前仍十分普遍。

2. 市场是商品交换关系的总和

市场的作用在于使产品转换为商品，促进商品交换。它反映商品供求关系，实际上，商品交换关系如买卖双方、卖方与卖方、买方与买方、买卖双方与各自的中间商、中间商与中间商之间等等，这些关系已经渗透到了社会生活的各个方面，市场代表着各种商品交换关系的总和，反映着商品交换关系和商品供求关系。

3. 市场是消费者对商品的总需求

随着社会生产力的发展，商品日益丰富，更多的商品处于供大于求的状态。在商品交换关系中，买方的需求成为商品交换的决定性因素，在商品交换关系中居于主导地位。因此，更为重要的是研究企业如何通过整体市场营销活动，适应并满足消费者的需求，促进商品的交换，以实现经营目标。市场营销就是在这个意义上来理解和运用市场概念的。

因此，市场是对某种商品具有需求和支付能力的人或组织。市场就是指消费者对某种商品的总需求，包括现实购买者与潜在购买者需求的总和。市场包含三个因素：有某种需要的人、为满足这种需要的购买力和购买欲望。也就是：

$$市场 = 人口 + 购买力 + 购买欲望$$

市场中的这三个因素是相互制约的，三者结合起来才能决定市场的规模与容量。比如，尽管一个国家或地区人口总数大，但人均收入低，购买能力有限，则不能构成大容量的市场；或是虽然人均收入高，平均购买能力很大，但人口少，同样也不能构成大容量的市场；只有人口基数大，收入高，平均购买能力强，才能成为一个有较大潜力的大市场。但是，如果产品不能引起广大消费者的注意，不能激发他们购买的欲望，对于企业来说，仍然不能成为现实需求的市场。所以，市场是人口、购买力和购买欲望三个因素的统一。

二、市场营销的含义

1. 市场营销的概念

市场营销是由英文 Marketing 一词翻译过来的，它包含两层意思：其一是指一系列的经营销售活动；其二是指一门研究市场营销问题的经济学科。菲利普·科特勒认为：营销是个人和集体通过创造，提供并同他人交换有价值的产品，实现其需求和欲望的一种社会与管理过程。美国市场营销协会（AMA）将市场营销定义为：市场营销是关于构思、货物和劳务设计、定价、促销和分销的规划与实施过程，目的是创造能实现个人和组织目标的交换。

市场营销的中心是交换，是买卖双方为了实现各自的目标而进行的交换过程。这是综合性的商业活动，包括：市场调研、市场分析与预测、目标市场选择、产品开发设计、价格制定、销售渠道选择、销售促进、售后服务等活动。

2. 认识市场营销的出发点

从市场营销学的产生和发展可以看出,市场营销的概念具有动态特征。认识市场营销要在市场中去体会,不能超时空抽象地去理解,应当从市场营销实践中去把握它的内涵。占有市场并从市场中获取利益是市场营销确立的基本思想。但在不同的环境条件下如何去领会这一基本思想,存在差别是肯定的。因此,市场营销的内涵也必然会发生很大变化,企业的经营者只有及时地捕捉这些变化,调整自己的认识与观念,才能促进企业在市场竞争中健康发展。

在卖方市场状态下，企业处于市场交易的主导地位，这时，不是没有营销问题，而是经营者很难从本质意义上体会市场营销的内涵。有些企业没有及时地调整经营观念，这就给企业在以后的市场竞争埋下了失败的种子；在进入买方市场之后，消费者处于市场的主导地位，企业要千方百计地将产品卖出去，否则，生产的越多赔的越多。这时企业自然重视销售工作，但往往会简单地将市场营销理解为卖东西，正是由于受这样的观念影响，不少企业聘用大量素质低下的人员承担市场营销工作，严重制约了企业的进一步发展。当前，市场经济体制逐渐完善，市场经济迅速发展，产销矛盾进一步加剧，市场已经从企业末端走到了企业的前端，不是生产出来再去卖，而是生产之前就要考虑消费者的需求，企业营销必须按照消费者需求变化来调整策略，这应当是企业把握市场营销的基本出发点。企业市场营销活动过程实质上是企业不断适应消费者需求变化，适应市场营销环境变化的动态过程。

在市场营销实践中,没有一成不变的、万能的具体方法,任何营销方法要实用而有效,就必须根据企业所处的具体营销环境来调整操作方式,而不能简单重复。从这一意义上来看,营销无定式,虽然营销没有固定不变的模式,但却有着共同的规律。营销方式越是千变万化,所体现的基本规律就越深刻。而人们越是从深刻意义上把握住市场营销的基本规律,就越能有效地驾驭竞争激烈、瞬息万变的市场,就能更加灵活地运用各种市场营销方法,而且还能不断地创造出新的营销方式与方法。所以,在市场营销方法的研究中,要特别重视对典型案例的收集整理与分析研究,通过不断地总结经验,去理解并把握市场营销的基本规律。

三、市场营销的形成与发展

市场营销学是作为系统研究市场问题的一门独立学科，是在资本主义工业革命以后才出现的。由于生产迅速发展，生产效率大为提高，生产能力增长速度超过市场需求增长的速度，商品交换处于供过于求状态。一些企业开始重视商品推销和刺激需求，一些经济学者开始注重对推销和广告的研究，着手从理论上探讨产品的销售问题，从而开启了市场营销学研究领域之河。

具有基本理论框架的市场营销学是20世纪50年代以后发展起来的，第二次世界大战结束后，以美国为代表的发达资本主义国家，将战争期间用于军事的设备与技术转向生产民品，生产力水平大大提高，经济实力迅速发展。商品生产供过于求的矛盾加剧，卖方之间的竞争愈加激烈，买方处于可以选择和左右市场的主导地位。原有的建立在卖方市场基础上以研究商品推销术为主体的旧的市场销售理论和方法面临严峻的挑战。于是销售在理论研究上发生了重大变革，研究的范围突破了流通领域，逐渐与企业生产经营的整体活动密切结合起来，许多市场营销学专家和企业家从不同的角度提出了以消费者为中心的新的市场理论，研究的重点转变为买方市场条件下的企业经营活动，形成了以市场需求为中心的现代营销观念及其指导下一系列现代企业经营战略与方法。把市场作为生产过程的起点，以市场为导向来组织企业的生产经营活动，这是市场营销学上的“市场学革命”。20世纪60年代以后，反映这些市场营销理论的研究成果相继问世，特别是美国市场营销学家麦卡锡(E. J. Mccarthy)的《市场学基础》和菲利普·科特勒（Philip Kotler）的《营销管理》两本论著，全面介绍了现代 市场营销理论，强调了市场营销的管理导向作用，把市场营销学发展成为指导企业经营决策的科学，形成了现代市场营销学的概念、方法与理论体系。到了20世纪70年代以后，市场营销学又进一步与经济学、社会学、组织行为学、心理学、公共关系学等学科相互渗透，成为了一门边缘应用科学。

在我国，由于长期受到“左”的思想的影响，把商品经济同计划经济对立起来，将竞争看成是资本主义的经济现象，把市场看作是滋生资本主义的“温床”，否定了与商品经济相关的科学与方法。在解放后30年的时间里，使得市场问题成为了我国经济科学的“禁区”。加之，我国长期处于产品供不应求的状态，人们不重视对市场营销学的研究。现代市场营销理论只是在改革开放之后才传入我国，特别是20世纪90年代以来，我国的市场营销理论研究取得了十分迅速的发展。随着国内经济结构的变化，买方市场逐渐形成，市场竞争加剧，强化营销和营销创新成为了企业研究的重要课题。我国的汽车企业也是在这一时期才真正认识到运用现代市场营销理论的重要性，逐渐学会运用营销理论成果的。

四、汽车营销学研究的对象与方法

1. 汽车营销学研究的对象

美国市场营销协会关于市场营销学研究的对象的定义是：“引导商品和劳务从生产者流转到消费者和使用者中所实行的一切企业活动”。著名的市场营销专家菲利普·科特勒认为：市场营销学的研究对象是企业的这样一种职能，即识别目前未满足的需求与欲望，确定需求量的大小，选择本企业能最好地为它服务的目标市场，并且决定适当的产品、服务和计划，以便为目标市场服务。不同的表述所强调的角度和具体方法不同，但是在本质上是一致的，都强调了以消费者为中心来开展企业的营销活动。市场营销学就是以消费者需求为中心，研究企业经营策略和技巧的学科。

一般市场营销学研究的对象基本上也是汽车营销学研究的对象，只是要与汽车企业和汽车产品的具体特点相结合，它的基本内容包括：

(1) 汽车营销概述。讨论市场与市场营销内涵，以及汽车市场营销观念的变化。总结并介绍我国汽车工业及汽车市场形成与发展。

(2) 汽车营销市场环境分析与汽车市场调研。影响汽车营销的环境分为宏观环境与微观环境，前者是指那些对于汽车企业来说是不可控制的外在因素，包括政治和法律环境、经济与市场环境、社会与人口环境、文化和科技环境等；后者是指那些汽车企业可以控制的内在的因素，比如企业的经济实力和经营能力等。

通过对汽车市场的调查，掌握市场容量、消费需求特点、顾客购买行为特征，以及市场竞争程度。寻找营销机会。

(3) 汽车营销战略。讨论汽车市场的细分化，确定汽车企业目标市场，从而进行汽车企业市场的定位的方法，以及汽车企业市场营销的战略确定与策略选择。

(4) 汽车市场营销策略。包括：汽车产品策略、汽车定价策略、汽车渠道策略、汽车促销策略和汽车服务策略。

(5) 汽车营销管理。包括:汽车企业市场营销管理过程及优化、汽车营销管理实施与控制。

2. 汽车营销学研究的方法

(1) 产品法。这种方法针对具体的汽车产品进行研究，这也是汽车营销学主要研究的方法之一。

(2) 职能法。它研究企业在市场中相关营销职能以及执行这些职能所遇到的问题及解决方法。

(3) 决策法。它是将企业营销决策分为目标市场和营销组合两大部分，研究企业如何根据汽车市场营销环境的发展变化，结合企业自身控制的资源，进行准确的目标市场定位和营销组合决策。

第二节　汽车产品市场的营销观念

市场营销观念是指企业进行经营决策、组织和开展营销活动的基本思想与行为准则，也就是企业所奉行的哲学和理念。市场营销所涉及的基本内容是怎样处理企业、顾客和社会三者之间的关系。企业经营者根据对这些关系的理解，来确定市场营销所承担的责任和追求的结果。市场营销观念是在营销实践基础上产生的，随生产力的进步和市场形势的变化而不断发展和演变的。

市场营销观念的发展可以划分为五个阶段，即生产中心观念、产品中心观念、推销中心观念、市场营销观念和社会市场营销观念。其中，生产中心观念、产品中心观念和推销中心观念是“以企业为中心的观念”，也就是传统的营销观念。而后两种观念是“以顾客为中心的观念”和“以社会长远利益为中心的观念”，合称为现代市场营销观念。

一、汽车产品市场营销观念的演变

1. 生产观念

在资本主义工业革命之前，社会总体处于卖方市场条件下，厂商认为消费者会接受任何买得到且买得起的产品。“我能生产什么，就卖什么”。企业的主要精力都集中于增加生产，以生产为中心，重点放在扩大生产，提高产量，以降低成本适应消费者的购买力。如20世纪初，美国福特汽车公司生产的产品供不应求，亨利·福特曾傲慢地称：不管顾客需要什么颜色的汽车，我只生产黑色的汽车。这就是典型的生产观念在企业经营中的表现。

2. 产品观念

产品观念的出现，是由于消费者的购买力有所提高，市场竞争也在深化，但从总体上看，仍处于卖方市场。持这一观念的企业认为消费者喜欢高质量、多功能和具有某些特色的产品。因此，企业千方百计提高产品质量，不断增加产品的功能，努力使产品功能日臻完善。从本质上说，产品观念只是生产观念的另一种表现。

3. 推销观念

这一观念认为，消费者在通常情况下不会主动购买某种商品，或在没有意识到某种商品的功能特点时，还可能对它产生抗拒心理。企业应加强生产后的推销活动，激发消费者的购买欲望，引导消费者购买其产品。具体表现为：我卖什么，就设法让人们买什么。这种观念的产生，说明企业意识到卖方市场已经向买方市场转化。

4. 市场营销观念

这一观念认为，实现企业经营目标的关键在于把握目标市场的需求，以目标市场需求为中心组织企业的生产营销活动，有效地满足消费者的需求和欲望。其具体表现为：顾客需要什么，我就生产什么。产生这一观念的客观条件是生产力快速发展，消费者有了更大的选择权，消费者的需求趋向多样化和差别化。它要求以顾客需求为导向，是消费者主权论在企业市场营销管理中的具体体现。

5. 社会市场营销观念

这是营销观念的进一步延伸。社会营销观念认为，企业提供产品和服务，不仅要满足消费者的需求和欲望，而且还要考虑维护广大消费者和社会的长远利益。而在市场营销观念中企业回避了消费者的需要、利益与社会长远利益之间隐含的冲突。由于环境恶化、资源短缺、人口爆炸、经济滞长、社会公众服务缺失等等问题，要求企业必须重新调整自己的营销活动，自觉承担企业相应的社会责任。

二、几种市场营销观念的比较

市场营销观念，作为企业开展市场营销实践、指导企业营销活动的基本思想。科学的企业经营思想与企业中的人、财、物一样，也是企业的一种资源，而且是能动的、活跃的、更为宝贵的资源。汽车企业在不同的市场营销观念下，其营销活动的表现不同，几种不同的市场营销观念的比较见表1-1。

表1-1　几种市场营销观念的比较

市场观念	出发点	方法	目标	汽车企业的表现
生产观念	产品产量	降低成本，提高生产效率	在销量增长中获利	“我只生产黑色的汽车”
产品观念	产品质量	生产高质量、多功能产品	用高质量的产品推动销售量的增长	“我要生产最好的汽车”
推销观念	产品销售	加强推销和宣传活动	在扩大市场销售中获利	重视广告和人员推销活动，服务的主动性增强

（续）

市场观念	出发点	方法	目标	汽车企业的表现
营销观念	顾客需求	运用整体营销策略	在满足顾客需求中获利	生产的汽车花色品种多，以迎合消费者的需求
社会营销观念	社会利益	运用整体营销策略	满足消费者需求，同时，维护社会长远利益	生产污染小、低油耗、安全性好的环保型汽车

第三节 我国汽车工业与汽车市场的发展

20世纪初，国外汽车开始进入我国，有了汽车维修业，但我国汽车制造工业是在解放之后逐步发展起来的，特别是改革开放之后，汽车工业突飞猛进的发展，我国汽车工业的产销系统由封闭转为开放，汽车生产的市场导向取代了计划指导。多渠道、高效率的汽车商品市场流通体系已初步形成。

一、我国汽车工业体系的形成与发展

从1953年第一汽车制造厂开始建设、发展至今，我国汽车工业的发展经历了三个阶段：

1. 创建时期

我国汽车工业这一时期是在高度集中的计划经济体制下运行的。国家集中力量先后建成了第一汽车制造厂和第二汽车制造厂等主机厂，为我国的汽车工业的发展奠定了基础。当时的产品主要是中型载货汽车，全部由国家计划生产、计划销售。国家对汽车工业实行计划管理，汽车工业缺乏竞争机制，在长达近30年的时间内，由于种种原因，汽车工业发展比较缓慢。

2. 发展阶段

这一时期，从1979年到1993年，随着国家经济体制改革的不断深入，我国汽车工业的单一计划经济模式被打破，市场逐步成为配置资源的主要机制，汽车工业内部的竞争不断强化。与此同时，汽车企业之间的协作和专业化生产得以发展，打破了“小而全、大而全”的发展模式，开始走联合发展的道路，形成了一些汽车企业集团。这一阶段，在消费市场需求巨大的拉动下，中央与地方政府的积极参与，形成了我国第三次大办汽车工业的热潮。汽车生产能力迅速增长，从1978年到1993年汽车生产保持年均15.4%的增长速度，1992年产销量首次突破100万辆大关，一跃成为世界汽车生产大国。

这一时期，我国汽车工业也开始走出自我封闭的发展模式，走上了与国际汽车工业合作发展的道路。10余年间，我国汽车工业有重点、有选择地引进国外先进技术100多项。这些技术涉及汽车、特种车、专用车、零部件和相关配套工业等各个方面。通过KD生产方式、技术引进、消化吸收和建设改造，整个汽车工业有了明显进步。不仅汽车产量增加迅速，而且汽车产品结构也由单一的中型货车变为中型与重、轻、微型货车等多品种商用汽车同时发展的新局面。基本上改变了商用汽车“缺重、少轻”的面貌。特别值得一提的是，这一期间以上海轿车工业的大规模建设为标志，拉开了我国现代化轿车工业建设的历程，并先后在全国形成无数个轿车生产基地。轿车生产量从1986年的1.25万辆发展到1993年的

23 万辆，轿车产量在汽车总产量的比例迅速上升。

但是，我国汽车工业在这一时期的发展也暴露出一些问题，汽车工业的面貌表现为“散、乱、低、差”。“散乱”是指汽车工业的生产布局存在严重的分散、重复、乱投资和乱上项目的现象。据不完全统计，1993 年全国共有整车（主机）制造厂家 126 个，客车、专用车厂家 650 个，零部件厂家多达 3000 余个。汽车厂家数目之多，在全世界也绝无仅有。其中轻型汽车最为分散，生产集中度最低，绝大多数产品没有明显差别，产品重复严重。“低”和“差”是指汽车工业的整体能力低，包括汽车工业的技术开发能力低，先进科技成果的吸收能力低，以及零部件工业、基础制造业和相关工业对汽车工业的支撑能力低，这将直接导致汽车产品性能和产品质量差，尤其在经济性、排放性和可靠性等指标上，我国汽车产品明显落后于同期国际水平。

3. 与国际接轨的过渡阶段

第三阶段自 1994 年开始，预计至 2006 年，是我国汽车工业与国际接轨的准备阶段。我国全面进入市场经济建设和 1994 年国家颁布实施的《汽车工业产业政策》标志着我国汽车工业进入了新的发展阶段。其基本背景是我国经济全面实现“两个转变”（即国家经济体制向市场经济体制转变，企业经营从粗放经营向集约化经营转变），中国经济开始全面参与国际经济大循环（以 2002 年 12 月 11 日中国正式加入 WTO 为标志）。至 2006 年，中国的汽车进口管理将完全达到 WTO 的发展中国家的平均水平，放开汽车市场，我国汽车工业将面临更广泛的国际合作与竞争。

这一时期，我国汽车工业已经表现并将继续表现出这样一些特点：一是汽车工业的质量素质提高。如汽车厂家数目增加的趋势得以遏制，2001 年整车厂家名义上虽然还有 114 家，但事实上有一半的企业处于停产状态，中小企业纷纷加入大型企业集团，甚至大型企业之间也在走向联合或合并，汽车工业的“散乱”现象得到初步扭转；汽车产量基本集中在前 20 家，汽车工业的生产集中度进一步提高；汽车产品的质量性能持续提高，新技术的装车率不断增加，汽车的车型品种迅速丰富，结构趋于合理。二是汽车生产数量平稳上升，增长速度合理。2002 年的汽车总产量预计比 1994 年翻了一番，年均增长率约为 9%。在这一时期汽车产量保持平稳增长态势，不像前一阶段那样大起大落。三是汽车工业的投资在保持外资大幅增加的同时，以吉利集团为代表的民营资本或私人资本首次进入整车（轿车）项目，丰富了汽车工业的投资主体，私人资本表现出较强的生命力。四是汽车工业和汽车市场正在实现“两个转变”，即汽车工业整体由以载货汽车工业为主向以轿车和汽车零部件工业为主转变，汽车市场从单一的公费购车向多元化市场结构转变，私人购车比例迅速上升。五是汽车工业企业积极寻找对策措施，为同国际接轨积蓄力量。这些措施包括新一轮的企业重组，新一轮的对外深度合作（如东风集团与法国雷诺、PSA 和日本日产公司的合作），以及加强修炼企业内功（如降成本、上质量、拓品种、增实力）等。

总之，我国汽车工业经过 50 年的建设发展，现在已形成产品门类齐全，产品质量和技术具有一定水平，企业实力迅速提升的新局面。预计它将在今后得到快速、持续和健康发展，汽车工业将真正成为我国国民经济的支柱产业。

二、我国汽车市场的形成与发展

我国汽车市场的建立与发展经历了从计划经济到市场经济的过程，并经历了一个“双轨制”运行时期，目前，多渠道、少环节的汽车商品市场流通体系已初步形成。

1. 汽车计划供销体制

改革开放之前，我国对物资实行集中管理，整体平衡的分配制度。汽车属一类物资，执行严格的计划控制下的分配制度为汽车产品流通形式。其分配过程为：国家计划部门编制分配计划，下达给主管汽车生产的部门，由主管部门组织召开汽车产品供需订货会，按分配的指标签订供货合同，汽车生产企业负责汽车产品的生产和供货。汽车产品的需用单位按照行政隶属关系申请指标，获批准后列入国家指令性计划分配供应。

2. 计划供销与市场经济“双轨制”运行

改革开放之初，国家将一定的生产自主权下放给地方和企业，汽车生产企业在完成国家下达的指令性计划后，可自行安排生产，地方和企业可支配的汽车数量有了较大的增长。1976 年由地方支配的汽车达 3 万辆，约占全国产量的四分之一，20 世纪 80 年代，国家指令性计划指标进一步缩小，到 1984 年，国家指令性计划分配的汽车占汽车资源的比重由 1980 年的 92.7% 下降到 58.3%。企业产销自主权不断扩大。

随着企业自主权的扩大，有一部分汽车产品就要进入市场。由于当时汽车产品供求矛盾十分突出，经销商采取价格层层加码，转手获取利润。物资部门为了规范这部分汽车市场，规定只有汽车贸易中心和汽车销售服务公司才能从事汽车交易活动，各地投放到市场的汽车和汽车生产企业的自销车必须进入上述市场进行交易，销售的汽车发票必须经工商局验证盖章，据此办理汽车行驶执照。

1985 年 2 月，国家经委、物资部联合下发了“关于向市场投放汽车和建立汽车贸易中心的通知”，决定先在北京、上海、沈阳、武汉、重庆、西安等 6 个中心城市建立汽车贸易中心，由所在城市的省市机电公司、机电产品贸易中心和国家物资部所属的机电产品管理处联合组成，并受国家物资部的委托负责国家指令性汽车计划分配，同时也经营进口汽车业务。

1988 年，国家又成立了中国汽车贸易总公司，上述 6 个汽车贸易中心改为汽车贸易分公司，加上天津、广州两家公司，全国共有 8 个汽车贸易分公司，并在全国成立了 1000 多家汽车销售网点，基本形成了一个全国性的汽车贸易主干网络。这一时期，汽车流通中出现了指令性计划、指导性计划、市场自由流通、实物交易等几种形式，形成了计划内价格、计划外价格的双重价格体制。

3. 主体多元化的汽车营销体制

随着改革开放的不断深入，社会主义市场经济的建立与不断逐步完善，汽车产品流通体制进入了突破性发展阶段，双轨制运行的汽车营销体制亦逐步向以市场为主的体制运行，市场机制开始成为汽车产品流通的主要运行机制。各种灵活多样的汽车营销形式纷纷出现。在一些城市，出现了汽车超级市场、露天市场、自选市场、4S 汽车专卖店、永久性汽车交易市场、汽车贸易城等。汽车生产企业也采取以销定产，按定单组织生产，或实行产品外包销售。消费者购车，可以货比三家，双方议价、权衡利弊，自由选购。政府部门购车，也实行招标方式，由采购中心组织实施，拟好标书，公开发布，投标、开标、评标、定标按规定程序公平、公开、公正进行。经营主体多元化的汽车营销体制已逐渐形成。

三、我国汽车市场的特点及影响因素

1. 我国汽车市场的特点

改革开放以来，市场机制在资源配置中日益发挥出基础性作用，我国汽车市场逐渐得到培育与发展。这一时期的汽车市场发展几起几落。

1980 年至 1981 年，改革开放之初，国民经济处于恢复时期，汽车市场出现了停滞状态。1982 开始逐步回升，到了 1985 年，国家基本建设规模迅速增大，工业生产建设速度过高，信贷失控，消费膨胀，出现了过热的汽车需求。1985 年汽车销售量达到了 60 万辆，是建国以来汽车销售的第一个高峰年。1986 年我国国民经济进入调整时期，大部分汽车企业处于停产或半停产状态。到了 1987 年，汽车市场又呈现出了回升趋势，1987 年、1988 年连续出现两年旺销。但 1989 开始，连续两年汽车产量下滑，市场疲软，1989 年生产汽车 50.9 万辆，较上年下降了 11.8%，汽车销售量下降了 8.4%。这是国家“七五”期间汽车产销两次大波动。

汽车工业在“八五”初期，又出现了连续三年的高速增长。在 1992 年，我国汽车生产首次突破 100 万辆大关。但从 1993 年 7 月至 1994 年，汽车市场又出现了一次波动，汽车产销量继续回落，库存车辆增加，汽车企业处于低速度、低效益运行状态。尽管产量处于低谷，但汽车生产呈增长趋势，产销量仍保持相当水平。在“八五”期末到“九五”期初，我国汽车产销量又出现一次波动。1996 年的汽车产销量与 1995 年持平，增长极其缓慢。1996 年上半年，我国汽车市场进入低谷，汽车销量自 3 月份起连续 4 个月出现负增长，汽车价格，尤其是轿车价格普遍下降。轿车价格与年初相比，下降 4.9%；与 1995 年同期相比，下降 12.9%。此次汽车市场的波动，既有经济大环境的影响，也有汽车产业尚未完全进入市场机制的良性循环，产品结构还不适应市场需求等因素的影响。

1993 年以后，汽车产销量基本处于比较平衡的发展时期，1995 年、1996 年，为了抑制经济过热，实行经济软着陆，汽车产销量增幅很小，随后又受到东南亚经济危机的影响，增幅一直比较平稳。1997 年我国汽车产量只有 158.26 万辆，轿车占的比例很小。2001 年全国汽车产量达到 233.44 万辆，其中轿车产量仅为 69.5 万辆，轿车在全部汽车产量中所占的比例不到 30%。

近年来，我国汽车产销量保持了快速增长的发展势头。2002 年是我国加入世界贸易组织后的第一年，我国汽车产销开始出现“井喷”行情。当年我国汽车产量一举超过 300 万辆大关，达到 325.1 万辆，增长 38.8%。轿车产量更是增长了 52.84%，首次突破百万辆大关，达到 106.24 万辆，轿车比重达到 32.7%。进入 2003 年，这一“井喷”行情得以持续。当年生产各类汽车 444.37 万辆，销量 439.08 万辆，分别增长 35.2% 和 34.21%。其中轿车的增长更是令人吃惊。2003 年轿车产量达到 201.89 万辆，销量达到 197.16 万辆，分别增长了 83.25% 和 75.28%。2003 年销量超过德国成为世界第三大汽车销售国。2004 年汽车产销量均突破 500 万辆，国产汽车产销量分别达到 507.05 万辆和 507.11 万辆，同比分别增长了 14.11% 和 15.5%。1995 ~2004 年国产汽车生产及增长情况见表 1-2，及图 1-1。

表 1-2　1995 ~ 2004 年国产汽车生产及增长情况　（单位：万辆/年）

年份	1995	1996	1997	1998	1999
产量	145.27	147.49	158.26	162.78	183.16
年份	2000	2001	2002	2003	2004
产量	206.82	233.44	325.12	444.37	507.05

注：资料来源：《中国汽车工业发展年度报告》，中国汽车技术研究中心、中国汽车工业协会编。

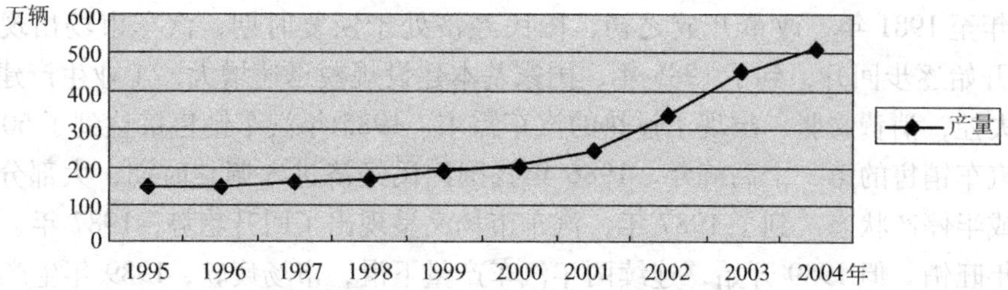

图 1-1　国产汽车历年生产及增长情况

2. 我国汽车市场变化的影响因素

一方面是国民经济发展的宏观状况对汽车市场的变化影响极大，另一方面是汽车市场的状况反过来对国民经济宏观运行情况也有一定的影响。

（1）国民经济主要运行参数直接影响汽车市场变化，汽车市场的变化与国民经济的运行大体同步。根据统计资料分析，汽车增长速度高于工业生产增长速度5%～10%。当工业增长速度的落差接近5个百分点时，汽车市场运行状况就有所恶化，而落差接近10个百分点时，汽车市场将会出现大幅回落。

（2）国家宏观调控措施也对汽车市场变化有直接影响。银行信贷及利率直接影响到企业的购车能力，银行信贷宽松，利率水平低，可降低生产厂和销售企业的成本，利润就会上升。我国在1997年后，连续几次降低存贷款利率，使企业大为受益，这与汽车市场的平稳发展不无关系。

其次，税费和关税的调整，也直接影响汽车市场。增值税实施，收费项目增加，消费者的负担加重，成本增加，汽车销售量就会下降。相反，费改税收费项目减少，刺激了消费，汽车销售量就会上升。另外，降低关税，进口车价格也会相应降低，同时迫使国产汽车价格下调，有利于提高汽车销量。

（3）社会经济结构的发展变化对汽车市场也有较明显的影响。由于国家大力发展乡镇企业和第三产业，积极鼓励三资企业和民营企业的发展，因而这些企业对汽车的需求增加，特别是第三产业的发展，拉动汽车消费。此外，随着城乡人民生活水平的提高，私人购车越来越多，将来的轿车市场将逐步向家庭购车方面转移。轿车大量进入家庭以后，汽车市场将更加平稳增长，不会因国家压缩集团购买力和国营企业事业单位汽车需求量减少而使汽车市场急剧波动。所以，社会经济结构的发展变化，将为汽车提供更为广阔的市场。

第四节　汽车营销方式

一、一般方式

1. 批发与零售交易

汽车生产厂商将产品出售给汽车经销商或商业组织，这种交易为批发交易。而汽车经销商或商业组织将产品出售给消费者，即为零售交易。在商品流通过程中，从生产商到消费者之间需要经过多次交易，交易的次数越多，最后到消费者手中的商品价格就越高。如何减少商品流通的中间环节，降低商品的零售价格，是营销渠道研究的一个很重要的问题。

汽车批发市场有综合性批发市场、专业性批发市场等。批发市场在经济活动中具有联结产需、集散商品、向外辐射、调剂余缺等功能。它是城乡之间、地区之间商品流通和经济联系的纽带，是沟通产销、联结生产企业与零售企业之间的桥梁，是调节市场供求、保证产需平衡的“蓄水池”。

汽车营销中的批发与零售形式大致有以下三种：

（1）批发为主，兼营零售。如中国汽车贸易总公司及其各地的汽车贸易分公司，中国汽车销售总公司及其各地的分公司，以及大型汽车集团的销售公司。上述这些单位基本上以批发业务为主，也兼营零售业务。

（2）批零兼营。即批发交易与零售并举。如生产资料公司、农机总公司、原中央各部委领导的销售公司等。它们批发交易的汽车数量不少，零售交易也很活跃，销售额也很可观。

（3）以零售为主，兼营批发。这样的公司有汽车配件公司，兼营汽车；还有大城市专门设立的大型零售市场，如北京的亚运村汽车市场。这些单位主要从事零售交易，也进行批发业务。北京市自 1998 年以来，已形成三大汽车交易市场的鼎足之势：东北部有亚运村汽车交易市场；西南部有北方汽车交易市场；西北部有中联汽车交易市场。

批发交易与零售交易，一般使用一手交款一手提货的办法，但有的批发交易付定金，货到后付款。对平销车和滞销车，有时实行售后付款或分期付款。

2. 地区总代理与代购代销

汽车生产厂商为了大规模占领市场，在一些地区选择某公司作为该地区汽车营销总代理。生产企业与总代理公司事先签订合同，在供货价格、付款方式、供货数量和供货时间上给予种种优惠。总代理在该地区建立销售网，及时将运来的汽车批发到各销售网点。地区有了总代理，生产企业一般不再自设销售公司，全权委托总代理销售。但有时在国内几个特大城市，如北京、上海，生产企业除委托总代理之外，仍在该市设立专营该厂汽车的销售公司。

代购代销是受生产厂家或批发商的委托，从事某些汽车产品的交易业务，但不具有对汽车产品所有权的营销商。一般在新产品投放市场时，客户对该产品还不太熟悉，常采用代购代销的方式。另外，为打开有些平销车或滞销车的销路，厂家也会先把汽车发往营销单位，预先订好协议，待汽车售出后付款，即采用代购代销方式。代购代销协议最重要的是规定利润分成的形式及比例，通常有三种形式：一是利益分成，即规定最低价，售出后扣除税费，利润按协议规定的比例分成。二是多赚多得，即规定每辆车售出后付给厂家多少钱，高于此进价的部分为代理商所得利润，销售中多赚多得。三是定额报酬，即只按规定价格出售，每辆车付给定额酬金。

3. 销售集团与联营销售

为了密切产销关系，一些汽车生产厂家为适应市场经济发展需要，组织汽车营销集团，其对象是各地的汽车营销单位。集团制定章程，各营销单位事先交付一定的储备金，供货时保证一个最低限度的基数，提供集团成员营销汽车时作为周转车用。这种营销集团是专业性的，营销对象是该厂生产的各种汽车。生产厂家对集团成员在数量、价格、付款方式、维修服务、配件供应等方面按不同情况实行不同程度的优惠。

此外，还有一种类似于销售集团的形式，是由地区实力较强的汽车营销公司牵头组织本地区汽车销售单位和主要用户的主管部门组成营销网络，凡是有资源的主办单位都可在本销售网内营销；在资源分配上常采用“组车”分配方式，也叫捆绑式销售，即对紧俏车、滞销车与平销车，按一定比例搭配，主营单位对各成员在供货数量、付款方式等方面实行优惠政策，这种方式不叫销售集团，而称为销售网络。

联营销售是在一个地区重点推销一个工厂生产的某几种汽车，通常是生产厂家与有关地区的汽车营销单位之间合作，建立起紧密关系，设立汽车经营销售部。工厂可派常驻代表于该经营公司，双方订立合作协议，规定工厂供货的计划、优惠办法、结算方式、利润分配比例等。联营销售的原则是利益共享，风险共担。

4. 区域性汽车交易市场

为了适应汽车贸易大流通、大市场发展的需要，搞活流通领域，国内一些大型城市建立了区域性汽车交易市场，集中经营展销，方便顾客选购车辆，搞好售后服务。这种汽车交易市场内有面积较大的存车广场，存放各种品牌待售车辆，品种规格多，便于顾客挑选。每个营销单位在场内设立窗口，进行营销活动，集中展销，有一套方便顾客的一条龙服务机构，市场代办工商验证、临时牌照、车辆移动证、保险、养路费等多种业务。

交易市场收费低，一般存放展销车辆不收费，成交一辆汽车买卖双方交纳管理费1%～1.5%。前面提到的北京三大汽车交易市场，即北京亚运村汽车交易市场、北方汽车交易市场、中联汽车交易市场，就属此类汽车交易市场。其规模大、服务好、汽车成交额大。例如，北京亚运村汽车交易市场开业两周年，交易额达50亿元，占市场份额的20%，在全国几大汽车交易市场中位居第二位，仅次于上海联合汽车交易市场。该市场已实现工商、公安、交管、税务一条龙服务，已成为全国汽车交易市场的“晴雨表”。

二、特别方式

1. 特许专卖

一汽大众的捷达和长安铃木的奥拓、羚羊汽车，都在北京设有特许专卖店。特许专卖有利于汽车生产厂家的管理，也可强化售前、售后服务工作的开展，还可以保证零配件的供应。特别是在假冒伪劣汽车零配件充斥市场的情况下，这样的销售举措，可保证购买到正宗的零配件，还可起到净化市场的作用。

近年来，在我国的汽车市场由特许专卖引申出了品牌专卖，品牌专卖是从上海别克、广州本田、奥迪A6上市开始的。它们率先在全国精选代理商，实施品牌专卖。可以说，它们开了中国汽车品牌专卖的先河。品牌专卖对代理商要求很严格，精选规模大、实力强、业绩优的代理商，并对专卖店实行统一风格、统一标准、统一价格、统一服务规范等。品牌专卖店的建设投资较大，所获利润也十分丰厚。

对一些陌生的汽车品牌，必须首先让消费者认识它、了解它。这些店正是消费者了解其品牌的窗口。因此，这些专卖店的战略意义远大于其销售功能，这正是品牌专卖店注重汽车文化与品牌理念传播的原因所在。

品牌专卖店风格一致，服务到位，一般是汽车生产厂商根据地区人口分布情况来布点，区域性很强，店的规模不大，但是先进的服务意识是这些店的本质。所以国内兴起的品牌专卖店，应注意学习其先进的服务理念与服务意识，不可盲目追求豪华的装饰、高额的投入，否则会带来生产成本与流通成本的提高，从而使汽车的价格提高，产品失去竞争优势。

2. 买断销售

买断销售是指销售商和生产厂家就某产品在一定区域内达成协议，以非常优惠的价格从厂家批量采购产品，然后以低于市场价的价格对外销售，从而实现短期内大批量销售该产品的一种营销方式。买断销售的实质就是一种变相的价格战，只不过价格战发动者由厂家转换成了某些经销商。买断销售可以帮助经销商俘获商家、俘获消费者。尽管买断销售风险巨大，但为了占住市场，“买断”销售模式是经销渠道从完全依附厂家走向独立的重要标志。

经销商买断车型后自由定价，把最大的利润空间让给消费者。这样，厂家消化了大量库存，经销商完成任务赚到了钱，消费者也能买到心仪很久的车型，表面看来是一件“三赢”的好事。但买断销售使经销商的阵营可能出现两极分化。有资金实力的经销商通过买断销售稳赚不亏，而那些没有资金实力的经销商，很可能最终被这些有实力的经销商“买断”。买断销售是我国汽车经销领域发展的一个突破。经销商通过买断销售能够迅速积累客户，为售后服务带来更多的客源，很可能在经销领域造就汽车销售“巨无霸”，这也标志着国内汽车经销商正在摆脱和厂家之间的依附地位。买断销售给消费者带来的是实惠和好处，既能够便宜几万元买到新车，又能摆脱价格战的困扰，而且，优胜劣汰出的精华经销商在售后服务上又能提供更多的保障。更重要的是，买断销售对于汽车销售的刺激作用给了人们一个良好的信号，因此，更多的厂家出现这种买断销售将是消费者乐意看到的。

买断销售存在着 5 大风险：①价格多变的风险，②卖不出去的风险，③威胁新车销售的风险，④资金链断裂的风险，⑤买断价格不可控的风险。此外，买断销售对经销商资本运作能力的考验在于：使用自有资金很有可能减少公司抗风险能力，而银行贷款势必增加项目成本。为此，经销商要准确地把握资金回笼时间性、周转率，融资方式选择、资金链条等情况，就算一个小小的偏差，都会让经销商处于骑虎难下的窘境。2002 年中视买断 5000 辆（单价：26.9 万元）帕萨特 VX052，以每辆车 23.9 万元的价格让利消费者，被抢购一空；今年，中视独家买断的高尔车型，以大众品牌在国内有史以来破纪录的低价 5.98 万元，以一天 100 余辆的销量再创销售奇迹。

到目前为止，上海大众、一汽大众、东风雪铁龙、一汽夏利、东南汽车、奇瑞、吉利等陆续加入到买断销售的阵营。可见，在买断销售的“危与机”面前，经销商如何取舍显得生死攸关。这实际上是经销商开始尝试用巨资买断车型来重构其在销售市场的版图——经销商买断那些市场上表现波澜不惊却暗藏机会的车型，以此击败竞争对手。

3. 汽车租赁

在日益激烈的竞争形势下，各地的汽车销售公司纷纷推出汽车租赁业务。有的销售公司联营成立租赁有限公司，根据客户需要，租车方式灵活。私人或单位租车，一般只出示户口本或单位营业执照，本人驾驶证、身份证或介绍信，并交一定的押金，就可以租到一辆适用的车辆，然后按照租期的天数，交付一定的租金。如果客户方没有人能驾驶，又急于用车，公司还可派专人随车为用户服务，这种情况就不收或少收押金，只计算租用期间的费用。随着我国加入 WTO，世界著名的汽车租赁公司已首次进入中国市场，世界著名的汽车租赁公司——欧洲汽车公司与我国第一家实行汽车联网租赁的北京世纪通汽车俱乐部签署全方位合作协议，标志着国外汽车租赁知名品牌首次进入国内市场。

目前在汽车市场上还出现了汽车租售业务，并成为汽车销售的新热点。汽车租售是介于分期付款和租赁之间的一种新的售车形式，它把租赁和销售巧妙地结合起来。消费者只需通过出示身份证、驾驶证，交纳一定的押金，再买一份汽车保险，就可以向汽车销售商“租”

一辆新车，以后按月再交一定的租金，就拥有这辆车的使用权和“准”所有权了。平时，汽车的常规保养由销售商负责，消费者只管开车。租用期满，如果想买下来，就可将以前的租金抵作购车款，再补足余额，即可成为这辆车的合法拥有者。若不想购买，则把车退回即可。

在一般情况下，汽车租售需要消费者与汽车经销商签订一份租赁合同，规定租用期限(一般为4年)，每个月交纳的租金（1年大约是整车价的1/5），每年限定使用的公里数(一般为2万公里以内)，以免双方发生纠纷。汽车租售与分期付款相比，每月租金支出明显减少，租赁使用期要长得多，更诱人的是最后还可以得到汽车所有权，一举两得。在一些国家，汽车租售业务已占到整个汽车市场销售业务1/3的比例。

4. 以旧换新

近年来，二手汽车交易日趋活跃。为把旧车市场纳入有序轨道并通过二手车的置换来拓展新车市场，进而推动全国汽车行业的全面发展，一些汽车集团也随后成立车辆置换公司，开展以旧换新、旧车在全国各地的良性互动，从而加快现有车辆的更新速度，满足不同层次消费者的购车需求。

富康轿车在京开展的以旧换新业务是通过北京汽车服务公司和北京兵工汽车贸易公司联合推出的，为那些想把旧车卖掉再买新车的消费者提供便利条件。旧车车主可将欲出售的任何一种旧车交由北京机动车交易市场驻北京市场专业人员进行鉴定、评估，在旧车经过作价后由车主补足余额，就可开走任意一款全新的富康车。旧车由北京汽车服务公司的专业人员检修处理后，再以拍卖的形式出售。

5. 分期付款

采取分期付款的形式售车，由国有银行为主体，多种金融机构参与的汽车金融组织体系。金融服务功能近几年有较快发展，特别是与汽车分期付款相关的汇总结算等金融服务已比较成熟。分期付款可以促进汽车销售，完善汽车销售流通体制。

6. 降价补偿

为了取得消费者的信任，在买车的时候，消费者会得到一些经销商的保值承诺，所购车型在约定的某段时间内，若是生产厂家下调所购车型的指导价，经销商将补偿这个差价。2004年12月14日，东风汽车有限公司乘用车公司（简称东风日产）为了保障用户利益，在2005年“3·15中国消费者日”期间，如果消费者购买了任何一款东风日产的汽车之后，厂家有降价行为发生，东风乘用车将会全价补偿其实际购车价高于厂家公布的价格之间的差额。

降价补偿无疑是要刺激消费者的购买欲，特别是那些持币待购的消费者，如果相中某一款车而又打算持币观望，唯恐到手之后价格也随之下调，那么商家这种降价补偿行为对于这些持币待购的消费者可真是一个很大的诱惑，在一定期限内即便是厂家降低指导价格，那么多花的钱还会给退回来。降价补偿让老用户的损失得以弥补，让潜在用户的担心得以消除，有助于建立起客户与企业之间的信任关系。

7. 动态营销

所谓动态营销，是把传统的静态展示到马路上或者公共场所，让消费者在现实中体验、在运动中进行感知，以实际感受向用户传递品牌文化。作为动态展示这一策略的最早受益者，东风雪铁龙仍将继续坚持这一策略，并将文化、服务和创新等手段有机结合起来，打造出真正的“中国家轿第一品牌”。

动态营销增加了顾客的到店率，并提升了整体销量。但是“东风雪铁龙动态营销概念”的目的和意义远不止此，它对潜在目标客户的了解和把握、对提升东风雪铁龙品牌的影响力具有重大的意义。通过组织潜在客户的试乘与试驾、驾驶技巧课程等互动性的推广活动，消费者即使不买东风雪铁龙的车，也可借此了解更多的相关知识和驾车技巧，从而做出适合自己实际需要的购买判断，这无论对消费者还是厂家，都是一个良性的互动。

第五节　汽车营销人员的职能与要求

一、汽车营销人员的职业特点

（1）专业化。对于许多消费者，汽车的购置属于专业性极强的一次性购买。因此，从事汽车营销的人员要求除具有一般的市场营销知识外，还应掌握汽车运用的专业理论与技能。

（2）参谋性。正是由于汽车购置不同于一般的日常生活用品，大多数消费者不具备汽车专业知识，因此，要针对消费者购车目的与经济能力，为他们购买汽车提供咨询与参谋，以协助汽车选购。

（3）服务性。在汽车产品销售时，要向顾客提供产品信息、咨询、试驾与试乘，以及产品售后相关服务，由于汽车产品专业性强，所以，在销售过程中更强调服务性，只有具备良好的销售服务才能提高产品的品牌及公司的信誉。

日本著名的市场营销学家夏日志郎认为：“真正优秀的销售员，往往不是推销产品，而是推销自己。”因此，要成为一名能干的销售人员，必须让别人真心实意地喜欢你。

成功的销售人员应该表现为：健全的心智，整洁的仪表，良好的习惯，亲切的微笑，热心与正直的品格，良好的商业道德规范和职业道德规范。用诚信换取交易的成功，才是对企业及从业人员真正有益的成功。例如：日本丰田公司在神谷正太郎的领导和影响下，丰田汽车销售公司推行“用户第一、销售者第二、生产者第三”的经营思想，并获得很大成功。该公司要求推销员在顾客面前，首先要使对方产生信赖感，取得良好的第一印象，给人以有诚意的感觉，也就是用良好的职业道德规范与消费者进行沟通和交流。

二、对汽车营销人员的基本要求

1. 具有良好的职业道德

职业道德是人们在一定的职业活动中所遵循的、具有职业特点的公共准则和规范。从事汽车营销的人员必须具有良好的职业道德。良好的职业道德是确保市场经济运行规则正常发挥的前提。没有良好的职业道德，通过不正当的竞争，采取不正当的商业行为，往往对市场经济的良性运行造成致命的危害。现代市场经济在市场体系和市场机制日益成熟的基础上，逐步加强国家对市场经济运行的宏观调控，弥补市场调节的不足。但是，任何调节手段都难以挽回不道德竞争行为所造成的损失，建设市场经济首先开展职业道德的建设。在我国社会主义市场经济条件下，发扬社会主义精神文明，建立良好的商业道德，养成文明经商的职业道德，是一项长期而艰巨的任务。

汽车营销人员在从事经营活动时，所必须遵循的准则与规范包括：

1）遵守国家法律法规，遵守公平竞争、公平交易的市场规则。

2）讲求商业信誉，诚实守信，抵制假冒伪劣产品，合法经营。

3）维护企业与客户的正当利益，不损人利已，不损公肥私。

4）耐心周到，热情服务，平等待人，文明经商。

5）有强烈的市场开拓精神，工作认真负责，严于律已，能吃苦耐劳。

2. 掌握基本的业务知识

汽车营销和管理工作的技术性强，从业人员要“懂管理”、“会经营”、“有技术”，是商业管理与汽车专业知识相结合的复合型人才。

（1）熟悉汽车构造及汽车配件知识。了解汽车总体构造，汽车发动机的工作原理、总体构造及型号的编制规定，熟悉国产汽车分类规则及产品编号方法。

（2）了解汽车使用技术。了解汽车的品种、规格、型号、产地、质量、结构特点、技术参数、竞争车型比较，有利于帮助顾客进行挑选，能与顾客从技术角度进行交流，及时回答顾客的各种问题，消除顾客的各种疑虑，当好消费者的“参谋”。当然，汽车产品的知识与技术对于营销人员和各类管理人员来说，要求掌握程度上有所不同。

（3）了解汽车市场。了解国内外汽车市场动态信息，具有搜集市场信息的能力。掌握目标顾客信息、汽车价格、汽车信贷利率、仓储成本、运输费用、汽车使用费税、付款方式等一系列业务政策的规定以及市场营销知识。

（4）熟悉汽车销售工作。熟悉汽车销售过程中的各个环节，包括：进货、验收、运输、库存、定价、促销、交车、售后服务、信息反馈等，以及签订合同、开票出库、工商验证、牌照办理等环节。

（5）熟悉交易手续及核算方法。交易最后是结算，要求准确、迅速地做好收付，对涉及汽车的进、销、存货款的贷、收、付以及费用中包括的进货费、利息、洽谈费、差旅费等各种费用与消耗都要清楚，懂得承包部门的经济核算，才能随时了解本部门的经济效益，及时采取措施和对策，确保营销任务的完成。

（6）具有一定的营销公关能力。熟悉顾客心理，由于顾客的职业、社会地位、年龄、习惯、兴趣爱好不同，对汽车有不同的需求。掌握一定的营销心理学知识，能根据顾客挑选汽车时的表象，来分析判断不同顾客的特殊心理活动，引导进行选购，促成交易顺利进行。

对待顾客要做到热情、和气、诚恳、耐心、礼貌。俗话说：和气生财，语言艺术关系到营销人员与顾客之间的关系，关系到每一笔交易的成败，影响公司在公众中的形象，最终关系到公司的商业信誉。

案 例 分 析

案例 1-1　丰田公司的“营销战”

营销就是战争。在这场战争中，敌人就是竞争对手，目标就是要赢得胜利。

一、丰田的营销战

日本丰田汽车公司20多年前开拓美国市场时，首次推向美国市场的车牌“丰田宝同”仅售出228辆，出师不利。当时，美国几家汽车公司名声显赫，实力雄厚，丰田汽车公司在技术、资金方面无法与之相抗衡。丰田汽车公司面临的营销环境：

1）美国汽车公司的经营思想：汽车应该是豪华的，因而其汽车体积大，耗油多。

2）除了美国几家大型汽车公司外，较大的竞争对手还有先期进入美国市场的日本大众汽车公司，该公司已在东海岸和中部地区站稳了脚跟。该公司成功的原因主要有：以小型汽车为主，汽车性能好，定价低；有良好的服务系统，成功地打消了美国消费者对外国车“买得起，用不起，坏了找不到零配件”的顾虑。

3）大众汽车公司忽视了美国人的一些喜好，许多地方还是按照日本人的习惯设计的。

4）日美之间不断的贸易摩擦，使美国消费者对日本产品有一种本能的不信任的排斥和敌意。

5）美国人的消费观念正在转变，将汽车作为地位、身份象征的传统观念逐渐减弱，开始转向实用化。他们喜欢腿部空间大、容易行驶且平稳的美国车，但又希望大幅度减少用于汽车的耗费，如价格低、耗油少、耐用、维修方便等。

6）消费者已意识到交通拥挤状况的日益恶化和环境污染问题，乘公共汽车的人和骑自行车的人逐渐增多。

7）家庭规模正在变小。

二、面对着市场威胁和机会，丰田汽车公司做出的反应

1. 利用机会

(1) 抢先。在市场营销活动中，抢先利用机会包含两个方面，一是先，二是快。企业在利用市场机会的过程中，谁能“抢先”谁就赢得了时间和空间，就赢得了胜利。丰田汽车公司抢先利用了美国汽车公司生产体积大、耗油多的豪华汽车以及美国家庭规模变小和美国人购买汽车转向实用化带来的市场机会，开发小汽车并成功地将其打进美国市场。

(2) 创新。企业在利用市场机会时一定要大胆“创新”，如果说“抢先”利用市场机会是力求做到“人无我有”，则“创新”就是“人有我优”。

(3) 应变。包括会有哪些竞争者发现同一市场机会？它们会怎样利用这一市场机会？企业和竞争者先后利用了该市场机会之后，要考虑竞争者和本企业实力差不多、产品差不多时应该怎么办？比本企业实力强，产品好时应该怎么办？这一市场机会是否会变成环境威胁？是继续利用这一市场机会，还是寻求新的市场机会？

2. 化解威胁

(1) 反抗。即努力设法限制或扭转不利因素的发展。丰田汽车公司可以同竞争对手展开直接的正面竞争，即同美国的大汽车公司比豪华、比档次、比实力，这种对抗式竞争过于激烈，一般情况下不宜采用，当初丰田汽车进入美国市场时就没有采用这种方式。而针对大众汽车公司的威胁，丰田公司的反抗是全面的。针对大众汽车比美国汽车价格低的特点，丰田汽车公司本着“皇冠就是经济实惠的原则”，毅然将价格定得更低，每辆“皇冠”只有2000美元，而随后推出的主要产品“花冠”系列每辆还不到1800美元；丰田汽车公司吸收了大众汽车公司售后服务系统很完善的优点，做得比大众更出色，力所能及地在自己的销售阵地设立各种服务站，并且保证各种零配件“有求必应”，消除了顾客的后顾之忧。

(2) 减轻。威胁总是存在的，实在无法对抗的可以设法减轻环境威胁的严重性。丰田公司在当时广告设计和促销过程中，极力掩饰汽车的日本来源和特性及风格，强调产品的美国特点和对美国的消费适应性，从而减轻了美国消费者对丰田企业的抵触心理。

(3) 转移。即“避实击虚”，躲开环境威胁，钻对手的空子和薄弱环节。丰田公司当时针对大众公司在东海岸和中部地区的优势，把战略重点放在产品市场基础薄弱的西海岸，待站稳脚跟，再向东扩张。在分销渠道的选择上，也没有急于设立自己的分销机构，而是采用代理制，给代理商以很大的优惠。据统计，这一政策实施5年以后，有46%的其他公司代理商转为专营丰田汽车。

(4) 改良。即对自身产品进行改良，增强对环境威胁的防御能力。丰田公司为汽车增加新功能，使其全面适应美国市场，从品质、价格、型号、促销、分销等方面进行全面改进。

(5) 利用。利用可以理解为利用机会。丰田汽车公司利用“美国汽车公司正忙于比豪华”、“美国消费者对汽车的消费观念正在转变，开始趋于实用化”、“核心家庭出现，家庭规模变小，因而总收入减少”，消费者形成了对小型、实用、便宜的汽车的需求这些机会，推出的“皇冠”汽车不仅外形美观，操纵灵活、省油、价低、方便，而且内部装备了所有美国人都渴望的装修，如柔软舒适的座椅、柔和颜色的玻璃、连扶手长度和脚部活动空间的大小都按美国人的身材要求来设计，因而取得了极好的效果。但此处所讲的“利用”，不是指利用“机会”，而是专指利用“威胁因素”，使“威胁因素”变成“机会”，“因势利导”以便“化害为利”。因为在市场营销的大环境中，“威胁”与“机会”是相对的，没有绝对的利，也没有绝对的害，关键是企业如何去努力设法驾驭它们，使“威胁”转化成“机会”。

当时美国消费者逐渐增多，这对整个汽车产业都是个极大的威胁。丰田汽车公司分析了这一威胁的严重性，认识到这种倾向背后的深层原因，推出了“皇冠”汽车。该车由于停靠方便，转向灵活，油耗极低（比一般汽车的油耗低25%～30%），备受消费者青睐，成功地使“威胁”变成“机会”，取得了超过其他汽车的优势。由于采取了上述措施，丰田汽车成功地解决了“环境威胁”，从而利用机会，顺利地进入了美国市场。

案例1-2　美国福特汽车和通用汽车的早期竞争

一、案例介绍

美国福特汽车公司是1903年亨利·福特与詹姆斯·卡曾斯·道奇兄弟等创办，由福特任总经理。1912年福特公司聘用詹姆斯·库兹恩任总经理。库兹恩上任后实施了3项决策：

1）对产品“T型车”作出降价的决定，即1910年定的售价950美元降到850美元以下。

2）按每辆“T型车”850美元的目标，着手改革公司内部的生产线，在占地面积为278英亩的新厂中首先采用现代化的大规模装配作业线，使过去12.5h出一辆“T型车”，降到9min出一辆车，大幅度地降低了制造成本。

3）在全国设置7 000多家代销商，广泛设立销售网点。

这3项决策的成功，使“T型车”冲向全世界，市场占有率占美国汽车行业之首。

1919年，亨利·福特独占福特公司，库兹恩被解雇，福特自任总经理。福特一方面采用低价策略，1924年，每辆“T型车”售价已降到240美元，1926年福特车产量占美国汽车产量的1/2；另一方面又提出：不管顾客需要什么，我的车都是黑色的，实行以产定销的策略，以“黑色车”来作为福特汽车公司的象征。结果“T型车”在竞争中日益失利，1927年5月终于停产。1928年，福特汽车公司的市场占有率被通用汽车公司超过，退居第二位。

美国通用汽车公司于1908年成立，由杜邦财团控制，1928年以前，它的市场占有率远远低于福特汽车公司。1921年，斯隆就职于通用汽车公司，针对当时通用汽车公司松散的权力分散状况写了“组织研究”一文，提出了“集中决策控制下的分散作业”，使集权和分散得到很好的平衡。1923年，斯隆任通用汽车公司总经理，改革了经营组织，使公司高层领导人抓战略性决策，日常的管理工作由事业部完成。同时，提出“汽车形式多样化”的经营方针，来满足各阶层消费者的需要。1923年市场占有率仅12%，远远低于福特汽车公司；到了1928年市场占用率达到30%以上，超过福特汽车公司，1956年市场占有率达53%，成为美国最大的汽车公司，一直保持其强盛的发展势头到21世纪的今天。

二、分析提示

老福特对“T型车”情有独钟，是因为受当时生产观念的支配而忽视了消费者的偏好变化的结果。而相反，通用公司正好看到消费者的品种偏好的变化提出“汽车形式多样化”的经营方针，最终后来者居上，成为美国最大的汽车公司。

当前，企业生产什么？怎样生产？为谁生产？不是由生产者和商家说了算，而是由消费者手中的“货币选票”来决定。因此企业必须经过市场调查，了解消费者的实际需求，处处站在消费者的立场上来想问题，但消费者的需求是多方面的、多层次的和多变化的，这就要求企业不断转变营销观念来适应多变的营销环境。

复习思考题

1. 什么叫市场，具体如何来理解其内涵，它包括哪些基本要素？
2. 新旧市场营销观念有哪些联系与区别？在汽车营销中还有哪些具体表现？
3. 汽车销售的一般方式有哪些？
4. 汽车销售的特别方式及其特点？
5. 汽车营销的职业特点有哪些？你是怎样看待对汽车营销人员的基本要求？
6. 仔细阅读本章案例讨论中的案例1-2，然后回答：假如你当时是福特公司的一名营销主管，你能否劝说老福特改变其经营理念？如果能，说明具体办法，你会给他提出什么样的建议？如果不能，说明理由。

第二章　汽车市场消费者行为分析

【学习目的】通过学习，了解汽车这种特殊产品的消费特点、汽车的用户分类、了解并进行私人和集团购买的行为分析；理解和掌握汽车市场调查方法及应用。

第一节　汽车消费特点及用户类型

一、汽车产品的消费特点

汽车作为一种产品，其作用主要体现在能使运输的对象到达目的地。但由于社会各阶层的需求和目的不同，造成了汽车本身价格的差别。低则要几万，高则上百万。正由于其价格较高，所以汽车是一种奢华物品，不是任何人都能购买的产品。汽车的购买除了需要充分的购买力还需要有经济能力使用汽车。

1. 汽车的消费特点

（1）汽车本身价格高。根据不同的车型，低则要几万，高则上百万，有的甚至上千万。目前汽车市场上较便宜的车型集中在家用的微型车和面包车上，车价较高的车型主要是进口车（关税和增值税的增加造成的）和专用车辆。

（2）汽车的价值随着其使用的行驶里程的增加而逐渐降低。当达到一定的里程以后，其安全性不能满足其使用要求时，就会被强制报废，这时其价值为零。

（3）汽车的各种相关的使用费用较高。汽车在购买以后，注册的时候，各种附加费较高，像车辆购置费就高达车辆购车费的10%，在使用的时候还要交纳各种养路费、过桥费、保险费以及每年的车辆年审费。在车辆出现故障的时候，还要计算各种修理费、平时的保养费、零配件费用等。

（4）汽车的使用消耗费用较高。汽车在使用的时候必须消耗燃料，发动机和其他总成需要润滑油来进行润滑，发动机的冷却系统中要加注冷却防冻液；轮胎在使用到极限位置以后要更换。这些费用在汽车的使用上也是一笔不小的支出。

2. 影响汽车产品消费的因素

目前，不少消费者都能买得起车，而且准备买车的人也不少，但最终购车的人却不多。究其原因，主要是：

（1）城市规划相对滞后，道路结构不合理。近几年，虽经多次道路拓宽改造，大城市的交通拥挤现象较为缓解，但城市的规划远远落后于高速发展的汽车业，许多商业中心、高档居民楼都见缝插针，建在市中心，不能适应家用轿车带来的分散化城市格局。因此，汽车消费的“肠梗阻”现象依然制约着汽车的消费市场。

（2）油价居高不下，影响汽车业的发展。近年来，受国际国内因素影响，油价一直居高不下，93 号汽油价格一直保持在4.3 元~4.5 元/升的价位上，油价的居高不下使汽车使用费用增加，“买得起养不起”的现状使许多预期消费者较为苦恼。

（3）汽车的使用缺乏一个宽松的环境。第一，费改税的政策出台只闻其声，保险费率变动出台后，保险市场更加混乱，各类诈骗汽车贷款案件的屡次发生致使多家保险公司宣布暂停“车贷险”业务，从而使小汽车销售增速减缓。第二，“停车难”成为汽车业主新一轮较为头疼的问题，停车场的增速根本无法适应汽车市场的发展。可见我们的城市还不太适应汽车时代的到来。

（4）区域经济相对滞后，工薪阶层望车兴叹。近年来，我国经济得到快速发展，但全国东西部地区还有较大差距，中西部地区薪资水平相对偏低，而工薪阶层却是拉动整个城市消费增长的主要群体。按我国汽车价格计算，对于大多数月收入只有1000～2000元的工薪阶层来说，买车还有一定距离，即使办理信贷业务后，消费者每月得还款1000～10000元，而车的日常费用更难以承受。因此，汽车价格虽经一降再降，但仍未进入工薪阶层。

（5）汽车的售后服务缺乏创新意识、服务意识、用户意识。汽车业的发展，对汽车市场的售后服务提出新的挑战。而对小汽车市场的发展，许多汽车业主几乎不懂得维修，而汽车维修费用又很高。可见，落后的汽车售后服务影响了汽车消费的增长。

3. 汽车消费特点的分析

（1）价格、服务、油耗和品牌是消费者购买家用轿车的主要注意点。据国内近期调查统计，购买家用轿车的主要注意点是价格、服务、油耗和品牌。其中，67.7%的人次选择价格；59.3%的人次选择服务；46.1%的人次选择的是油耗；39.3%的人主要注意的是品牌。

（2）贷款购车为多数消费者所接受。贷款购车能有效缓解汽车消费者的资金压力。调查表明61.8%的消费者愿意贷款购车，只有38.2%的消费者对此持否定态度。在不愿意贷款购车的消费者中，农民和离退休人员占了很大比重，这显然和消费观念有关。消费者对贷款购车最不满意的是贷款购车手续繁杂。此外，还贷费用太高、还贷期短、担保方式少也是消费者不愿落实贷款行动的原因。

（3）对燃油、舒适性的不满意率高。调查显示，22.3%的人对已购轿车表示“满意”，67%的人对已购轿车“基本满意”。消费者的不满意主要集中在燃油经济性、乘坐舒适性和加工精细度方面。其中：在质量加工精细度指标上，33.3%的消费者表示“满意”，59.3%的消费者表示“一般”，7.4%的消费者表示“不满意”；在安全性指标上，44.4%的消费者表示“满意”，51.1%的消费者表示“一般”，4.5%的消费者“不满意”；在款式外观指标上，38.3%的消费者表示“满意”，54.8%的消费者表示“一般”，6.9%消费者“不满意”；在发动机性能指标上，47.2%的消费者表示“满意”，48.4%的消费者表示“一般”，4.4%的消费者表示“不满意”；在燃油消耗指标上，40.2%的消费者表示“满意”，49.6%的消费者表示“一般”，10.2%的消费者表示“不满意”；在乘坐舒适指标上37%的消费者表示“满意”，54.3%的消费者表示“一般”，8.7%的消费者表示“不满意”；在操控方便指标上。43%的消费者表示“满意”，51.3%的消费者表示“一般”，5.8%的消费者表示“不满意”。就“不满意”这一角度看，不满意率排在前三位的指标分别是“燃油消耗”、“乘坐舒适”和“质量加工精细度”。

4. 汽车在结构上的特点预测

据美国某汽车公司对目前每年生产5000万辆左右汽车的统计，预测国际市场汽车结构将出现以下十大特点：

（1）柴油机被更多的轿车所采用。欧洲装备柴油机的轿车已越来越多。柴油机技术的发展，特别是小型高速直喷式柴油机技术日趋完善，使这种较汽油机更为经济、排放更低的轿车受到更多人的喜爱。

（2）汽油机技术发展标志之一是电控燃油喷射发动机将取代化油器发动机。欧共体已明确规定：1996 年以后生产的汽油机汽车必须装备电控燃油喷射系统。

（3）电动汽车将进入实用阶段。随着低价格、高能量和长寿命新型电池的研究发展，以及人们对环保的强烈呼声，电动汽车将在各大城市成为一种代步工具。

（4）汽车安全标准将会更加严格。为保证汽车可靠性和稳定性，ABS 也将逐渐成为一些车型的标准装备；安装保障乘客安全的气囊装置的数量将逐渐增加，一些车型甚至装备侧面气囊，以保证侧翻时乘客头部的安全；三点自动上肩式安全带、防侧撞杆及钢制正时链都将装备到各种类型的汽车上。

（5）使用更多替代钢的轻质材料，以降低车重。美国轿车自重由目前的 1100kg 降低到 1000kg 以下。铝合金、镁合金及碳素纤维等轻质材料在汽车制造上的应用将增多。

（6）各种电子装置将在汽车上更多地应用。如电子发动机锁，它使偷车贼无法下手；全球卫星定位系统使驾驶人员无论身处何处，都不会迷路。

（7）载货汽车将改进现有的动力装置。使用一种更加有效的动力装置，可以使目前的载货汽车拉得更多，跑得更快。

（8）前轮驱动汽车将有所增加。发动机横置技术进一步发展，将使汽车更省油，更为经济，一些大型汽车也将采用前轮驱动方式，如新奥迪 A8 等。

（9）大量减少汽车污染。如用三元催化转换器对尾气进行处理。奔驰公司甚至规定 20g 以上塑料件必须回收，以免造成对环境的污染。

（10）提高经济性，降低油耗。这也是各大制造厂商为之努力的。估计在采取各种措施后，轿车的油耗能从目前 6L/100km 降到 4. 2L/100km。

二、汽车用户类型

汽车用户类型根据运输的对象，条件及环境的不同，可以使用的汽车也有所区别。

按车辆的所有权来分可以分为两大类：集团与私人，而集团又可以细分为三类：公共机构、商业性质的企业和政府机构。

1. 集团

（1）公共机构。该群体包括大体上属于非营利性机构的组织，例如大学、教堂、独立的学校。这些公共机构可能有政府资助的成分，但从购买角度来讲是自主的。它们很可能遵循与政府机构相同的过程，但在选择时具有更大的灵活性。例如，大学为了进行教学、研究与咨询，必须购买大量产品与服务。大型资本项目，例如新的演讲礼堂，可能部分由政府资助，另一部分可能进行招标和封闭投标（即潜在供应商在不知道其他任何人的标价情况下，进行投标）。许多其他的供应品，从一定范围的不同供应商购买，购买的效率与正式程度也不同。一所中等的职业学校可能与 500 多个供应商做生意，但大宗采购可能仅来自其中很少几个。

（2）商业性质的企业。商业性质的企业包括以赢利为目的的团体，它们为了利润，从事产品或服务的生产和/或转售。

1）用户。用户购买产品与服务，来生产自己的产品，虽然购买的东西不直接进入到最终产品中。这样购买的东西可以包括 CAD/CAM 系统、办公室装备、管理咨询服务。大型化工厂与钢铁厂可能使用来自无数本地供应商的服务。比如，管道工、清洁工、食品工与运输代理商提供的服务对最终产品起到间接作用，而不是直接影响产品。这些供应商在成为被认可的供应商之前，可能要进行一些审查与挑选，然而，提供的产品和材料直接进入或支持生产过程的公司，要受到的审查则要严格得多。

2）原始设备制造商。原始设备制造商（OEMS）将采购来的东西与产品结合起来，例如汽车制造商对电料、纤维、塑料、颜料、轮胎等的处理。这些零件中，有一些甚至在原始设备制造商已经完成制造后，仍可以辨认，例如轮胎是汽车的可见部分，通常由原始供应商明确标明品牌，而其他材料（如颜料）使用时没有标志。可见性对于轮胎制造商很重要，它是发展与最终用户关系，并促进购买新轮胎时的品牌忠实度的途径。原始设备制造商的采购，与对最终产品的需求的预测密切相关，需要买方与卖方良好地协调关系，因此必须把这与生产日程结合起来。

3）代理商。代理商购买用于转售的产品，通常不对它们进行物理改变。代理商在销售时主要提供服务价值，附加值很大程度来自服务因素。代理商与产品的最终用户距离最近，因而能向销售链反馈关于最终市场实际需要的有用信息。

（3）政府机构。政府机构是产品与服务的非常重要的购买者。它们的购买范围广泛，从办公室用具到公共建筑，从军靴带到军舰，从飞机票到汽车高速公路，从垃圾清理到管理咨询。一些购买可能大量、昂贵，具有高额利润，牵涉到国际供应商（这种情况经常在国防设施方面见到）。有的购买则更属于日常情况，过程固定，很少引起公众关注。

2. 私人

据国家信息中心中经网7日发布的汽车行业预测报告，2002年以来，中国私人购车占整个汽车市场的份额迅速提升，私人购车比例首次超过50%。预测报告指出，受城市容量和油价上涨等因素的限制，2004至2010年中国汽车市场的年需求增长率为10%～15%。2010年中国汽车需求将达到880～1200万辆，汽车保有量将达5000～5500万辆。

第二节　购买决策过程

图2-1购买决策分析图给出了一个有关购买者行为的模型。这模型表面看来很简单。决策过程本身被体现成合乎逻辑的活动之流，从意识到问题的存在、到购买、到购买后的评估。因为产品或服务种类不同，所以很难对购买情境做出概括，决策过程的性质也必定有所不同。然后，产品的性质和购买者所面对的环境如何影响到决策过程的流程。例如，英国汽车协会采用一种集中轰炸的广告战，“第四种急救服务”，打破了开车人的惯性，简单而难忘地传递出汽车协会成员资格所拥有的有形收益和无形收益。人们完全理解“真正”的紧急服务的价值，因而广告播放了震撼人心的正在工作的消防、警察和救护车的电影胶片，同时也播放了汽车协会的画面。开车人对急救服务的性质和专业方法的尊敬和认可，也就这样与汽车协会联系了起来。

这一广告引发人们的一点点担忧，因此也使开车人认识到紧急防护的重要性，它也确实起到了促使消费者采取行动的作用：推出广告之后，汽车协会的成员人数立即增长了180万。

决策过程也受到其他一些更复杂因素的影响，就像上图中所示的那样。其中一部分因素跟做出决策的更加广阔的市场环境相联系。

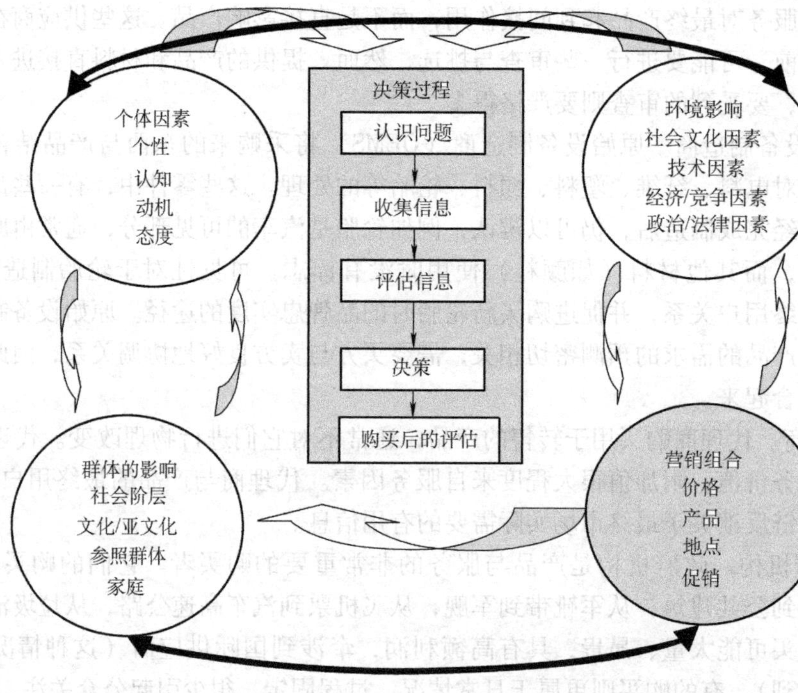

图 2-1　购买决策分析图

只要想想消费者的经历，就足以帮助理解人们所购买商品的多样性，理解每一购买阶段的个性特征，并理解影响最终决策的那些因素的复杂性。无论如何，为了建立复杂程度和精细程度有所不同的关于消费者决策行为的模型，不少人进行了多次尝试，试图说明这一经历的丰富性，它从购买者的角度，逐步分析了购买的过程，包括定义可能需要的信息，还讨论了导致最终决策的理性程度和分析行为。购买决策包括以下步骤：

一、认识问题

在使决策过程合理化的时候，首先要“认识问题”。毕竟，如果没有认识到有“问题”，如何决定通过购买某物来解决它？绝大多数的功能性购买，像补充洗衣粉和汽油储备等，可能是由于不经意中注意到现有的储备水平而引起的。其他的购买可能是由一件可以确定的事件引起的。例如，如果一辆汽车的排气装置脱落，马上就会认识到问题的性质，也意识到能提供补救措施的那种购买。

这些都是很实际、很直接的例子，但并不是所有情况都这样显而易见。当涉及到心理需要时，认识问题可能是一个缓慢的认识过程。当消费者认识到目前的情况和感觉不是他所想要的，决定通过购买来做一些事情改变这种状况时，认识问题就可能导致一种突然的冲动。

在大多数的时候，进入购买决策过程的动力来自消费者。消费者不依赖于营销人员确定或认识到问题的所在来寻找解决方案。然后，营销人员可以利用营销组合因素，来影响解决方案的选择。当然，营销人员也有可能求助于营销组合，引发消费者对某一问题的关注，最终引发这一过程。

二、搜集信息

确定问题是一件事情，但确定并且执行某一解决方案，则是另外一回事。消费者需要回答的问题包括：什么类型的购买能解决这一问题，从哪里能买到，怎样购买，做出决定还需要什么信息，以及从哪里才能得到这种信息。在一些案例中，消费者积极寻求相关信息，希望能利用这些信息做出决策，但也可能被动地获得信息，储存起来，直到信息被利用的那一天为止。因而分为漫无目的的寻求（浏览和储存以利于将来参照）和在脑海中有特定目标地、有目的地寻求。消费者每天都要置身于各种媒体之下，而这些媒体的目的就在于影响意识，使消费者能记起某件特定的商品或服务。因而等到他们确实想进行购买时，厂商希望消费者能记起那个“知识”，并将它应用到品牌选择上去。

汽车销售公司所设计的分期付款购车广告，主要是针对并吸引那些已经有购车意向的人。如果消费者不想买车，你几乎不可能鼓动他买车，但有的消费者已经想要买车，可是在开始认真寻找之前，很担心能否找到适合自己的分期付款，此时这一广告就可能很有用了。在某些情况之下，消费者可能不打算立刻买车，汽车销售公司希望当时机确实成熟时，他们会记起这则广告。

当你需要购买一辆新的汽车的时候，就必须找到一位供应商。消费者在进行耗时的调查之前，会依仗他们以前的经验和知识，因此，你可能立刻想到你以前交易过并且很满意的一家公司，也许是你曾看到过某一公司的广告，也许你会让一位亲密的朋友推荐一家。并不是所有的外在信息源都是营销人员控制的，不要忽略口头推荐作为一种营销工具的力量。例如，在这一阶段，朋友、家庭和同事都可能对潜在决策者提出建议，而这些建议都是建立在经验、知识和意见的基础之上。例如，很多外国学生在选择大学时，会向那些已经在各大学中学习的朋友征求意见，从而缩小他们的选择范围。产品的类型以及购买的重要性可能有所差别，但基本理论是一致的。人们更有可能相信口头推荐所传达的信息，因为通常说来，这种信息源被认为是没有偏见的、可靠的，而且信息本身往往是从第一手经验得来的。

在其他情况下，消费者可能从专业刊物、零售商甚至营销宣传品中寻求信息。例如，准备购买一辆汽车的时候，潜在购买者很有可能会拜访有竞争关系的代理商，并与销售人员谈话，仔细检查商品，收集小册子。此外，他们可能会向那些他们认为没有偏见的内行信息源征求意见，像《汽车之友》、《汽车选购》杂志等，并开始格外关注各种媒体中有关汽车的广告。

另外时间的压力能干预搜集信息。通过调查发现，当压力增加以后，消费者会花费更少的时间来搜集不同的信息源。然而，从另外一方面来看，信息量过大可能会给潜在购买者造成困难。有迹象显示，在产品的层次上消费者并不能应付过多的信息。因而信息跟消费者越相关，例如主要的收益和产品的用途等，消费者就越容易将这些信息作为他们决策的一部分来吸收和处理。换一句话说，信息如果更好、更全面，实际上可能会导致更为糟糕的购买决策。同样的，在品牌层次上，从一方面来说，包装上的信息过多，可能使消费者更难选出最合适的品牌，但从另一方面来说，更多的信息从正面影响了消费者对于选择的确信和满意水平。很明显，一方面要保持形象和信息的简洁、简单和易于理解，另一方面要给消费者提供足够信息，使他们可以深入了解该产品的性质和可能的好处，一定要在这两方面保持平衡，才能使消费者形成合理的预期和购买后的评估标准。

无论采取何种方式进行信息搜集，那些收集起来的数据只有被评估以后才有用。然而，对于需要做出的决策来说，很多消费者可能根据少量信息，并且很可能是非常片面的、有偏差的或者是组织得很差的信息，来得出评估结论。

三、评估信息

根据什么标准对收集到的信息进行评估？一般的黄页可以提供超过10页的汽车销售的代理商，也就是说，在合适的行程之内，提供了一百多个潜在经销商。如果你对其中任何一家代理商都缺乏了解，那么，你就不得不求助于一种方法，在它们中间进行区分。你不可能去调查所有经销商，因为那将花费太多时间，所以你会草拟可供最后挑选的名单，可能根据在黄页上有最大特写条目的经销商，也可能是根据在当地报纸和电视中大做广告的经销商。这样的广告可能会强调选用某一经销商的好处，并向消费者指出恰当的评估标准是什么（例如，速度、燃油经济性或价格）。地点也可能成为一项重要因素，一些经销商同别的经销商相比，更靠近消费者的家庭或办公地点。你可能给其中三四家经销商打电话，而那些电话态度过于无理或居高临下的经销商，就不会被列入考虑之列。然后再根据价格和对方能快速完成工作的能力，对剩下的经销商进行比较。

在汽车销售的例子中，消费者构建注意集合，意味着他们会将经销商的名单缩小到能够通过电话联系到的那些经销商。但是对于购买巧克力来说，无意识地向货架上看一眼，就可能有意识地在两个品牌之间进行一次选择。从你注意的集合中进行选择，消费者需要采用一种正式的或非正式的方法，从这一少部分中进行选择，这意味着消费者的某种评估或选择标准。

为了使决策变得更容易，当消费者不易在可供选择的产品或品牌之间进行直接比较时，消费者就很有可能采用一些如“是否方便”、“是否有趣”或者“是否容易使用”等抽象特征，来对产品进行评估。因此，从精神上来说，消费者经常采用“误打误撞”来走捷径，促使自己更快做出决策。当需要解决问题的情境不那么冒险和复杂时，消费者更加不会苛求质量和评估的精细程度。所有这些都为这一过程的下一阶段打好了基础，那就是决策。

四、决策

如果在所有的重要评估标准上，某一位供应商给人留下的印象比其他供应商更为深刻，评估阶段之后，就可以很自然地做决策了。但如果选择的结果孰优孰劣并没有分得一目了然，消费者可能就必须深入区分评估标准的优先次序，这也许就涉及到要判断是价格重要，还是方便性重要。在汽车销售的例子中，决策是一个有意识的行为，而对于巧克力的冲动购买，决策可能是在几乎无意识中做出的。当然，消费者的购买还受到“让渡价值”的影响，从而使购买变得容易或者是困难。等候的时间过长，车辆的售后维修服务、质量以及态度，这些都有可能使他们要决定是去别的公司购买汽车。即使他们仍然坚持下来，并（最终）进行了购买，他们对供应商的服务和效率的印象将会被破坏，而这可能会使他们在事后评价宣传中造成不良的影响。

五、购买后的评估

无论购买了何种产品，在一定程度上，都很有可能进行购买后的评估，评价所购买的产品或所选择的供应商是否达到了他们在决策过程的早些阶段寄予的期望。特别是，如果决策过程很困难，或者是消费者投入了大量时间、精力和金钱，那么就会有这样一种疑问，那就是自己是否确实做出了明智的选择。这就使消费者在“精神上不舒服”，他们试图平衡已做出的选择和对之持有的怀疑。特别是，他们曾经拒绝了某种产品，但现在的市场信息却对该商品的品质和好处大加颂扬，消费者处于这种情况之下，他们所感受到的不协调就会加重。总的说来，被拒绝的候选商品数量越多，那些商品看起来越具有吸引力，那么不协调就越剧烈。相反的，被拒绝的商品同已选择的产品的相似性越大，不协调就会越轻。对于重大购买如汽车等，这是因为购买者非常有可能在将来有意识地回顾和评估他做出的决策。

显然，这样的心理矛盾并不是一件令人愉快的事情，消费者会努力降低这种不舒服。他采取的方法，也许是忽略那些不利于已做出选择的信息（例如已被拒绝的商品广告），并格外关注有利于所做选择的信息（例如对于已选商品的广告）。这些都表明，消费者在购买后需要销售方的进一步鼓励，不管是通过广告、售后的跟踪电话，甚至说明书上的贺词。消费者喜欢不断被提醒和再次的保证，来让他们觉得自己做出了一项明智决策，做出了最好的选择。从营销人员的角度，除了提供售后的再保证外，他们也要确保潜在购买者对该商品的特点和性质有符合实际的看法，这样也能将不协调的风险减至最小。夸大的广告只是提高了在现实中不可能实现的预期，结果消费者必然会产生失望和不协调。还有另外一种方式，可以确保潜在消费者的预期是建立在现实基础之上的，那就是在可能的情况下，让他们在购买之前试用该产品。对于快速流动的消费品，这比较容易做到，可以让消费者根据经验对产品的好处进行评价，而不是单纯根据广告里说的什么。对于价格较高、不经常购买的产品如汽车等，要提供样品很困难，但至少需要一个较长期的试驾驶，从而能在一定程度上产生合理的预期，并在消费者进行购买之前强调潜在的消极一面。

基于一些原因，购买后的评估阶段是很重要的。首先，它将影响到消费者是否会再次购买这种商品。如果没有达到预期，那么下次这一产品甚至不能出现在可供最后选择的目录上。相反，如果达到或超过了预期，那么消费者很有可能会产生对该品牌的忠诚，下一个可供最后选择的单子上可能只有这种产品。必须记住，在营销过程中，消费者不是被动的、毫无生气的。如果他们同某一特定产品或供应商的关系结束了，他们也并非就降到了不重要的地位。不满的消费者会将他们的倒霉经历告诉超过 11 个其他的人，同那些满意的消费者会告诉的人数相比，这一数字是后者的两倍或三倍。因而对于营销人员来说，考虑如何能在购买后阶段最大程度地降低评估风险是非常重要的。

消费者的购买后评估是个人的、主观的，并且他们的认知有时候能夸大该产品的好处。正如前面提到过的那样，消费者的头脑中有一系列产品的表现标准，营销人员可以利用这些标准来影响信息评估。营销就是做出承诺，同时，在一定程度上，购买后的评估是衡量这些承诺的真实程度的。因而，如果仔细研究过消费者的需要和要求，并相应地修改、平衡和应用营销组合，那么对于各方来讲，购买后的阶段应该是一个令人愉快的阶段。

密切关注购买后的感受，是营销的一项重要任务，这不但可以确认该产品（或者销售组合）在哪些领域没有达到预期，也可以确定购买者可能体验到的任何惊喜。那就意味着，该产品有被低估了的优点。这是产品和服务的开发、提高和改进的循环流中一个自然部分。

对于这里所介绍的过程，有几点需要注意。第一，消费者可以选择在任何阶段结束该过程。也许搜集信息的结果显示，还没有任何显而易见的合意方案能解决这一问题，或者信息评估证明，要解决这一问题成本太高。当然，使消费者在整个过程当中一直保持兴趣，并阻止他们退出，这都是营销人员的分内事。第二，这一过程并不一定要毫不间断地从第一阶段发展到第五阶段。消费者可以在任何一点返回到上一个阶段，并重复该过程。即使已经到了做决策的边缘，消费者也可能为了更加确信，感到有必要返回，并搜集更多信息。最后，在这一过程中所花费的时间，有可能根据购买行为的性质或者购买者的秉性不同而有极大差别。为了进行一次昂贵的、重要的购买，消费者可能会痛苦地考虑好几个月的时间，而选择一块巧克力可能只需花费几秒钟的时间。

第三节 私人汽车消费市场及购买行为

一、私人汽车消费市场的特点

从世界各国来看，汽车工业的发展最终取决于轿车的发展，而轿车的发展最终决定于私人轿车的需求，于是判断私人轿车消费趋势成为判断轿车市场发展的焦点。从典型统计或调查信息孤立来看，私人消费趋势足以令人欣喜。例如：据调查，1996 年在全部城镇居民家庭中，年收入在10 万元以上的家庭有192 万户，3 ~10 万元的家庭有625 万户，说明目前已有数百万户家庭有能力购买轿车。由于中国人口基数大，即使只算城市人口的话，家庭年收入在 6 ~10 万元，10 ~20 万元，20 万元以上的比例分别为 4. 3%，2. 7% 和 2. 7%。这也可以初步看到私人轿车有很好的前景。国内轿车需求分析进入 20 世纪 90 年代以来，轿车需求进入快速发展时期，产销量及其在汽车总量中的比例持续提高，成为汽车市场中新的增长点。我们通常理解的轿车进入家庭，应是指进入普通工薪家庭，而不是指进入少数富裕家庭。依照市场经济规律，私人轿车必然首先进入少数富裕家庭和出租车市场（我们称之为私人轿车的个别消费市场），然后才能依次进入工薪收入较高的家庭，最后进入普通工薪家庭（我们称之为私人轿车的群体消费市场）。除少数富裕家庭外，国家政策的催化作用有可能在人均国民收入不太高的情况就出现轿车进入部分有较高工薪收入的家庭。私人购买车辆从 2002 年开始，在我国以较快的速度增长。

二、私人汽车消费者的购买行为模式

私人购车，特别是在中国，是一件高消费购买行为，往往不是一个人所决定的，而是全家的意见综合反映。如家庭购车，儿子提议买车，车辆的类型来自朋友的推荐，汽车的结构由丈夫选择，妻子对所购车辆的外表有明显的要求。在妻子的赞同下，也许由丈夫作出购买车辆的最终决定。然而，新车的最终用户使用者可能是妻子而不是丈夫。因此可以区别家庭成员在购买汽车在决策中扮演不同的角色，见表 2-1。

表 2-1 私人购车行为模式分析表

角色	解释
发起者	提起或有意购买汽车的人
影响者	对最终决策具有一定影响力的人
决策者	对于是否买、何时买、买什么等方面的购买决策作出完全或部分的最后决定的人
购买者	实际进行采购的人
使用者	实际使用汽车的人

汽车销售的时候要充分考虑以上这些角色，因为这些角色对于推销、沟通、确定信息和安排促销预算是有关联意义的。如果丈夫对汽车的样式作出决定，那么在销售的时候就要把大部分广告直接面对丈夫。同时，汽车公司也可以在设计一些取悦妻子的汽车特色，并能在妻子能接触到的一些广告媒体上做广告。了解购买决策者的主要参与者和他们所起到的作用。

在上一节消费者行为分析中我们知道，购买车辆也会经历五个阶段：问题认识；信息搜集；对可供选择方案的评估；购买决策；购后评价行为。

三、影响私人汽车购买行为的因素

1. 个性化

个性化包含让我们中的每个人都与众不同、独一无二的所有特色、特点、行为和经验，是一个非常广泛和深入的研究领域。我们的个性埋藏于我们作为消费者的所有行为的中心，在物质缺乏的阶段，我们的个性大部分被抹煞，但在激烈市场竞争的今天，我们的营销人员试图确定目标消费者群体中普遍的个性特点和特征，这可以在产品本身以及围绕该产品所做的营销努力中反映出来，已经开始进入了心理描绘或生活方式领域。这毫不为奇，因为个性有助于形成生活方式，而生活方式也同样影响到个性。

对于高参与度的产品，在产品和消费者之间有很强的感情联系和心理联系，相对来说比较容易看出个性怎样影响选择和决策。例如，在选择服装时，作为个性的表白，一位性格外向的、自信的并有奢侈倾向的成功者，可能会有意选择前卫的、时髦的、大胆的、颜色抢眼并昂贵的东西。而一位安静的、没有安全感、社会技巧不足的人，可能倾向于穿戴比较严肃、比较保守并且不太可能吸引别人注意的衣服。

然而，总体说来，个性和购买之间的联系，以及从个性特色中去预测购买方式的可能性，都是很细微的。一些研究能显示出个性和购买之间有很强的联系，但大多数研究只显示了微弱的联系，而一些根本就没有显示任何关系。个性可能会影响到购买某类产品的决策，但不是最终的品牌选择。

2. 感觉

感觉代表了个体对得到的信息进行分析、阐释并使之具有意义的方式。感觉受到个性、经验和情绪的影响。不会有两个人对同样的刺激物有完全一样的阐释，即使同一个个体，在不同的时间可能对这一刺激物也有不同的感觉。例如，同你饱餐一顿之后相比，当你饥饿的时候，一则关于食物的广告更可能对你产生正面影响。直接需求影响到了对于信息的阐释。类似的，快速翻阅同一本杂志时，星期天下午在家中放松的时候，比起工作日在短暂休息当中，一个人更有可能花时间阅读一份详细冗长的印刷广告。很自然地，营销人员希望消费者能够在他们放松、悠闲或者是跟这个世界悠然相处的时候，注意到他们的广告，因为那时个体更有可能对信息做出一个正面的阐释，并且不太可能被别的压力或者是需要转移注意力。

其他的压力和需要，确实给营销人员造成了需要克服的问题。所有消费者每天都受到营销信息的轰炸，如果他们试图对它们给予同样的注意力并对之进行客观的阐释，那么他们很快就会变得疯狂。因而，有一些保护机制，保护消费者免受过度刺激之苦，并努力在阐释过程让消费者放松。

（1）选择性注意。消费者并没有注意到同时发生的所有事情。注意力过滤，让消费者对收集到的信息进行了无意识的筛选。在日常生活中，我们过滤掉不相关的背景噪声：电脑的嗡嗡声，花园里的鸟叫声，大街上的汽车声，走廊里的脚步声。同样地，消费者也会过滤掉无关的营销信息。例如，在读报的时候，消费者快速的一瞥发现了一则广告，认为它是无关的，就将视线转向阅读周围的内容。

意味着营销人员必须攻克这些过滤器，或者提出我们将认为是相关的信息，或者是构造能在信息当中抓住消费者注意力的策略。例如，印刷的广告可能会利用其醒目的位置、热烈的色彩或令人震惊的图案来抓住视线，更为重要的是抓住大脑。

（2）选择性认知。即使营销人员抓住了消费者的注意力，问题也可能还没有解决，因为人们会以各种适合他们的方式来阐释信息。消费者不喜欢冲突和矛盾所产生的不适，而是希望把事情阐释得跟自己已有的想法和感受相吻合或相一致。

建立这种一致或者协调的方法之一，是让以前的经验和现有的看法来影响认知。对于某企业提供东西的一次糟糕经历，就产生了也许永远不会克服的偏见。无论那个组织传递出何种有吸引力的信息，消费者将永远认为“是的，但是……”。类似地，对于某问题有负面态度，将会使消费者对于信息给予不同的阐释。例如，某人极力反对原子能，他将尽力从这一行业的广告的字里行间，找到掩饰和相反的论据。这可能会歪曲信息，甚至会强化负面的感受。相反地，一次愉快的经历将更容易形成正面的认知。过去的愉快经历为新的寻求打下了坚实基础。

3. 选择性记忆

并不是所有的通过注意过滤和认知以及阐释机制的刺激物都能被记住。很多刺激物只是暂时的，因而这就是广告重复的原因之一。如果在第一轮广告当中，消费者没有注意到或记住，你可能会在后来的场合中看到。重复信息或者创造出相似的刺激物，可以使消费者能辨认出品牌名称、包装设计、商标或者是配色方案等，因而对记忆进行提醒，就成为降低对消费者记性的依赖的一种重要营销任务。

人类会记住他们想记住的东西，并筛选掉其他东西。保持某一特定信息的原因，可能是因为它在感情上打动了他们，或者是与他们有直接的关联，或者是它特别具有娱乐性，或者是它强化了以前所持有的观点。原因有很多，但是消费者没有义务去记住所有东西。

4. 学习

感觉和记忆力与学习（learning）紧密相联。营销人员希望消费者从促销品中学到东西，从而了解购买什么样的产品以及为什么购买，并从对该产品的经验中学习，从而能再次购买该产品，并将信息传递给其他人。

从营销的角度来看，目标肯定不仅仅让消费者学到一点东西，还包括使他们记住所学到的东西，并据此采取行动。例如，广告材料都精心设计，使学习机会最大化。一则电视广告是关于通过电话卖汽车保险的，在30s之内，4次重复了免费的电话号码，并将电话号码写在屏幕的底部，所以观看者很可能记住它。在一则广告中不断重复一种产品的好处，也帮助消费者在使用某种产品时，清楚自己应该注意什么。立白公司的广告是将一瓶“立白”所清洗的一大堆瓷器和与该产品竞争的产品所清洗的可怜巴巴的一堆瓷器摆在一起，这种形象比起单纯的语言所传达的信息来说，更容易留在脑海当中。一般说来，在某一特定的使用场合展示出一种产品，或者是将之跟某一种人或情景联系起来，就会给消费者提供一种指导方针，从而清楚对该产品应该持怎样的一种态度。

5. 动机

有人在定义营销的时候，将重点放在消费者需要和要求的满足上。但是，是什么引发了那些需要和要求，是什么促使消费者去实现它们？就行动的动机来说，推动力是复杂和变化的，可能很难进行研究，因为个体自身经常不能确定为什么自己会如此行动。另外一个问题是，在不同时间，不同的动机可能占上风，并对消费者的行为产生更大的影响。例如，一位旅行者驱车从甲市开往乙市，在旅行的开始部分，首要的事情是快速前进，找到一个地方吃午饭，而暂时的目的是及时地到达中途的一个城市，并找到一家合适的旅馆。在向南的汽车高速公路上的长时间交通延误，破坏掉了这些计划。天色渐晚，旅行者认识到他不可能按计划到达中途的一个城市。看过一些“客满”的标识牌以后，他开始越来越关心能否找到一间房子住，因为开车人不希望在汽车里入睡。刚开始旅行时所路过的很多旅馆都不在考虑之列，但现在任何一家旅馆都有可能被他接受。首要的事情不再是所走过的距离，而是找到一间温暖舒适的旅馆客房。我们旅行者的动机在内容和强度方面，在一次长距离的汽车旅行当中发生了变化。营销人员如果要有效地营销他们的旅馆、饭店或者实际上任何产品或服务，就需要意识到消费者的这种动机。可以想想一家灯光明亮、标志熟悉，而且从汽车高速公路上就可以清清楚楚看到的旅馆，对于一位疲劳的旅行者来说能产生怎样的效果。

马斯洛《需要的层次》一书，长期以来都被用作对基本动机进行归类的框架。他划分了五组需要，每一组位于另一组之上，并形成了一个递进关系。在最低层次上得到满足之后，个体就开始努力实现高一级的目标。这一模型的背后确实有一定的逻辑基础，并且，真正的自我实现只能是建立在安全和社会认可的坚实基础之上的，这一观点看起来也是合理的。但是，这一模型是在美国资本主义文化的背景下发展起来的，在那里成就和自我实现本身常常就是目标。这些动机在多大程度上能扩展到我们中国的文化背景之下，对此还存在着疑问。

对于这五个层次，都能找到消费者行为和营销活动方面的例子。

(1) 生理需要。基本的感觉，像饥饿和口渴，能成为有效的推动力。经过一场紧张的壁球比赛之后，对于饮料的直接渴望，压过了通常对于品牌倾向的考虑。如果运动中心商店的货架上只有一种软饮料，那么这种饮料也可以。类似地，老牌购物者充分明白，在饥饿的时候逛超市是很危险的，看起来多得多的东西被放到了购物车里。

营销人员可以利用这样的感觉。软饮料制造商能确保运动中心存有那种品牌，并且产品的形象能够反映出精力恢复和消除口渴的性质。食品制造商可以在一天当中观众有可能感到饥饿的时间作广告，这样他们会更有可能注意到信息并记住它。

(2) 安全需要。一旦个体得到了生活必需品，对于自我保护和长期生存的需要就出现了。在现代西方社会，这可以被解释为对于安全的家庭的渴望，不受入侵和避免其他危险。它也可能包括对于保健、保险服务和消费者保护法的向往。

汽车市场特别集中于安全需要，并将之作为营销平台。开车在本质上是一项危险活动，因而制造商尽力向我们保证他们的汽车尽可能地安全。在他们的广告当中，不同的制造商都突出保险杠、气囊和自动防滑的制动系统，告诉你这些怎样保护你或者帮助你避免事故。

(3) 归属感和爱的重要性。这是关于情感上的安全感，消费者希望感觉得到了那些最亲近的人的认可和重视。营销人员再次通过特别强调家庭，来利用这一需要。

对于孤独感和不受他人欢迎的恐惧，能成为一个强有力的推动力，这在很多的营销战中都得到了重点突出。像除臭剂、牙膏和漱口水之类的用品，都在此基础之上大作广告，如果你使用这些产品，你将更加可爱，并且展示了不使用这类产品会产生的不受欢迎的可怕后果。即使是针对青少年的反对吸烟的活动，也采用了这种方法，暗示出你呼吸中的烟草味道会使你的朋友敬而远之。

(4) 尊重的需要。这将上一阶段向外扩展到更加广阔的社会背景之下，是个人对于成功、地位和高评价的需要。这可能包含职业上的地位和尊敬，处于社会群体之内。

这类需要在种类繁多的营销产品和服务中得到了体现。例如，绝大多数汽车广告都包含着某种信息，暗示出如果你驾驶这种汽车，它将在一定程度上提高你的地位，并赢得他人的尊重。这甚至对于小一点的、稍微便宜一点的汽车也很适用，在那里，尊重来自于“英明的选择”或者是“一辆能反映我个性中正面因素的汽车”的观念。更明显的，尊重可能单纯来自个人有能力负担得起更昂贵的、更高级的物品。香水和其他奢侈品在很大程度上都利用了这样的暗示，那就是你是一位有水准的精英人物。使用这些产品，对于你是谁，以及你所拥有的地位，仿佛做了一种宣言。你只需说“我拥有一辆劳斯莱斯”，就言简意赅地道出了一个人的社会地位。

（5）自我实现的需要。这是最终的目标，通过成功地发挥一个人的潜力，实现了彻底的满足。这可以指何事情，你是谁，以及你想从生活中得到什么有关。有些人只有在作了跨国组织的领袖之后才会得到自我实现，而另外一些人将会在成功养活了一个幸福、健康的家庭中找到自我的价值。对于营销人员来说，这是一个不容易控制的阶段，因为这一阶段个性化太强了，因而营销人员只能希望通过满足以上讨论的其他需要，来帮助消费者向自我实现推进。然而，只有消费者自已才能断定在什么时间达到了这一阶段。

有趣的是，在前面介绍的从甲市去往乙市的旅行者，看起来是从高一级的需要倒退到低一级的需要。刚开始，他想选择一间既能满足他的需要，又能跟他的自我形象相配的舒适的旅馆，后来这种想法不得不被放弃。疲劳驾车是危险的，因此要停止开车，并为自己找到一个安全的容身之所。因此，环境把对睡眠和安全这样的最基本的生理需要提到了前面。

然而，从一般意义上来讲，在微观的经济中，满足最基本的需要可以被看做是理所当然的。对于大多数人来说，真正的生理上的饥饿、口渴和缺乏安全感并不存在。例如，食品制造商不能认为，单单因为他们的产品消除了饥饿，消费者就会购买和接受该产品。成百上千的食品品牌中的任何一种都可以做到这一点，因而消费者开始观察某一特定产品如何能满足高一级的需要，像爱和尊重等。结果，食物经常是在这一基础上进行营销，如果你提供了某一产品，你的家人将会喜欢它，并且更爱你，或者是因为它将会给你的晚宴的客人留下印象。

6. 态度

如前面指出的，态度指个体对某问题所采取的姿态，而这一姿态使他们对于那一问题以某种方式做出反应。

因而用营销术语来说，消费者可以对任何一种产品、服务和销售组合的任何一个方面，形成一种态度，而这些态度将影响到行为。所有这些都意味着，无论是通过认知、评估、信息处理或者是决策，态度在影响消费者判断方面都起着非常重要的作用。在学习方面，态度起着至关重要的作用。态度是不固定的，随着时间推移而发展，但它们常常又是难于改变的。

四、举例说明

下面我们通过对影响女士购车行为的因素的例子来加以说明，如图 2-2 所示。

（1）价格。一般来说，时代女性购车大部分多是私人用车，在购车之前，心里基本都有计划要花多少钱来购车，才是自己能承担的。除了购车以外，还要考虑养车的费用，因此心里能接受的价位是放在第一位的。

（2）车辆的外观。女性天性爱美，流线型的车子往往是首选，但是也有根据其实际情况进行选择的。如职业女性，较多选择外形较为庄重、线条稳实、大小适合的车辆；如果是追求时尚的女子，像奇瑞 QQ、或者上汽通用五菱 SPARK 都是可以考虑的选择对象，因为小

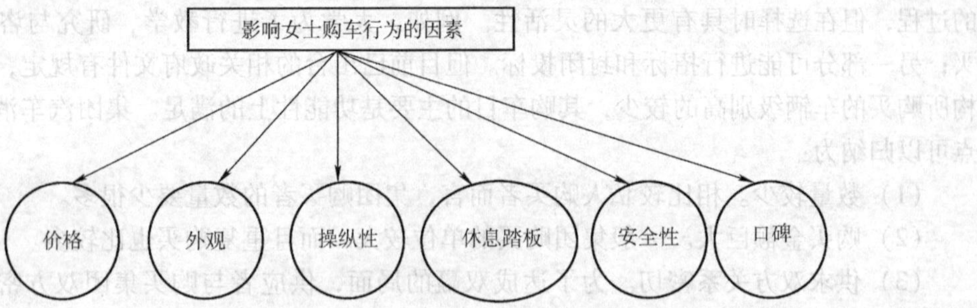

图 2-2 影响女士购车行为的因素

巧个性的车辆可以在城市中驾驶自如。

（3）车辆的操纵性。选择自动档位还是手动挡位，取决于个人的驾驶习惯。城市女性常在市区开车，为了避免塞车换挡疲劳，大都选择自动挡位的车辆。另外动力转向也是必备的配置之一。

（4）休息踏板。对女性来说，休息踏板也是考虑的对象之一，因为自动挡位的汽车左脚不受力，更加容易酸痛。

（5）口碑。购车的推荐往往是亲朋好友，或者是报纸、杂志、BBS 论坛。一般而言，口碑好的车辆，更加容易成交。

（6）安全性。为了保证行车的安全，选择具有基本的安全配置是不可缺少的，如安全玻璃、防撞保险杠、广阔的视野、较少的后视死角。还有安全气囊（SRS）、自动防抱死系统（ABS）等也对行车安全起着重要的保护作用。

第四节 集团汽车消费市场及购买行为

一、集团汽车消费市场的特点

在我国目前，虽然私人购车的比重在增加，但是集团的购买仍然占主要的地位。前面提到，集团购买主要指政府机构、商业性质的企业、公共机构的购买，在购买时具有以下特点。

1. 商业性质的企业

商业性质的企业包括以赢利为目的的团体，他们主要从事产品或服务的生产或转售。转售商购买用于转售的产品，通常不对它们进行物理改变。在汽车销售时，附加值很大程度来自服务因素。

2. 政府机构

政府机构是汽车产品的非常重要的购买者。他们的购买车辆可能大量、昂贵，具有高额利润，政府购车除了日常办公用车以外，还有一些非常重视的外交场合，显示身份地位的象征。因此高级轿车是政府和大集团的首选，其购买构成过程较为固定。

3. 公共机构

该群体包括大体上属于非营利性机构的组织，例如大学、教堂、独立的学校。这些公共机构可能有政府资助的成分，但从购买角度来讲是自主的。它们很可能遵循跟政府机构相同的过程，但在选择时具有更大的灵活性。例如，大学为了进行教学、研究与咨询，必须购买；另一部分可能进行招标和封闭投标。但目前已出台的相关政府文件有规定，这类公共结构所购买的车辆级别高的较少，其购车目的主要是功能性上的满足。集团汽车消费市场的特点可以归纳为：

（1）数量较少。相比较私人购买者而言，集团购买者的数量要少很多。

（2）购买金额巨大。一般集团购买的单位较大，而且重复购买也比较多。

（3）供求双方关系密切。为了达成双赢的局面，供应者与购买集团双方密切合作，相互沟通。

（4）理性购买。集团购买往往处于讨论研究，购买决策是在一定的规划和计划上而作出的。而不像私人购车有时一时冲动而作出购买。

（5）购买的方式不同。集团购买往往采用招投标的方式来进行，以当前的反腐倡廉、财务公开、公平的原则来进行。

（6）参与购买的人员更多、更专业。集团采购往往进行采购时，有很多专业人士、使用人员、采购人员等共同讨论来进行。

二、集团汽车消费的购买模式

集团采购特定的购买过程往往比私人中购买的过程更清楚、正式。其过程可能如下。

1. 招投标购买过程

（1）确定产品与服务的精确规范。对于更具有革新性的大项目，要与专家顾问和潜在供应商的开发人员一起制定规范。

（2）招标。要求集团出价或投标，来获得供应权。有的项目仅允许被认可的供应商投标的则对任何人开放。

（3）对投标进行评估。评估提交的投标，在其中选择成功的一个。

投标是一个很有竞争性的过程，需要供应商很好地了解该过程。这在很大程度上依赖于企业是否与购买机构的内部人员具有适当的联系，维持与他们的良好关系与交流（当然在道德范围之内）。正式投标一旦开始，再进行联系往往已经太晚了。明年投标所需的联系与声誉，需要在今年建立。

2. 一般购买的过程

（1）购买促成因素。显然，过程要开始，必然是有某一需要想要实现，是可以通过购买来解决的问题。这种刺激可能是内在的，并且完全是例行公事。例如，一辆办公用车经常出现故障，这种刺激也可能是全新的购买。

（2）确定产品规格。个体消费者在购买时，有一半的乐趣来自于自己通常不很清楚想要什么。集团与此不同，集团必须比较详细地确定所需的产品。采购的战略意义越重要，这一点越明显，比如，让我们想一想购买一辆商务用车。必须指定该部车的物理特性，包括功能、设计、预期的质量与性能级别、与其他部件的关系和兼容性，同时也要确定不是这么明显，但同样很重要的因素，比如需要的数量、送货日期与服务支持。

这些规格需要把工程师、产品经理、采购人员与营销人员（代表最终用户的利益）的专业知识结合起来，把理想与价格、实用性进行权衡。应该尽早决定的问题之一是，是基于特定的需要制定规格，然后寻找合适的供应商，还是首先选择供应商，然后把规格根据他们进行调整。在特别复杂的情况下，甚至需要外部顾问与供应商的参与。在第一种情况，首先向潜在供应商提供总体规格，但可能在草拟出两三个供应商的名单之后，再指明一个更详细的规格要求。

如果规格基本上是卖方制定的，而不是买方制定的，那么可以利用报告与出版物，比较相互竞争的产品的不同特征与性能。典型的版面中，会评论不同产品的供应商名单、技术数据、运营成本指南、折扣与售后服务。所有这些，都帮助集团购买者做出更准确的选择。

在工程环境下，产品规格更详细，这是可以理解的，但这不是对所有环境都合适。例如，某公司想制作一本关于公司的小册子。它在自己的营销部门内可能有一定的专业人员，但它会向外部代理商发出一个大纲，目的是为了获得对当前情况的新视角。大纲可以涉及小册子的页数、内容范围、面向的读者，以及集团愿意付出的价格，但特意模糊了一些细节，以保证代理商有充分的创造空间。代理商"解释"这一大纲，然后提出建议书，该建议书可能被客户拒绝，或者客户会跟代理商进行磋商。

在此阶段，也有必要定义选择的标准或优先次序。优先考虑的不一定都是价格。如果一台机器突然出了故障，那么送货与安装的速度将显得更重要。在新技术方面，选择的关键可能在于现存设备的兼容性、将来的升级产品或提供的服务支持。

(3) 选择供应商。下一步设计寻找能最终符合所有指定标准的供应商。有时，人们不太喜欢去寻找潜在供应商，采购部门会对谁可以完成什么任务进行归档。如果现有的供应商可以完成工作，他们很可能成为首选。另外一些情况下，可能需要买方主动地公开寻找新供应商，鼓励可以符合他们要求的报价。然而，企业通常偏爱已知并信任的现有供应商。

这一方法有一些优点。现有供应商至少是个已知的量，采购集团对他们的执行能力有经验，有一个实际的看法。现存的关系意味着双方有更好的相互理解，两个集团中人员有良好的工作关系，并理解对方受到的制约。然而，自动将生意推给现有的供应商，这也有它的风险。采购集团是否对一个供应商太过依赖？额外的生意会不会给供应商的生产能力造成压力？采购集团是否错过了具有更好技术并急于证明自己的供应商？这时，可以对"常规"供应商之外的情况做一些探索。

当然，从很大程度上来说，这与采购任务的本质相关。低风险、高频率的采购可能不值得进行这种搜索，只需现有供应商为再次供应提出一个报价就行了。此外，还可以要求一两个已知的供应商为此报价，这只是作为防止现有供应商利用确定的关系占便宜。

在高风险、低频率的采购中（即全新采购），很可能实行更认真、更长期的选择过程。在最后决策之前，可能在一个较高层次与许多潜在供应商进行复杂的讨论、谈判、修订与反复。如果需要不同的供应商紧密协作，那么又会出现其他问题。

3. 集团购买过程的 8 个阶段

1）问题识别。

2）总需求说明。

3）车辆规格。

4）寻找供应商。

5）征示供应建议书。

6）供应商选择。

7）常规定购的手续规定。

8）绩效评估。

三、影响集团汽车消费购买行为的因素

集团购买是一种理性行为，在购买中主要受到经济和人为的因素影响。进一步区分可以视为以下几种：

1. 组织因素

组织因素是指购买者内部采购部门自身的目标、政策、结构、制度等方面的设置状况。

2. 环境因素

环境因素是指集团当时所处的经济运行状况、政治社会环境以及科技力量等情况。

3. 人际关系

人际关系是指集团内部各机构不同人员之间的关系，其主体就是有关地位、职权、情趣、说服力等不同的参与者之间的关系。

4. 个人因素

个人因素是指集团购买者中每一个参与购买活动的人员，各自在购买活动中的动机、个人经历、喜爱偏好等方面的因素。主要集团购车参与者见表 2-2。

表 2-2 集团购车参与者

参与人员	注 释
使用者	实际使用车辆的人员，通常由使用者提出建议，并协助确定车辆规格
影响者	影响购买决策的人，他们常协定确定车辆的规格，并提供采购方案的情报信息
购买者	正式有权选择供应商并安排购买条件的人，主要任务是选择卖主和交易谈判，一般为高层管理人员
决定者	有正式或者非正式权力来选择或批准最终供应商的人
守门者	控制信息流给别人的成员，通常为采购员或者接线员

四、集团购买的特点

集团购买总是代表其他人，这与私人购买情况不同。这些区别导致购买过程的许多复杂问题，营销人员必须在鼓励尝试与再订购时，很好掌握它们。其特点有以下几个层面。

1. 集团的购买策略

有可能有一些关于购买的系统或程序强加在集团购买者身上。对个别重要供应商应该如何对待，单一供应商或多个供应商的规则，或者在决定之前需要比较的报价次数，通常，企业会向所有可能与供应商做生意的员工提供一份购买手册。该手册将勾勒出该集团的购买规则与方法，并列出已经核准的供应商清单，以及核准新供应商时要采用的步骤。

集团是从单一供应商还是多个供应商那里采购，是采购政策的另一个重要方面。如果使用单一来源，采购者需要确定连续稳定的供应，价格还要合理。

2. 专业采购

集团购买的风险与责任意味着它需要专业地完成。在复杂的、需要用户化的技术产品方面，需要大量谈判工作。即使对于用在制造上的小部件，定义供应的条款，以保证它们同产品需求一致与兼容（例如性能规格、交货时间与质量标准），也是一项重大工作。绝大多数消费者采购不需要这样的高度灵活性，产品是标准的，摆在货架上，价格、用途与功能都很明确，消费者要么是购买，要么不购买。

3. 团体决策

集团采购需要完全的信息，严格遵守程序，责权分明，因此，集团采购常常是团体决策，而不是个人决策。在消费者的购买活动中，会有其他群体的影响，比如家庭的影响，但

这些影响一般不如集团采购情况那么正规。除了在最小的集团或对于最小的采购，很少有个人在集团的开销中有绝对的自主权。据调查发现，采购中与产品相关的方面，极大影响了集团中的哪些部门参与到采购中，而开销的大小，则影响了参与的管理人员的职位层次。

4. 采购的重要性

过程的复杂性，也总是由采购的重要性和集团对这一采购环境的经验来决定的。如在常规重购中，集团先前已经购买过此产品，并确定了供应商。这些产品可能是相对低风险、购买频率高、价格不昂贵的供应品。

修正重购指企业有购买此产品的一些经验，但还需要重新考虑当前的过程。可能在集团上一次购买此物品之后，发生了重大技术变革，或者感觉目前的供应商不是最合适的，或者需要重新协商购买的指标。这样的例子可以是购买一批汽车，由于新的样式与价格变化，所以必须进行修正，同时，供应商之间的激烈竞争也要求供应商准备好为业务进行努力谈判。这里的决策可能相对较长、更正式，并包含一个过程，但也从过去的经验中获益。因此，技术上的修正重购与设计、性能规格的改变相关，而商业上的修正重购与价格、供货相关。前一类可以由技术人员决定，而后者可能更多与采购部门相关。

全新采购是最复杂的策略。集团以前没有该类采购的经验，因此在采购过程中需要大量信息和广泛的参与，特别是牵涉到高风险或高成本的产品时更是如此。一个例子是为全新的产品购买原材料。这是供应商的一个巨大机会，因为这可能成为将来的长期生意（即常规重购或修正重购）。对于购买者来说，这是一个重大决策，他需要花时间与精力来确保选择正确的供应商。

5. 法律与法规

法规影响着商务活动的各方面。在集团购买市场中，一些规章专门影响产品与服务的采购。一个明显例子是受到各种国际贸易禁运的国家采购货物，例如20世纪90年代的伊拉克和现在的阿富汗。更具体来说，政府可能希望在某些行业领域调整采购。

第五节 汽车市场消费者行为调查与分析

市场调查和市场预测为制定科学的计划和政策提供依据；市场调查和市场预测是管理决策和提高经济效益的必要条件；市场调查和市场预测对社会生产的合理化起促进作用；市场调查和市场预测对促进和满足消费者的需求起着显著的作用。

一、汽车市场调查的目的和内容

汽车市场调查主要是汽车生产企业、汽车销售公司为了更好的了解消费者、竞争者、及本企业的情况，从而制定营销策略的基础。

调查通常在寻找市场机会、开发新产品、开拓新市场或者发现产品在经营过程中出现的问题——份额、利润下降以及新的竞争者的出现等等。

1. 市场调查的目的

1）提供支持决策的信息。

2）帮助调查者了解市场上出现的直接影响其产品市场的问题或变化。

3）有助于企业选择营销活动以达到主要的销售目标。

4）有助于企业获取竞争上的优势。

5）有助于企业与市场保持一致。

6）倾听消费者的声音。

2. 汽车市场调查的内容

最普遍的市场调查内容包括：市场特性的确认、市场潜量的衡量、市场份额的分析、销售调查、企业增长趋势研究、长期预测、短期预测、竞争对手和产品研究、新产品的接受和潜量、价格预测等等。这里将调查的内容分为：

（1）产品研究。产品研究包括新产品的开发、测试；现有产品的研发、诊断和改造等。首先需要了解消费者对产品使用的感受，针对产品外观、功能、包装、设计、价格等各个属性进行分别评价；了解消费者对各种属性水平组合的偏好，在此基础上通过定量分析，以寻找产品属性间的最佳组合；估计产品的预期市场占有率和现有产品市场份额的问题和预测等等。

（2）企业和品牌研究。企业和品牌的研究包括：企业和品牌的知名度、好感度研究；企业和品牌的认知程度和认知途径；评价企业和品牌的各项指标研究；对新品牌和新企业的名称、商标相关设计的评价和喜好；品牌的管理和品牌力的测试；有时还可能涉及到品牌使用者形象的确认研究等等。

（3）消费者研究。消费者研究主要分为购买行为和使用行为的研究两项内容。购买行为中包括6W和2H，即买什么（What），为什么买（Why），购买者是谁（Who），何时购买（When），购买地点（Where1），产品信息的来源（Where2），购买量（How many）以及如何决策（How）等；使用行为包括消费者使用产品的经验、方式、满意度等方面的内容。另外关于消费者的生活方式的特点和差异也是最近营销中比较关注的问题。

（4）促销和沟通研究。这里涉及到关于产品推广过程中的多个环节的调查，包括销售渠道和销售方式研究、广告研究、媒介研究、公众关系和公共形象研究等。

（5）营销环境研究。营销环境需要结合外在环境和企业内部环境进行深入的调查和分析。外在的环境包括人口、经济和社会环境研究，产品对应市场研究，竞争对手分析等；内在环境包括企业自身的管理和财务状况研究，人员素质和服务以及满意度的研究等等。

二、汽车市场调查方法

市场调查方法是指市场调查人员在实地调查中收集各种信息资料所采用的具体方法。常用的方法有3类，即询问法，观察法和实验法。

1. 询问法

询问调查法是以询问的方式，作为收集资料的手段，以被询问人的答复作为调查资料依据的调查方法。它是市场调查的一种基本方法，又称直接调查法。询问调查法按其内容及传递方式不同，又可分为如下几种具体方法：

（1）访谈调查。访谈调查是调查者面对面地向被调查者询问有关问题，应答者的回答可以当场记录。调查方式可以采用请进来、走出去、召开座谈会的形式进行一次或多次调查。

（2）电话调查。电话调查是由调查人员根据事先确定抽样要求，用电话向被调查人询问，以收集资料。

（3）邮函调查。又称通信调查，此法是将设计好的调查表寄给被调查人，由被调查人按表中要求填写寄回。

(4) 留置问卷调查。该法是访谈法与邮寄法的结合，调查者将设计好的问卷交给被调查人，并说明填写要求，当填好后，再由调查人员定期收回。

上述几种方法各有利弊，可根据调查对象及调查内容要求不同，采用适当的调查方法。

2. 观察调查法

观察调查法是指调查者通过直接观察和记录被调查者的言行来收集资料的一种方法。通常使用两种方式进行：

(1) 调查人员直接观察。调查人员在现场观察和统计，耳闻目睹顾客对市场的反应和公开的言行。

(2) 利用设备间接观察。调查者利用录音机、录像机、照像机、监测器、测录器等现代化器械，间接对市场中人们的行为进行观察以收集资料。

由于观察法是从侧面观察被调查者的言论和反应，被调查者是在不知不觉中被调查。如在交易中心、展销会上记录参观人数、咨询人数、咨询内容、关心的热点、停留的时间等。所得资料较为客观，有较高的准确性，其缺点是时间长，费用大，易受时空限制，无法探知对象的内在心理活动。

3. 实验调查法

实验调查法是从影响调查对象的若干因素中，选出一个或几个因素作为实验因素，在其余诸因素不变的条件下，了解实验因素变化对调查对象的影响。通常有两种具体方式：

(1) 实验求证法。此法主要用于衡量一个变量对另一个变量的作用效果。它的运行机制是先在小范围内实验，然后根据结果来分析能否在大范围内推广。如，除设置小规模房地产实验市场外，还可以开办商品住宅样品间、样品楼等各种比较市场。通过反复比较、分析，以达到预期的调查目的。

(2) 随机尝试实验法。此法主要用来测试产品的功能和适用性。如在户型设计中，为了准确掌握消费者需求偏好，可以通过竞赛方式征集各种不同风格的住宅设计方案，从中产生最佳设计，再组织大范围建设和推销。实验调查法所得数据，比其他方法要精确，但投资大，周期长，往往容易丧失市场时机，因此带有一定风险性。

三、汽车市场预测的内容与方法

预测是对未来可能发生的情况的预计和推测。由于未来的情况有很大的不确定性和变化，预测不可能是绝对准确的。然而“凡事预则立，不预则废”，尽管预测不可能是绝对准确的，但它仍具有不可忽视的作用。

任何社会和集团都是通过向社会提供产品和服务来求得生存和发展。在现代市场上，惟一可靠的竞争优势是比竞争对手更有效地满足顾客需求。成功的营销是对市场变化做出快速反应并设法对付。公司必须不断地审视自己所处的环境，以便掌握这些变化。

所有公司无论大小，都应该把营销策略作为全盘经营计划的一部分。这个计划明确了公司的宗旨，公司销售什么产品，销售给谁，竞争对手在干什么。对以上问题的回答在很大程度上取决于对未来需求的预测。

大多企业一般采用三段式程序对未来需求进行预测，一般要经过“环境预测—行业预测—企业销售预测”这样的过程。即首先是环境预测，即根据经济周期、通货膨胀率、失业率、利率、消费者支出与储蓄比例、工商业投资、政府开支、净出口额等情况的变动，得出对国民生产总值的预测。其次是在此基础上作出行业市场预测，即在已知的环境和既定的营销支出下，预测该行业的总销售量。最后是根据本企业的市场占有率，作出企业销售预测，即预测企业的销售量。

汽车企业常用的预测方法有以下几种：

（1）购买者意向调查法。即在营销环境和条件既定的情况下，预测顾客可能购买些什么。在顾客购买意向非常明显时，此法特别有效。

美国有几家调查公司曾作过主要耐用消费品的消费者购买意向调查，如向消费者提出：在未来6个月里你打算买汽车吗？答案有6种不同的选择，即：肯定不买、不大可能、有点可能、很有可能、非常可能、肯定购买。

当然，还要补充调查消费者目前和将来的个人财务状况和对经济前景的预测。然后，耐用消费品制造商即可根据这些调查结果安排自己的生产。

在产业市场上，各种调查公司也作这类调查。采用此法预测的结果，大多同实际情况的偏差率在10%以内。

（2）综合推销人员意见。在无法对购买者进行询问的情况下，企业可要求它的推销人员对未来需求作出估计。

例如，某公司每年8月份为其推销人员准备一些表格或卡片，每张卡片用于一种产品的一家主要客户，记录前6个月该客户的购买量，每张卡片上还有一空白处，留给推销人员填上自己对该客户下半年需求的预测。对前6个月未曾购买但去年曾经买过该产品的客户，则备有另一种卡片供推销员填写。此外，再备一些空白卡片供推销人员填写可能的新客户及对其购买量的预测。

当然，对推销人员的推算结果必须做一些必要的修正。他们可能有某种片面性，如天性乐观或悲观；由于近期的成功或挫折，使他们的推测可能走极端；由于所处地位的局限性，他们通常意识不到宏观经济的发展变化及其影响，以及企业整个营销计划对未来市场销售的影响。如果企业熟知每个推销人员在预测时常有的片面性，那么修正后的结果将是相当可信的。因为，推销人员毕竟较其他任何人更熟悉、更接近顾客，从而也更能把握未来销售的发展趋势。

（3）征求专家意见。营销者有时可求助于企业外部的专家预测未来需求，这些专家包括分销商、供应商、营销咨询顾问及贸易协会成员等。例如，汽车制造公司可定期要求它的分销商们对汽车市场的短期需求作出预测。也有不少企业向一些著名的经济预测专业公司购买关于宏观经济趋势和行业发展的情报。专门从事市场调查预测的公司，较一般厂商掌握更多有价值的情报资料，雇用较多的预测专家，因此，他们对市场需求的发展可能提供更全面的信息。

还有些企业组成特别专家小组对某项特殊问题进行预测，把专家们聚集在一起互相交接意见，得出整个小组的结论，这也称为“小组讨论法”；也可要求每位专家单独提出他的预测，然后由专项负责人员将各专家的意见综合起来得出一个结论，这也称为“单独预测集中法”；或者由每位专家分别提出个人预测，然后由专项负责人员综合修正后发回各个专家再进行个人预测，专项人员再修正，如此循环往复，直到得出接近统一的结论为止，其特点是各个专家彼此不见面、不知名，这也称为“德尔菲（Delphi）法”。

（4）市场试销。在购买者并无具体购买计划或其购买意向变化无常，或者专家也难以估计的情况下，可直接进行市场试销。在预测某种新产品的销售，或者预测某种老产品在某一新地区，或通过某种新渠道销售的前景时，市场试销法特别适用。

（5）时间序列分析。许多企业是根据过去的销售业绩，预测未来销售发展趋势的。这首先要通过统计分析方法，证明企业历年的销售数据确实具有连续性的因果关系，然后才可用作预测未来销售发展趋势的依据。

某种产品历年销售量（Y）的时间数列，可按趋势（Trend）、周期（Cycle）、季节（Season）和意外事件（Erraticevents）4个主要因素进行分析：

（1）趋势。即人口、资金构成和技术等要素发展变化的基本情况。这可从过去的销售曲线的变化规律中推测出来，也可看作是过去销售曲线的自然延伸。

（2）周期。即经济周期波动的影响，剔除周期性的影响，对中期预测相当重要。

（3）季节。指一年中销售变化的周期固有模式，如，与日、周、月或季节相关的规律性变动。这种变动往往是与气候、假日、交易习惯，甚至顾客上下班时间相联系的。季节性模式常作为短期销售预测的一种依据。

（4）偶然事件。包括暴风雪、火灾及其他偶然性的灾害、动乱等。这些因素都是可能遇到而又无法预测的，根据历史资料进行销售预测时，应剔除这些偶然因素的影响，以求得较规范的销售行为模式。

总之，时间序列分析法就是根据上述4个要素分析原始销售数列，再结合这些要素预测未来的销售。例如，某电视机商行今年售出12000台新产品，现在预测明年10月份的销售量。已知长期趋势是每年销售递增5%，因此，明年的总销售量估计为12600（12000×1.05）台。但由于经济环境的波动，预计明年的销售量只能达到正常情况下的90%，即11340（12600×90%）台。如果每月的销售量相等，那么，月平均销量应是945（11340÷12）台。然而，10月份通常是销售量高于平均值的月份，季节指数为1.3。因此，预计明年10月份的销售量可能达到1228.5（945×1.3）台。此外，预期不会发生偶然事件，如颁布新法规、发生社会动乱等，所以对明年10月份销售量的最好预计是1228.5台。

（5）利用领先指标。许多企业试图找到一种或数种领先指标，作为预测自己未来销售变化的晴雨表。这种指标随时间推移与企业销售按同一方向变化，并且其变化往往发生在企业销售的变化之前。例如，管道供应公司可能发现，它的销售变化总是在房屋开工指数变化大约4个月之后发生，于是，房屋开工指数就成为管道供应公司预测其市场需求的一个非常有用的领先指标。此外，平均每周工作时数、新企业开设的数目等，都可作为领先指标。

（6）需求统计分析。时间序列分析将过去及未来的销售变动都看作是时间的函数，而不是真正影响需求变化诸因素的函数。实际上，有许多因素在不同程度上影响产品销售，需求统计分析就是用来发现那些影响销售的重要因素，以及这些因素的重要程度的一种方法。最常见的影响因素是价格、收入、人口和促销。

需求统计分析法将需求量（Q）看作一个因变量，然后设法将它分解为若干独立变量的函数，即 $Q=f(x_1,x_2,\cdots x_n)$，运用多元回归分析方法，可找到最主要的影响因素和最好的预测方程式。

例如：美国某软饮料公司运用统计分析方法，发现影响某州软饮料需求量的最主要因素是年均温度和人均收入，它的表达方程式是

$$Q=-145.5+6.46x_1-2.37x_2$$

式中　x_1——该州年均温度（华氏）

x_2——该州人均收入（百美元）

如新泽西州年均温度为54（华氏），年人均收入为24百美元，利用上述公式可得出新泽西州人均软饮料需求量：

$$Q = -145.5 + 6.46 \times 54 - 2.37 \times 24 = 146.46$$

而实际的人均购买额为143。如果将此方程式用于其他州的软饮料销售预测也比较准确，那么，就可作为一个有效的预测工具。公司可预测下一年各州的年平均温度和年人均收入，据此推断下一年销售情况。

案例分析

案例2-1　菲亚特的"瘦身生产"

意大利汽车制造商菲亚特（Fiat）决定转向"瘦身生产"的方法，在比较小的产品批量中，寻求降低总成本的方法。公司在米尔菲（Melfi）建立了新设施，用于生产Punto，在普拉特拉·西拉（PratolaSerra）建立的新设施则用于生产发电机。这意味着寻找供应商，从资本投资角度来看，这些供应商应该愿意安装高度标准化的自动机械设备，因为这些设备运作和维护起来都很方便。从早期阶段就需要潜在供应商密切合作，以确保供应商可以提高生产能力，符合成本及送货要求。

菲亚特在选择产品装备供应商时，选择标准在20世纪80年代集中于价格与服务，现在发展到了包括质量、可靠性与标准化。实际知识与技术专长水平，供应商解决问题的能力，是否愿意通过自己的研发来进行创新，这些都是重要的考虑因素。在最后选择阶段，供应商是否以前与菲亚特合作过，是否严格遵守质量标准，不把工作量转包出去，这些也都是考虑的因素。菲亚特不愿意与满负荷工作的供应商做生意，因为这可能导致延期。因此，最后的决定不仅与价格相关，也包括详细的技术与性能因素，因为菲亚特希望它所得到的部件有"最好的价格、最好的性能"。

案例2-2　红旗轿车的品牌战略

红军在井冈山的时候，环境异常恶劣，曾有人提出疑问："红旗还能打多久？"对比红旗轿车当前的处境，完全可以用这句话来形容。实际上，用"能打多久"来表达"红旗"当前的处境，显然有点高估，用"扛多久"或者"抗多久"来形容可能更为贴切。不管中国的车市多么的红火，"红旗"就像是被庄家抛弃的股票，销量一路下滑，拒不回头。与此同时，他的竞争品牌们却高奏凯歌，赚的盆满钵漫。

站在一汽轿车的角度，似乎也有点尴尬，业绩是靠"马自达6"来推动的，但是也不敢说不重视"红旗"，毕竟，那是一面民族轿车工业的旗帜！能不能扛得住就具有一定的政治色彩了。不能排除有些人会有一点"比窦娥还冤"的心理状态。

从经销商来看，普遍反应是不赚钱，一是被套上了，不能说退就退，二是还想经销一汽的其他产品。可以用"叶公好龙"来描述大众的心理状态：虽然普遍认为"红旗"应该代表国产车的高水平，应该支持"红旗"的发展壮大，但是一旦落实到自己头上，还是尽量选择其他品牌。

"红旗"经营到这种地步，原因应该有很多，按照有关资料显示，公司内部总结为：第一是规模不够大，导致营销网络的覆盖度不够；第二，由于销量与保有量低，导致营销网络经营困难，会出现一些问题；第三，作为自主企业来讲，由于规模没有达到，提高各方面的体系能力方面，不像我们想得那么理想；第四，面对现实，红旗从奥迪100品牌到国产化的过程当中，可能要付出一些代价，应该说消费者对那时候的产品质量可能不是很满意。分析这几种说法，前三种都可以归结为销量不够的表象，是互为因果的论证关系，第四种是产品质量不过关，也是导致前三种原因的原因之一。实际上，归根结底，不外乎三个根本原因：1）生产控制不认真，否则难以解释奥迪100的高质量；2）缺乏技术及资金投入，没有生产出具有先进技术、符合时代潮流的新产品；3）营销工作不力，前三条互为因果的理由在畅销车型及品牌中就不会出现，没有哪一个品牌不是从小批量开始的。

针对营销工作，主要想从品牌的目标人群定位与档次定位、品牌的核心价值、品牌的功能诉求、品牌的资产价值与价格、文化营销等几个方面谈一谈。

一、"红旗"的目标人群定位与档次定位

早先的"红旗"，是高高在上的"国车"，是国家领导人的坐骑，是人们心中的红太阳、领袖毛主席的坐骑。爱屋及乌，"红旗"在国民心中的位置无疑是闪闪发光的金字品牌，是极致精品，是全世界轿车的第一品牌。后来，"奥迪上面插红旗"的小红旗面世了，主打的还是公务车市场。小红旗从块头上就比老红旗小了很多，车身还是别人家的，就好像领袖家庭收养了一个外姓人似的，档次当然降了不少。它的主人迅速经历了局级干部、处级干部直至乡长村长，有关人士说，"红旗的很大一部分公务车市场是在地市及县乡一级"，也有人总结为"乡镇企业家之车"。价格就一路下降，档次也一路下滑。后来卖得也不好了。从报道中看到，政府采购中，自奥迪A6以下，"帕萨特"、"君威"等车成为主流，鲜有"红旗"的影子。至此，红旗在公务车领域就难有建树了。

从我们2004年2季度做的调查来看（北京、上海、广州、武汉、成都、沈阳、西安7个城市，共2210个普通市民样本），人们将"红旗"的品牌人物形象描述为：40岁上下的男性政府官员，具有大专本科的较高学历，性格稳重、传统，具有务实精神，仍然是"官车"形象。公务车之后的大市场当然是商务车。所以，"红旗"、"明仕"、"红旗世纪星"也重新定位，转向商务用户。现有用户中至少有70%以上为商务用途。不幸的是，经过几个回合的较量，心中"红旗飘飘"的先富起来的人们还是纷纷掏钱买了"洋"的东西，理由比较多的是：落伍、做工粗糙、质量不好。随着几次大的降价，档次一降再降，由原来的能够与"帕萨特"、"别克"、"本田"一较高下的档次逐渐下滑，如今的"明仕"、"卓越者"只能与"桑塔纳3000"、"凯越"、"中华"、"福美来"、"威驰"、"菱帅"、"阳光"等同台较量了。接下来就是出租车。"红旗"也不敢放过这个机会，1998年就挺进了出租业，最近又很果断地制定了"出租车5年战略规划"，目标是5年后成为国内经济发达大中城市出租车的"主导车型"。目前看来，也有了一些起色，在杭州、深圳等城市也有不少收获，到底战果如何，还需拭目以待。还有一块大市场，就是普通的家庭用车，目前似乎对这块市场考虑的还比较少。由于研究人员没有做过细致的研究分析，因此也不敢贸然下结论。

新一代红旗的市场定位在中高档和高档车，这倒是与国人心目中的"红旗"情结比较吻合。从市民调查结果看，人们对于"红旗"的中高档、高档形象还是比较认可的。但这仅仅是大部分还买不起车或者仅仅买了一辆便宜车的普通市民的期望。不知道新红旗针对的用户群体是哪些人？高职位的公务员，还是很有钱的商务人士？他们对红旗的档次定位是怎

样的？他们有没有购买的欲望？他们会不会仅仅是叫好不叫座？对此，需要进行进一步认真研究，需要研究这些人的心理状态与消费行为，需要研究社会价值趋向的转变对文化认知的接受度，避免新红旗面世之后出现新的尴尬。市民心目中“红旗”的档次数据来源：基于零点研究集团于2004年7月对北京、上海、广州、成都、武汉、沈阳、西安、厦门、大连和济南10个城市的3212位18~60岁的常住居民进行的入户访问。

实际上，当前阶段，国民崇洋媚外的思想绝不亚于红军时期对共产国际的崇拜，如果说“海龟”的热潮已经被“海带”有所冲淡的话，普通市民对于洋品牌的崇拜仍然处于高热期，国产品牌想居于高端，确实是一件很困难的事情。也许“出口转内销”是一种令国人能够接受的方式。在北京，喜欢坐“红旗”出租车的以老外居多，这正应了“民族的才是国际的”、“墙内开花墙外香”这样的谚语。这就像当年的秋收起义，红军打不进长沙，还撤出了永新县城，甚至连普通乡村都难以立脚，只好冲进了茫茫罗霄山脉中的井冈山，之后毛主席创立了“农村包围城市”的革命战略。当时的环境太艰难了！针对有人的疑问，毛泽东的回答是：“星星之火，可以燎原”。而对于当前“红旗”的四面楚歌，我们的井冈山在哪里？我们的战略目标在哪里？我们为谁造车？

二、“红旗”的核心价值

所谓核心价值，就是“红旗”要传达给用户的核心理念诉求及消费者对于该品牌的理念认知。核心价值一旦确定，通常在很长的时期内是不会轻易改变的，是整个品牌特质的代表。有的品牌的核心价值会长达几十年甚至上百年不改变。例如，马自达6的品牌核心价值是：动感、时尚。“红旗”的核心价值是什么呢？20世纪60年代，作为新中国领导人坐骑及礼宾用车的“红旗”体现的是：“造型庄重典雅、充满东方神韵”，外国政府首脑访华时一度把能坐中国“国车”当成最大的愿望和荣幸。看起来那个时候的品牌策略是非常成功的。

到了现在主推的“卓越者”，车如其名——尊贵典雅，品质非凡。它将阳刚之气与儒雅之美集于一身。它充分体现了鲜明的商务感与时代气息，是现代商务轿车的优秀典范。“卓越者”所崇尚的，不仅是透过稳重大气的外型中流露出的锐意与果敢，不仅是宽敞舒适突显出的尊崇与礼遇，也不仅是单纯技术层面的优异性能与出众品质，它更多的是承载了一种深层次的品牌文化与精神内涵。作为红旗麾下的杰出代表，“卓越者”承袭了不断进取、追求卓越的品牌精神，必将进一步提升红旗品牌的美誉度及品牌价值。实际上，“尊贵典雅，品质非凡”与“不断进取、追求卓越”在含义上并不是兼容的，前者表示的是地位高贵、有风度，比较静态；后者则表示的是进取中的锐意，风风火火干事业的人一般不可能尊贵典雅的。我们可以说杨玉环尊贵典雅，但如果再说她追求卓越就有点不太合适了。两个内涵有矛盾之处，需要针对目标人群仔细考量。

当前的出租车战略阶段，重新被定为“国车”，红旗的品牌核心价值就是不断满足国人对自主品牌的需求。表现的是：内强外尊、庄重大气，是权威和地位的象征。研究人员认为有不妥之处。自主品牌是对中国文化在汽车上的诠释，乘坐一辆出租车，即便坐的是奔驰，也不太可能体现权威与地位感吧？国人坐“红旗”出租车，除了对代表一个时代的名称的好感以外，如果有特色，恐怕还是要体现中国的独特性了；外国人坐“红旗”出租车，也不是看上它跟奥迪长得像，主要还是体验中国的红色文化。所以，在重新塑造“国车”出租车的品牌核心价值方面，显然还有许多工作需要做。

对于一个需要中长期坚持的品牌核心价值，“红旗”的表述似乎不够清晰，到底“红旗”要传达给用户什么理念呢？

三、“红旗”的功能诉求

确定了品牌的核心价值，还需要给用户以实质性的产品功能诉求，或者说是产品的卖点。

先看“红旗世纪星”的卖点，首先是强劲的动力——变进气技术、可变配气相位和“双片飞轮”等多项顶尖技术的应用，使世纪星2.4在低转速下，拥有瞬间爆发的牵引力，高转速下，又能够保持源源不断的持续加速性能。这是奥迪A6发动机与其他同排量的发动机在本质上的区别，充分体现了“科技领先”的原则。强劲动力的表现，令红旗世纪星2.4，拥有了一颗如同飓风一般动力强劲的心脏，充分体现当代成功人士前瞻能力强、雷厉风行的个性，令驾驶者充分享受动力领先的冲动。这是红旗世纪星2.4独特的卖点！其次是各种技术配置，红旗世纪星2.4还匹配了定速巡航系统、车载计算机信息显示组合仪表、手机免持系统，这些配置不仅达到了国际同类轿车的标准，而且更加人性化，尽管更多是公商务的用户，也能体验到驾乘的乐趣和快感。再次是博世公司的ABS系统。该车选用了博世公司生产的带驱动防滑系统、电子差速功能、电子制动力分配的ABS系统，能够适应各种路况及气候，自如驾驶。同是ABS，但技术含量却不一样，博世公司的ABS系统与同类轿车相比，至少多了两种以上的功能，这也是红旗世纪星2.4的卖点之一。不知道商务用户对这些卖点是不是感兴趣，在“庄重典雅、追求卓越”的核心价值与动力强劲、配置先进、高质量的ABS等卖点之间的关系是否清晰明了。强调动力强劲的一般是在越野车、重型载货汽车等需要克服艰难路况或者承载更重货物的车辆中使用的。

再看“卓越者”的产品卖点。“卓越者”是集阳刚、儒雅之美于一体，驾驶舒适性与乘坐舒适性于一身的中档商务轿车。外形美观大方，颇具时代感和商务感。卓越的安全性能、宽敞的内部驾乘空间、豪华的内饰以及齐全的人性化配置，为驾乘者营造了舒适惬意的空间。首先是纯粹的商务轿车外观，外国公司的设计与模具开发，令其外形美观大方，颇具时代感和商务感，体现出车主身份与品味。其次是卓越的安全性能，安全是红旗轿车一贯尊崇的产品设计开发理念，它贯穿于红旗每一款产品的研发过程当中。秉承奥迪技术的逐级吸能车身，前排双安全气囊是“卓越者”的标准配置，四轮盘式制动系统，带有EBD（电子制动力分配系统）的ABS（防抱死制动系统），同样被列为标准配置，数字式倒车雷达也一并附上。欧美国家12次的碰撞试验，国内惟一的车辆高空跌落试验，都证明了红旗轿车安全的卓越不凡。再次为宽敞舒适，卓尔不群。最后为出众动力，内蓄激情。

对于有“礼宾车”风范的轿车，安全性能总是第一位的，对于成功的商务人士，本身已经很卓越了，真正需要的恐怕是性命的安全，近几年收入较高之人及歌星出事太多，人们对于驾驶安全的重视越来越提高。一个有钱的朋友，买了一辆别克车，理由很简单：这辆车很重，钢板也很厚，即便是撞了车，自己的生命安全还是容易保障的，有钱没有安全就等于什么都没有！在卓越者的安全性能的宣扬中，真正能够让用户（不是让专家）明白的是最后一句话：欧美国家12次的碰撞试验，国内惟一的车辆高空跌落试验，都证明了红旗轿车安全的卓越不凡。描述还是过于专业化。对于一个普通用户来讲，不是达到标准就可以了，而是在安全打分上能够排到第几名，安全指标高于标准多少，能够达到什么样的碰撞效果。

卖点是该产品区别与其他类似产品的最大的特点。卖点过多、重点不突出、或者是卖点频繁转换，就等于没有卖点。既然安全是红旗轿车一贯尊崇的产品设计开发理念，就应该十分充分的表现其特点。

四、“红旗”的资产价值

据说，“红旗”的品牌价值每年都在增加，1999 年为 35.01 亿元人民币，2001 年达到 43.1 亿元人民币，2003 年则是 52.48 亿元人民币，增幅实在可观。但与此同时，“红旗”的效益并不理想，产品价格不断下降，产品的销量也不断下降。人们不清楚为什么非要把“红旗”的品牌资产评估的那么高！实际上，品牌资产价值搞的越高，对于经营者来讲，其经营难度就越大，越能够证明其经营无方。为什么就不能控制一下品牌资产的增长速度？甚至是负增长？许多人认为是政治问题。殊不知政治任务的评价标准仍然是业绩！从 2004 年到 2005 年，尤其是去年的车市井喷，与火热市场形成鲜明对比的是“红旗”的一路走低，为了销量，也为了给马自达 6 留出价格空间，红旗产品大降价。2005 年的卓越者上市，实际也是降价措施。结果，降价确实带来了销量的大幅反弹，但随着市场激情的平息，销量又逐级走低，有点像是股市的反弹行为，反弹之后是更深的跌幅，反弹并不意味着反转。“红旗”的营销还需要更多的办法。

有人说，“红旗”是公认的民族品牌，属国家所有，品牌价值与日俱增，可实际效应与日递减，这是一种国有资产的流失。甚至提出了让红旗成为一面“流动红旗”，转让给其他厂商。这样，第一汽车制造厂既可以解脱自己，“红旗”也能够找到更为合适的“旗手”。

研究人员很不同意这种说法。首先，“红旗”的诞生与成长是与第一汽车制造厂紧密相关的，没有第一汽车制造厂，就没有红旗。离开了第一汽车制造厂的红旗，就失去了它历史的渊源，没有人会认为某私营企业生产的“红旗”就能够代表“国车”红旗。其次，“红旗”品牌资产价值的评估，显然过高了。没有理由在业绩没有巨大提升的情况下，品牌的无形资产却能够直线上升。这里面是有很大的评估泡沫的。如果不能下降，为什么不让它涨的慢一点呢？再次，一汽集团轿车厂的经营者也需要正确地看待品牌的现状与发展之间的矛盾，不能让包袱背得太重，需要用正常的市场经济的理念来操作。这么说，并不是要抛弃“红旗”，它毕竟还有 52 亿的品牌资产。需要有新的投入，需要对市场有全新的研究视角(而不是政治任务之下的视角)，需要有更为领先的营销理念。

五、“红旗”的文化营销

“红旗”的营销，可能在很大程度上需要使用文化营销，需要学习一下哈雷摩托车的营销理念。

哈雷-戴维森公司创建于 1902 年，经历了 20 世纪 30 年代的大萧条，经历了二战期间的盟军战地，也经历了二战后退伍军人的热爱，成为浓缩了激情、自由和狂热的一种精神象征。20 世纪 60 年代以后，日本摩托车大举进军美国，哈雷－戴维森几近破产。1982 年，里根总统宣布对美摩托车实行三年保护，经过几年的努力，1988 年，哈雷－戴维森公司已占有美国摩托车销售市场 54% 的份额。后来，里根将此称为“真正的美国成功史”。在最近 16 年里，通用电气公司的股票价值增长了 10 倍，英特尔公司的股票价值增长了 70 倍。与此同时，哈雷戴维森公司的股票增值了 150 倍！哈雷摩托的销量并不大，但是它是利润最高的摩托车公司，哈雷摩托的质量比不过日本摩托车，但是人们仍然认为它是顶级的摩托车品牌，哈雷的秘密就是：文化营销。“红旗”之所以与“中华”不一样，与“奇瑞”、“吉利”不一样，主要在于它的悠久历史与独特文化。自 1958 年第一辆“红旗”轿车诞生，至今已经有46年历史。它记载了中华民族一个英雄的时代，它的历史是与“风流人物”的开国元勋们在一起的。

1959年9月，第一辆红旗检阅车送到北京，供国庆十周年阅兵使用。20世纪60年代起，红旗轿车成为国家礼宾用车，被誉为“国车”。当时，外国政府首脑访华，把“见毛主席，住钓鱼台，乘坐红旗轿车”为最大愿望。1984年，在建国35周年的盛大庆典上，邓小平同志乘坐红旗高级检阅车，在天安门广场检阅了三军，成为让世界瞩目，让全国人民振奋的历史镜头。

1998年，在红旗轿车诞生40周年之际，新一代高级红旗轿车再度成为国家礼宾用车。这种文化，不是随便哪个品牌可以替代的。但是，对于文化的营销，显然，一汽轿车做得还远远不够。有一个“红军”的松散组织，但是对于“红旗”的文化表述不清；关于“红旗”的故事，太过于贫乏，对于用户的组织，太缺乏主动的手段。我们不清楚毛主席与“红旗”更多的故事，不知道重要的政治决策中“红旗”扮演了什么角色，不知道哪些国际人物如何乘坐了“国车”，不知道他们与“红旗”之间有什么花絮，不知道哪一位商务人士在“红旗”的感召下取得了更大的成功……文化就是故事，文化就是文物，文化就是思想。“红旗”不能跟其他品牌拼性能价格比。“红旗”的成功，决不能离开文化营销的大旗。据说，有一位德国大众的高层曾经幽默地说过：大众在中国的最大成功就是消灭了上海牌，最大的遗憾就是让红旗复活了。我们期待着这面民族品牌的大旗一直迎风飘扬。

案例2-3　买宝马还是买奥迪

某日一位老板走进一间专门销售进口品牌汽车的车行并问销售人员：

顾客：宝马730是不是全铝车身?

销售人员：(客户提出的这个问题有点突然，而且他是第一次听到全铝车身的概念)哦，不太清楚，我要查一下资料。(查完资料后告诉客户) 不是全铝车身。

顾客：刚才我到了某车行看了奥迪A8，他们的销售人员告诉我奥迪A8采用的是全铝车身，是最新的技术，能够提升动力而且省油，我以前开的是宝马530，对宝马车比较了解，现在想换一部车，准备在奥迪和宝马之间做出选择。如果宝马也是全铝车身的话，我就买宝马。

销售人员：(经过确认后再次告诉顾客) 实在对不起，宝马730不是全铝车身。

[结果]：顾客离开了展厅再也没有回来，买了奥迪A8。

应该说，这位销售人员虽然有好几年的销售经历，但面对客户提出的“全铝全身”的概念还比较陌生，加上沟通能力还未达到炉火纯青的地步，所以就把这位顾客放走了。如果换另一种场景，虽然此时销售人员对全铝车身并不了解，但他可以这样来销售并有效化解顾客的异议：

如果这位销售人员清楚奥迪A8全铝车身是一个什么样的概念，那么就可以这样处理：

销售人员：老板，你能告诉我选购一部全铝车身的汽车会给你带来什么好处呢?

顾客：我也不大清楚，只是他们告诉我全铝车身比钢结构的车身好，而且更高档，也是最新技术。(评：现在买高档汽车的客户中，绝大部分并不了解汽车的理论知识，他们对汽车上的新技术有一种追新的感觉)

销售人员：既然这样，让我们一起来讨论一下铝合金车身是如何加工的。正像您知道的，铝合金由于其金属特性不如钢铁那样容易冲压，因此要做成车体钣件就有很多技术要克服，以往用钢铁可以一次冲压完成的钣件，改用铝合金之后却要分成数个部件，再用其他的技术结合起来；这样在汽车制造的时候，或许手续繁杂、或许成本增加。只是，如果场景一换，变成是车子因为事故意外而有所损毁时，那维修可就不像新车制造那么简单了，这时候不但需要特殊的技术、更需要特殊的配备，有些车体部位更是只能更换、不能用传统方法钣金，这就造成了很多的不变。

顾客：原来是这样的，我真的不知道。

销售人员：既然您对宝马情有独钟，为什么会因为一个全铝车身的问题而让你去选一个您从来没有开过的汽车呢？这是一项新技术，刚才谈到了新技术意味着要多花一些不应该花的钱，也许还会承担更大的使用风险。再者，这项技术很多人都不知道，而且是在汽车内部，他们可能根本不知道您花了那么多，也难以体现您的价值。

如果这位销售人员能够这么去做、对全铝车身了解再多一些的话、再专业一点的话，同时以奥迪 A4、A6、A8 外形的差异性不大来强化宝马汽车外形的可识别性、即对顾客身份的印证的话，也许这位顾客还会选择宝马 730 这款车。遗憾的是，太多的销售人员当他们感觉到对顾客的销售已经明显不可能再进行下去的时候，特别是当顾客要走出展厅的时候，就不知如何扭转乾坤，其实这时候只要问一句：“先生或小姐，能否请教一下是什么原因让您不考虑在我们这里买车?”这样的提问，可能会收到意想不到的结果。要知道，如果这样做了，也许还有继续销售的机会，如果不这么做，将永远失去这样的机会。

［结论］销售的成功往往是在一转念之间，关键就看你愿不愿意去做这样力挽狂澜、扭转乾坤的工作了。

复习思考题

1. 汽车的使用用户如何分类？
2. 集团购买过程可以分为哪几个阶段？
3. 私人购车主要受什么因素影响？
4. 集团购车主要受什么因素影响？
5. 汽车市场调查的主要包含哪些内容？
6. 汽车市场调查的方法主要有哪些？
7. 一般汽车企业采用哪一种预测方法进行预测？为什么？

第三章　汽车市场细分及目标市场选择

【学习目的】　通过学习本章，了解汽车市场细分的概念，了解汽车市场细分的标准与原则，了解汽车市场的定位策略和方法，理解市场营销环境对汽车企业的影响；理解和掌握汽车企业竞争战略。

第一节　概　述

一、市场细分的概念、发展及作用

1. 市场细分概念

市场作为一个复杂而庞大的整体，由不同的购买者和群体组成。由于这些购买个体和群体在地理位置、资源条件、消费心理、购买习惯等方面的差异性，在同类产品市场上，会产生不同的购买行为。所谓市场细分就是以消费需求的某些特征或变量为依据，区分具有不同需求的顾客群体。结果是使同类产品市场上，同一细分市场的顾客需求具有更多的共同性，不同细分市场之间的需求具有更多的差异性，以使企业明确有多少数目的细分市场及各细分市场需求的主要特征。

2. 市场细分的发展

市场细分是20世纪50年代中期美国市场营销学家温德尔·史密斯在总结企业市场营销的实践经验基础上首次提出的。因此，它的产生与发展，从一开始就具有很强的实践性，并非纯粹的理论概念。其产生与发展经历了大量营销阶段（Mass Marketing）、产品差异化营销阶段（Product Different Marketing）、目标营销阶段（Target Marketing）三个阶段。

3. 市场细分的作用

市场细分理论从成本和收益的比较出发，主张适度细分，其主要作用有：

（1）细分市场是企业发展市场机会的起点　在发达的商品经济“买方市场”条件下，企业营销决策的起点在于发现具有吸引力的市场环境机会，这种环境机会能否发展成市场机会，取决于两点：①这种环境机会是否与企业战略目标一致；②利用这种环境机会能否比竞争者具有优势，并获得显著收益。显然，这些必须以市场细分为起点，通过细分市场，企业可以发现哪些市场需求已得到满足，哪些只满足了一部分，哪些仍是潜在需求。相应地可以发现哪些产品竞争激烈，哪些产品较少竞争，哪些产品亟待开发。

发展最优的市场机会，对于中小企业至关重要。因为中小企业资源能力有限，技术水平相对较低，因此在市场上与实力雄厚的大企业相比，缺乏竞争力。通过市场细分，中小企业就可以根据自身的经营优势，选择一些大企业不愿顾及、相对市场需求量小一些的细分市场，集中力量满足某一特定市场的需求，即可在整体竞争剧烈的市场条件下，在某一局部市场取得较好的经济效益，在竞争中求得生存和发展。

（2）细分市场有助于掌握目标市场的特点　不进行市场细分，企业选择目标市场必定是盲目的，不认真地鉴别各个细分市场的需求特点，就不能进行有针对性的市场营销。

（3）细分市场是企业制订市场营销组合策略的前提条件　市场营销组合是企业综合考虑产品、价格、促销形式和销售渠道等各种因素而制订的市场营销方案。上述几个因素各自又存在不同的层次，各个因素之间又有多种组合形式。但就每一个企业特定的市场而言，却只有一种最佳的组合形式，而这种最佳组合只能是进行市场细分的结果。

（4）细分市场有利于提高企业的竞争能力　在市场经济的条件下，竞争作为市场经济的内在规律必然发挥作用。一个企业竞争能力的强弱要受到客观因素的影响，但通过有效的营销战略可以改变现状。利用市场细分战略是提高企业竞争能力的一个有效方法。因为，在市场细分后，可以让每一个细分市场上竞争者的优势和劣势明显地暴露出来。企业只有看准市场机会，利用竞争者的弱点，同时有效地开发本企业的资源优势，用相对较少的资源把竞争者的顾客和潜在顾客变为本企业产品的购买者，提高市场占有率，增加竞争能力。

二、汽车市场细分的标准与原则

汽车市场由购买者组成，而不同的购买者又会有不同的差别。他们会有不同的欲望，不同的资源，不同的地理位置，不同的购买态度以及购买习惯。因为购买者有各自的不同需求与欲望，导致了每个购买者实际形成了一个单独的市场。所以，从情理出发，销售者应为每一购买者设计一个单独的市场营销方案。但是，绝大多数的销售者面对的是数量众多的较小买主，因此，不值得进行彻底的市场细分。取而代之的是必须尝试各种不同的细分变量或变量组合，以便找到分析市场结构的最佳办法。

1. 市场细分的标准

一般说来，市场的细分标准有以下几类：

（1）地理细分　地理细分依据消费者的位置来定义他们。这是最常见的细分标准。例如，零售企业或服务业的小企业，运作资源有限，会首先在临近的场所寻找商机。即便像通用汽车公司，也按照特定的地理市场，把它们的全球企业划分为可操作的单位。

对于小企业来讲，仅仅位于主要街道上是不够的。它还必须向重要的消费者群体提供某种东西，不管是诱人的低价，还是高层次的消费服务。跨国企业按地理细分市场，一方面是因为它们要创造一种便于管理的组织结构，另一方面还在于它们已经意识到，在全球范围内，地理界线预示着在品位、文化、生活风格、需求等其他方面的重要差异。中国的汽车市场完全有可能开创一个超过1000亿元（2002年我国的汽车产销双超350余万辆）的潜在消费者市场。但大多数企业首先要做的，是将中国单一市场细分为若干部分。

地理细分比较容易定义和估量，相关信息可以从公开的资料中免费获得。这种细分有其操作上的优势，尤其有利于开发高效的销售系统、消费者联络系统，但在以市场营销为导向的组织里，这还远远不够。过于关注地理位置，认为一地的消费者需求相同，这都会有危害。即便在一个小地区内，需求也是多样的。地理细分方法本身不能反映这种多样性。通用汽车将其全球业务按地理位置分成若干部分，因为它确实意识到了文化多样性的影响，确信"当地买卖"是充分了解和服务于多样市场的最好方法。还应该注意的重要一点是，任何完全建立在地理位置上的市场细分，都容易受到竞争对手的进攻，竞争对手会采取更以消费者为主导的市场细分战略。

总之，地理细分的应用有其局限性。对于要求消费者到你这来的服务产品，地理细分是有用的。在汽车制造业，地理细分对于资源有限的组织来讲很有用。把业务局限在一个小的地理区域，随着生意不断进步，该组织可以开发出一个"大本营"，并以此为基础逐步扩展。但总的来说，正如下面描述的那样，地理细分是为以消费者为中心的其他细分方法打基础的。

（2）人口细分。人口细分告诉你有关消费者个人和他的家庭的许多信息，例如年龄、性别、民族、收入、职业、社会经济状况和家庭结构等可测量的描述性标准。

人口统计学甚至会扩展到身体大小和形状的分类！例如，在英国，超重男人占男性人口的50%，女性中有40%超重，因此超重提供了一个重要的市场机会。为了应付身材高大、体态丰满的人，汽车制造商也不得不做出相应的调整。

跟地理变量一样，人口统计学上的变量也比较容易测定，必要的信息可以很方便地在公共资料中获取。然而，这种方法的主要优势在于，人口统计按照一定的标准提供了有关消费者的明确资料，这些资料能够被容纳到市场营销战略中去。

（3）地理-人口细分。地理-人口统计的定义是“对人按地点分析”。它融合某一地区的地理信息、人口数据，有时甚至是集生活方式数据于一身。这有助于组织了解消费者的位置，发现消费者的更多生活细节，查找其他地点的类似潜在消费者，并以他们为目标。

（4）心理细分。心理细分，也称生活方式细分，很难定义它，因为它牵涉到潜在消费者的信仰、态度、观念等无形变量。为了弥补以上描述方法的缺陷，这种方法发展了起来，目的是进一步洞悉作为思想个体的消费者。详细说明消费者的生活方式，这可以让市场营销者不单单从肤浅的功能特征上出售产品，而是在情感层次上，让消费者看到该产品能促进自己的生活方式。这里用的是“生活方式”的最广义的内涵，不仅包括人口统计特征，还包括生活态度、信仰、抱负。

经济学家把生活方式分成四大类：活动、兴趣、观念、人口统计。

1）活动。活动包括人们在生活中做的所有事情，如工作、购物、度假和社会生活。其中，会使市场营销者感兴趣的，可能包括人们的兴趣爱好、喜爱的娱乐形式、运动兴趣、俱乐部、社区活动（例如义务工作）。

2）兴趣。兴趣指消费者认为什么重要，他们觉得什么更优先。“兴趣”可能包括离他们很近的东西，例如家庭、住宅和工作，或是他们在更广阔社区里的兴趣。它也可能包括休闲和娱乐因素，如时尚、食物和媒体。

3）观念。观念这一门类，靠近个人的内心想法，探查个人对自身、社会文化事务、政治的态度和感觉。观念还包括对社会的其他影响因素，如教育、经济和商业。最贴近市场营销者的是，这一门类将调查个人对产品的意见、对未来的看法，可以表明他们的需求是如何改变的。

4）人口统计。前面我们已经详细描述了人口统计因素。这一门类包括地理-人口因素，例如年龄、教育、收入、职业、家庭大小、生活层次、地理方位。

全面、认真地调查每一门类后，市场营销者可以勾画出消费者的详细的三维画面。市场营销者以个人消费大群体为基础，能把有相同点的人归纳到一个既定的生活方式类别里。当然，生活方式是极为复杂的，相关变量也特别多，所以没有单一的普遍适用的心理细分类型学。实际上，多年来许多不同类型学科不断涌现。它们强调生活方式的不同方面，努力提供一套生活方式类别，这些类别或是普遍有用，或是为特定的商业应用而设计。

（5）行为细分。到目前为止讨论的所有市场细分方法，都是以消费者为中心的，目的是让个人资料尽可能地详尽。但却很少提到个人与产品的关系。之所以有必要指出这一点，是因为，有类似人口特征或心理特征的人，对同一产品很可能会有不同的反应。从这个意义上进行市场细分，就是行为细分。

1）最终用途。产品被用来做什么？这个问题的答案，对于整个市场营销都有重大意义。以汽车为例，这是一种多功能产品，用途广泛，购买者因他们的需要随着用途而变化，例如赛车比赛的车辆与运输货物的车辆就不一样。在这一点上，如果消费者特别注重产品的用途，人口因素或心理变量就会变得无关紧要。

2）追求的利益。与最终用途相比，这一变量有更多的心理倾向，与地理和人口细分关系密切。以一辆小汽车为例，人们从它身上追求的益处可能会是实用的（“可靠”，“经济”，“能装下妈妈、爸爸、四个孩子、外婆、狗、野餐的东西”），也可能会有更多心理因素（“环保”、“朴素快捷”、“外在的地位象征”）。同样地，人们从速冻食品上寻求的益处，可以是“准备起来方便”、“省时”、“能吃到自己不会做的菜”、“晚上我回家晚时可以信赖的东西”、“低热量、低脂肪”、“味道好，是我饮食当中有趣的变化！”我们不难看出，详细定义“益处细分”，有的也说明了渴望得到该利益的消费者的人口特征和生活方式特征。

3）使用频率。不同商品的购买者决不会以相同的频率消费。对同种商品有重度使用者、中度使用者和轻度使用者。

4）忠实。与使用频率一样，忠实也是个有用的机制。它不仅对于分辨市场细分的细节，而且对于更好地了解细分变量的重要性，都很重要。忠实可以细分为以下6种：

① 以前忠实的消费者，会继续购买同一品牌。

②有可能转换品牌或是减少消费的当前消费者。

③在适当刺激下会被说服而增加消费的偶尔消费者。

④有可能因竞争对手的产品而缩减消费的偶尔消费者。

⑤非使用者，但有可能在品牌革新后进行购买。

⑥ 带有不易改变的强烈消极态度的非使用者。

消费者对某一品牌的忠实是很脆弱的，受到很多威胁。之所以如此，部分是因为可选择的品牌很多，竞争者设计出来刺激和推销战略，削减了消费者的忠实。例如其他厂商同等品牌惊人地相似，但价格很低。消费者因此对价格变得很敏感，并准备转向它们。假定忠实的确存在，那么，把使用频率和忠实简单组合起来，就会对该组织的市场营销战略产生影响。这个例子就如我国微汽市场中的“奇瑞 QQ”和上汽通用五菱出产的“SPARK”两款车。从外形上，这两款车很相似，但是“奇瑞 QQ”基本配置报价只要 2 万元，而上汽通用五菱出产的“SPARK”基本配置报价就要 4 万多元。这导致了很多私人纷纷转向购买“奇瑞 QQ”。当然这两款车在性能上有较大的差距。

5）态度。“态度问题”又涉及到心理领域。“态度”是看潜在消费者对产品（或组织）的感觉。例如，对某一产品很感兴趣的消费者和不友好的消费者相比，要用不同的方法处理。对不友好的消费者群体不仅需要提供机会使他们试用该产品，还应该用广告活动来解决他们不友好的根源。

6）购买准备阶段。“购买准备阶段”是一个很有价值的变量，特别是当我们考虑促销组合时。潜在消费者和购买行为距离多远呢？例如，最开始，消费者可能意识不到产品的存在。为了使消费者更加接近购买行为，组织需要提高潜在消费者对产品存在的意识。然后就有必要传播一些信息，刺激对方对产品的兴趣。消费者有能力理解和诠释信息后，就可能产生对产品的欲望，这反过来刺激了行动，也就是购买活动。

行为细分方法密切关注潜在消费者和产品之间的关系。可以用多层次的方式来做到这一点。行为细分方法的重要成绩，是更在意消费者和产品之间的关系，使我们更好地理解消费者的特殊需求，让市场营销组合更详细。这一市场细分方法的优势就是，如果市场营销战略得当，这种方法能针对“品牌转换者”，或提高使用率。所有这些益处都说明进行“行为细分”是正确的，只要它不使组织以产品为中心，忽视消费者的需求。

在较多的时候，市场细分并不是把单一的标准拿来细分市场，而是把其中几个标准组合起来进行细分。

2. 市场细分的原则

企业可根据单一因素，也可根据多个因素对市场进行细分。选用的细分标准越多，相应的子市场也就越多，每一子市场的容量相应就越小。相反，选用的细分标准越少，子市场就越少，每一子市场的容量则相对较大。如何寻找合适的细分标准，对市场进行有效细分，在营销实践中并非易事。一般而言，成功、有效的市场细分应遵循以下基本原则：

（1）可衡量性。指细分的市场是可以识别和衡量的，亦即细分出来的市场不仅范围明确，而且对其容量大小也能大致做出判断。有些细分变量，如具有“依赖心理”的青年人，在实际中是很难测量的，以此为依据细分市场就不一定有意义。

（2）可进入性。指细分出来的市场应是企业营销活动能够抵达的，亦即是企业通过努力能够使产品进入并对顾客施加影响的市场。一方面，有关产品的信息能够通过一定媒体顺利传递给该市场的大多数消费者；另一方面，企业在一定时期内有可能将产品通过一定的分销渠道运送到该市场。否则，该细分市场的价值就不大。比如，生产冰淇淋的企业，如果将我国中西部农村作为一个细分市场，恐怕在一个较长时期内都难以进入。

（3）有效性。即细分出来的市场，其容量或规模要大到足以使企业获利。进行市场细分时，企业必须考虑细分市场上顾客的数量，以及他们的购买能力和购买产品的频率。如果细分市场的规模过小，市场容量太小，细分工作繁琐，成本耗费大，获利小，就不值得去细分。

（4）对营销策略反应的差异性。指各细分市场的消费者对同一市场营销组合方案会有差异性反应，或者说对营销组合方案的变动，不同细分市场会有不同的反应。如果不同细分市场顾客对产品需求差异不大，行为上的同质性远大于其异质性，此时，企业就不必费力对市场进行细分。另一方面，对于细分出来的市场，企业应当分别制订出独立的营销方案。如果无法制订出这样的方案，或其中某几个细分市场对是否采用不同的营销方案不会有大的差异性反应，便不必进行市场细分。

三、汽车市场常用的细分方法

通常，可按以下标准细分汽车市场：

1）按汽车工业发达国家对汽车产品大类的划分标准，汽车市场可以分为轿车市场、商用车市场。

2）按我国汽车产品类型的传统划分标准，汽车市场分为载货汽车市场、越野汽车市场、自卸车市场、专用车市场、特种汽车市场、客车市场、轿车市场。

3）按汽车产品的性能特点，汽车市场可以分为重型汽车市场、中型汽车市场、轻型汽车市场、微型汽车市场。

4）按汽车产品的完整性，汽车市场可以分为整车市场、部件市场（含二、三、四类底盘）、配件市场。

5）按汽车燃料，汽车市场分为汽油车市场和柴油车市场。

6）根据汽车销售时新旧程度，汽车市场分为新车市场、旧车市场、拆车市场。

此外，还可以按照地理、气候、地域、用途等细分汽车市场。

四、目标市场的进入方式

在评价不同的细分市场后，企业就需决定选择哪些和选择多少细分市场。这就是目标市场选择问题。目标市场指的是企业决定进入的、具有共同需要或特征的购买者集合。这里企业可以选择无差异营销、差异性营销，以及集中性营销的任一种市场覆盖战略。

1. 无差异营销

无差异营销指企业不考虑细分市场的差异性，对整个市场只提供一种产品。企业的产品针对所有消费者的共同需求而不是不同需求。企业设计出能在最大程度吸引购买者的产品及营销方案。企业依靠大规模分销和大众化的广告在人们的心目中树立健康的产品形象。无差异营销能够节约成本。狭窄的产品生产线能降低生产、库存的风险和运输成本。无差异性广告运动则降低促销费用。由于不必做细分市场调查和规划，降低了市场调研和产品管理成本。希望取悦每个人，这一想法是幼稚的。现实中更有可能发生的情况是，一些人较其他人更喜欢你的产品，于是一个细分市场会自行产生。由于你的产品不是针对那个细分市场而设计的，因此不大可能就是那个细分市场所需要的。因此，以那个细分市场为目标市场的竞争对手就会把那些消费者吸引走。“多功能”产品越来越被淘汰，被那些“有特种用途的产品”推到了次要位置。如果说无差别战略是可行的，那么，很少有心理要求的产品大概最合适这一战略。例如，汽油从本质上讲是极其普通的产品，我们中很多人定期购买它。汽油使汽车运转，无论那是辆奔驰，还是辆微型车。从传统意义上来看，汽油品牌之间的惟一差别是价格。汽油销售商现在通过汽油本身（比如无铅汽油、有额外添加剂的汽油），或通过延伸产品（提供汽车清洗、微型超市等等），以及通过制造出了品牌和顾客忠诚的公司形象，开始建立细分市场，所有这些，都在使汽油零售商远离无差别战略。

2. 差异性营销

差异性营销是指多个市场营销组合共同发展，每个组合服务于不同的细分市场。例如，福特生产各类汽车，涵盖了许多不同的细分市场——福克斯（Focus）价格最低，通常是为年轻的女司机而设计的；斯科尔皮奥（Scorpio）价格较高，为经理主管人员设计。

与集中战略一样，这一战略让企业依照个别细分市场，来配置自己的产品，一直到令市场满意为止。它也克服了集中战略的一个问题，把风险在整个市场内部进行分摊，如果一个市场失败，组织仍有来自其他市场的收入。

要合理应用这一方法，要求对市场有详细、全面的了解，知道它是如何发展的，也许会及早发现新机会，或发现正在涌现的细分市场。对于关心周围环境的企业来讲，这方面的知识是很有价值的，但它的获取是有代价的（财务和管理时间两方面的代价）。它尽量为多个产品实现多个营销组合，这会导致成本上升，而且也可能会丧失规模经济的优势。

3. 集中性营销

这种战略特别适合于企业资源有限的情况。根据这种战略企业将放弃营销一个大市场中的小份额。

集中型营销是小型的新型企业与财大气粗的企业竞争时取得立足点的极好办法。通过集中性营销，企业能够在它服务的细分市场中取得很强的市场地位，这是因为该企业更了解细分市场的需要，以及它在细分市场中所赢得的特殊声誉。

同时，集中性营销包含着高于一般营销的风险。被选中的细分市场可能变得疲软不振。或者，更大的企业会决定插足统一细分市场。

第二节　汽车市场定位

企业在决定进入哪个细分市场之后，还必须决定在这些市场中它想取得什么样的地位。产品的地位是消费者对产品的重要特征进行定义的方法，即与竞争产品相比，本产品在消费者心目中的地位。在汽车市场上，“丰田雄鹰”和“Suburu”被定位为经济型，“默希迪斯”和“卡迪拉克”为豪华型，“保时捷”和“宝马”为性能型，“富豪”的定位着重强调安全。

消费者面对过多的产品和服务信息。每当他们作出一项决定时，根本无法重新估价产品。为了简化购买过程，消费者对产品进行分门别类，即他们在心目中为产品、服务和企业定位。营销商为了更好地满足消费者需求，必须设计出在目标市场中能够给产品带来最大优势的市场定位，并设计出实现这一目标市场的市场营销组合。

一、汽车市场定位的策略

营销商可遵循以下几个定位战略：

1）根据具体产品的特点对产品进行很好的定位，例如：本田在广告中宣传它的低价。宝马在促销中宣传它良好的性能。

2）根据产品所能满足的需要以及产品所提供的利益对产品进行定位。

3）根据使用场合对产品进行定位。

4）根据使用阶层进行定位。

产品的定位还可以直接针对竞争者，也可以避开竞争者。此外，还可以为不同的产品种类对产品进行定位。

二、汽车市场定位的方法

一些企业发现很容易选择市场定位战略。例如，在几个细分市场中以质量闻名的某企业想进入一个细分的市场而这一新市场有足够的购买者注重质量，则该企业在此新市场中会采取与前几个市场一样的市场定位。但是在许多情况下，两个或更多的企业会采用同一种市场定位。因此，每一个汽车企业将不得不找到其他办法使自己独树一帜，如：“高质量，更低的价格”或“高质量，更多的技术服务”等。每个企业都必须通过建立一整套独一无二的竞争优势来使自己不同于其他企业，从而充分吸引细分市场中的消费者。

市场定位包括三个步骤：识别据以定位的可能性竞争优势，选择正确的竞争优势，有效地向市场表明企业的市场定位。

1. 识别可能的竞争优势

消费者一般都选择那些给他们带来最大价值的产品和服务。因此，赢得和保持顾客的关键是比竞争者更好地理解顾客的需要和购买过程，以及向他们提供更多的价值。通过提供比竞争者较低的价格，或者是提供更多的价值以使较高的价格显得合理，企业可以把自己的市场定位确定为：向目标市场提供优越的价值，从而赢得竞争优势。如果企业的产品具有最好的质量和服务，那么就必须提供所承诺的质量和服务。所以，市场定位开始使企业营销供给切实有别于竞争者，从而给消费者更多的利益。

企业可以按企业或市场供给的产品差异、服务差异、人员差异和形象差异 4 个方面进行区别。

2. 选择合适的竞争优势

假定企业已很幸运地发现若干个潜在的竞争优势。现在，企业必须选择其中几个竞争优势，据以建立市场定位战略。

促销有多少种优势？许多营销商认为企业针对市场只需大力促销一种利益。消费者趋向于熟记“第一名”，当企业在做促销时，要记得提出自己的“最好的质量”、“最优的服务”、“最低的价格”、“最佳的价值”以及“最先进的技术”等，企业若着重围绕这其中的一个特点进行宣传，并且坚持不懈，就有可能因此而成名，被消费者记住。

总的来说，企业要避免三种主要的市场定位错误。第一种是过低定位，即根本没有真正的为企业定位好。一些企业发现购买者对企业究竟生产什么只是一个模糊的概念，或者是他们根本不知道企业的产品有什么特殊之处。第二种是过高定位，即传递给购买者的公司形象太窄。因此消费者可能认为上一章案例中“红旗”只生产 30 万元的汽车，而事实上，它也生产 10 万元左右的家庭用车。最后，企业必须避免定位混乱，即避免给购买者一个令人感到混乱的企业形象。

宣传哪些不同的竞争优势？并不是所有的品牌差异都有意义或有价值。也不是每一种差异都能成为很好的区别因素。每一种差异都有可能在给顾客带来利益的同时也增加企业的成本。因此，企业必须仔细地挑选区别于竞争对手的方法。一个差异是否值得建立应看它是否能满足以下几条：

1）重要性。

2）专有性。

3）优越性。

4）感知性。

5）先占性。

6）可支付性。

7）可盈利性。

许多企业所采用的因素未能满足这些标准中的一条或几条。因此，选择可用来为产品和服务定位的竞争优势是很困难的。但是这些选择对企业的成功至关重要。

3. 传播和送达选定的市场定位

一旦选定好市场定位，企业必须采取切实步骤把理想的市场定位传达给目标消费者。企业所有的市场营销组合必须支持这一市场定位战略。给企业定位要求有具体的行动而不是空谈。如果企业决定的市场是更高和更好的质量和服务，那么它必须送达这个定位。设计市场营销组合，即产品、价格、分销及促销手段，必须包括设计出市场定位战略的策略性细节。

企业经常发现制订一个好的市场定位战略比实施这一战略更加容易。建立或改变市场定位通常需要很长的时间。相反，花了许多年建立起来的市场地位却很快丢失。一旦企业建立起理想的市场地位，就必须通过不断的表现和接触小心地保持这种地位。企业必须紧密地监督并适时修改市场定位，以紧随消费者需要和竞争者战略的变化。但是，企业应避免突发性变更，因为突发性变更会使消费者感到困惑。此外，产品的地位应逐渐地演变，以适应不断变化的市场营销环境。

第三节　汽车营销环境

汽车制造企业为了在激烈的竞争中生存和发展，就必须制订企业的发展战略规划。企业制订竞争战略的本质在于把公司与其所处的环境联系起来，它们对竞争战略的选择有强烈影响。这里所谓的环境是指在汽车营销活动中之外，能够影响营销部门建立并保持与目标顾客良好关系的能力的各种因素和力量。营销环境既能提供机遇，也能造成威胁。成功的公司都知道持续不断的观察并适应变化着的环境是非常重要的。营销环境由宏观环境和微观环境组成。宏观环境（macro-environment）指的是能影响整个微观环境的广泛的社会性因素——人口、经济、自然环境、技术、政治和文化环境。微观环境（micro-environment）指与公司关系密切、能够影响公司服务顾客的能力的各种因素——公司自身、供应商、销售渠道、顾客、竞争力对手及公众。

一、汽车营销的宏观环境

所有的汽车公司及其参与者都是在一个很大的宏观环境中运作的，这个环境的各种因素，如图 3-1 所示。我们将具体分析这些因素。

1. 人口环境

人口学是对人类的数量、密度、分布、年龄、性别、种族、职业和其他统计数据的研究。汽车营销应对人口学感兴趣，因为人口学涉及到组成市场关键因素——人。

世界人口以高速增长，目前全世界人口已超过 60 亿，人口的高速增长引起了各国政府及各种组织的焦虑。资源的短缺、污染、拥挤和整体生活质量下降是人口增长带来的主要问题。

另外，人口爆炸性的增长给企业带来了很大的影响。就购买力而言，也意味着市场的机会的增加。所以，营销商们应时刻关注国内外市场上人口的变化与发展。

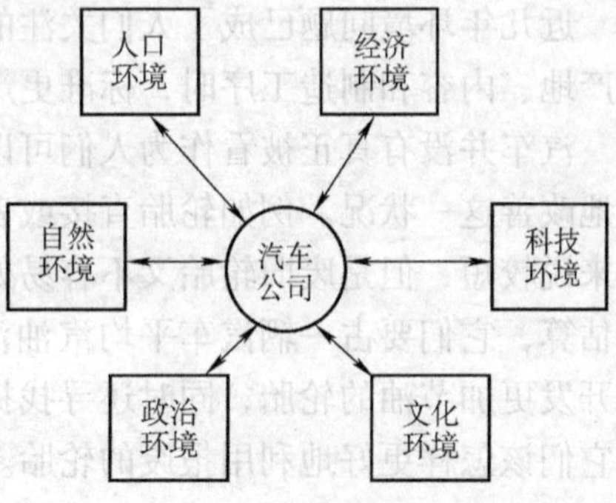

图 3-1　汽车公司宏观环境中的主要因素

人口环境对汽车市场营销影响的主要因素有：人口的年龄结构变化、家庭结构、地理上的人口变化及受教育程度等。

2. 经济环境

对营销人员来说，购买力和人一样重要。经济环境（economic environment）包括那些能够影响顾客的购买力和消费方式的因素。目前我国经过 20 多年的改革开发，已经由自足经济完成了向工业化经济转变，对各种不同的产品都是一个大市场。营销人员应密切关注国内外市场上顾客消费方式的变化。

对汽车市场营销影响的主要经济因素有：

(1) 收入的变化。我国的经济水平和人均收入水平逐年提高，对汽车市场的影响也是越来越大，随着各项政策的出台，轿车进入家庭已是必然趋势，家庭购车已经成为汽车销售商们最为关注的问题。

（2）变化中的消费支出方式。例如房屋居住是一项基本费用，但它占收入的比例在中国各地很不相同。经济欠发达地区在收入中所占的比例是最小的。不过，对于食物，在较不发达的国民经济中，人们在食物上的费用在总支出中的比例相对来说要高一些。这些花费模式并不是一成不变的。它们会变化，不仅因为家庭人口统计和家庭经济结构的改变，而且也因为社会文化的影响。涉及人口统计和社会文化问题的更深因素是就业类型，尤其是社会中就业妇女的数量以及失业率。这不仅影响家庭收入，还影响购买和消费的类型。

主要的经济变量例如收入、生活费用、利息、储蓄及消费比例等的变化对市场有很大影响。公司通过经济预测来观察这些变量的变化。如果事先准备较充分，经济的衰退就不一定会使公司倒闭，而经济繁荣也不一定意味着供应短缺，公司甚至可以在经济环境的变化中发现机遇。

3. 自然环境

自然环境是指作为生产投入或营销活动影响的自然资源。环境问题已经成为人们这20年来越来越重视的问题。有分析家认为自然环境将是大企业和大众所关注的主要世界性问题。在世界许多城市，空气和水的污染已经达到了危险的程度。而臭氧层的削弱及由此引起的使地球变暖的“温室效应”，也越来越使人们感到焦虑。环境专家担心人类被自己的垃圾掩埋。

近几年环境问题已成了人们关注的主要话题。这个问题使消费者在判断他们所购买产品的产地、内容和制造工序时，标准更严格。

汽车并没有真正被看作为人们可以获得的环保产品之一，但是汽车部件的制造商正在努力地改善这一状况。例如轮胎直接或者间接地对许多环境问题负有责任。它们的使用寿命一般来说较短，但是废旧轮胎又不容易处理或者回收再利用。它们也影响燃料的消耗，根据工业估算，它们要占一辆汽车平均汽油消耗量的60%。因此像一些大型轮胎生产商正在努力地开发更加节油的轮胎，同时还寻找提高它们使用寿命的方法。除此之外，这些公司还在考虑它们该怎样更好地利用报废的轮胎。制造商还想开发出能够更容易和便宜的热补的轮胎，它们能够以更加环保的形式被处理掉。如果一个载货汽车轮胎能被多次热补，它的使用寿命就能从15万km增加到37.5万km。人们还有可能把旧轮胎变成橡胶粉，这样就能合成新的产品。此外，关心汽车尾气对环境和健康的影响的人们，对生产商施加了压力，迫使生产商开发人们广泛接受的无铅汽油。这里要做的研发工作范围很广。它不仅要注意汽油的配方、本身的质量，还要求在使用新燃料时，只会给现有汽车发动机带来最小的影响。

推动所有的这些开发活动的不仅是出于人们想成为“绿色分子”的利他主义的欲望，而且也是由于汽车制造商的压力。反过来，汽车制造商反映着消费者所关注问题，以及日益上升的政府对更加环保的汽车的需求。

4. 技术环境

技术环境可能是目前影响人类命运的最引人注目的因素。科学技术创造了如抗生素、器官移植和笔记本电脑这样的奇迹，但也带来了像原子弹、神经毒气和半自动武器这样恐怖的东西。它还带来了汽车、电视和信用卡等中性的产物。

每一项新技术的出现都会取代一项旧技术。晶体管的出现损害了真空管行业，复印技术损害了复写纸行业。每当旧的行业对抗或忽视新技术时，该行业就会衰落。

新技术创造新的市场和机遇，自1886年世界上第一辆汽车发明以来，经过了一百多年的发展，汽车上的技术也是日新月异。各种原来用在军事、航天的发明都逐渐用在民用的汽车身上，例如：ABS、SRS、AT、GPS、EFI等电子或电脑控制技术。新技术的出现以及价格的下降使得汽车的发展更加快速。

就营销者而言，技术进步可能有两种来源。第一是企业外部，甚至可能来自市场外部。比如，为其他目的而开发出来的技术，如学术、医疗或军事用途的技术，它们的副产品可能会带来商业赢利。在这种情况下，商业组织的技巧就在于及早发现潜在的应用价值，进行谈判，取得使用权，或进一步开发这种技术，这样就能在出现竞争之前，成功利用这项技术，开发出有市场前景的产品。技术进步的第二个来源，是在市场的驱动下，企业寻找特定营销问题的特定解决方案。研发工作可以在企业里进行，也可以与专业机构和大学院系签订合同来进行。项目的范围可能非常小，也可能非常大，有的是改进现有产品，有的是探索全新的领域。

这其中的费用和风险可能很高，因为没有人能确保一个研发项目能成功地开发出可运用于商业的解决方案。尽管如此，企业仍然感到有必要投资于研发活动，因为它们认识到，如果不这样做，就会在竞争中落后。它们乐观地认为，只要自己能研制出一种在竞争中保持不败，具备独一无二优势的东西，那么所有代价都是值得的。

5. 政治环境

营销决策在很大程度上受政治环境变化的影响。政治环境指在特定的社会中影响各个组织和个人的法律、政府机构和集团。

市场营销是一个交换过程，而且的确是一股积极的鼓励更多交换的力量，是保持商品、收入环行流的一种关键的刺激因素。但世界并不是封闭、自给自足的。它的运行受到宏观经济的深刻影响，这些宏观因素来自政府的经济政策、国际贸易集团和贸易协定的全体会员。

政府能制定和实施与宏观经济有关的政策，它们反过来又影响市场、企业和消费者。下面只讨论其中几种政策。

（1）税收。税收可以是直接的，也可以是间接的。直接税收，例如收入税，减少了金钱的数量，即一个家庭可以花在企业提供的产品和服务上的收入。间接税，例如购买税或增值税（VAT），或者购置费。我国的汽车购置费就高达10%。

（2）政府开支。政府和其他企业一样，也购买商品和服务，不过购买的规模更大。它们投资于国防业，修建公路和其他国内工程项目，还有社会和医疗服务等很多领域。这样大的购买，能刺激经济发展，也能使经济跌入萧条。如果一个政府决定采取削减开支的政策，工业可能会受到沉重打击。中国政府在20世纪90年代中期的降低通货膨胀的手段就大大减慢了各种基本建设的发展速度。

（3）利率。政府的经济政策影响着利率，后者会给消费者和企业都带来冲击。对于许多消费者来说，利率上升的一个最严重后果是在他们的货款的月偿还额上。每月还贷额的增加就意味着购买其他物品的现金少了，那么全国零售额都会大幅度减少。利率上升还会影响信用对消费者的吸引力（比如阻碍他们通过分期付款购买大件贵重商品，或者阻碍他们使用信用卡）。例如一个消费者想买某个品牌的新汽车，他可能会考虑他能买得起多贵的车。为了减少购买中的这种可能障碍，许多汽车销售商同信用公司达成协议，为汽车购买者提供贷款。

(4) 国际贸易集团。政府也同国际贸易集团的成员国一起，协商国际贸易协定的范围、期限和条件。例如，成为欧盟成员国，特别是欧洲单一市场（SEM）的成员国，对在欧盟内进行更广的商业交易的企业来说，会具有更深远的影响。同样地，这也会对经济和竞争环境造成影响。欧盟成员国之外的企业发现，它们越来越难以将产品销往欧盟国家，因为对于购买者来说，他们可以从比以往多得多的可能供应商那儿购买产品，而且欧盟内部的售后服务也更容易。

除了正式贸易集团之外，企业还经常受到贸易协定的影响。这些贸易协定有的是贸易保护主义的，因为它们试图使国内生产商免受进口商品的冲击。有的协定则努力促进国家之间的贸易自由。例如，日本同意在将汽车销售到欧美时，实施自愿出口约束（VER）。这有助于对日本进口增加配额，以保护欧美国家的国内汽车生产。克服资源出口限制的一种方法是国际直接投资，即在欧盟内部设立工厂，生产具有充分当地含量的汽车，那么就可以在汽车上标上“欧洲制造”。因此，有些人开着尼桑车、本田车或丰田车，实际上驾驶的是英国产的车。在欧洲单一市场，日本公司可以从它们的英国生产基地，合法地将汽车出口到其他欧盟国家，而不受配额限制。1997 年，在英国生产的 57% 的汽车都用来出口。

贸易正在自由化，但政府在自己的不同辖区内，面临着不平等的经济行为和机遇。因此，政府试图克服一些问题，比如说有些地区工业过分集中、成本上升，而其他地区的基础设备和设施却没有充分利用。政府利用直接或者间接的刺激方法，影响企业决策，来解决这些问题。

(5) 竞争对手。从现有的贸易保护壁垒和行业的全球化程度来看，中国的汽车业将是受入世冲击最大的行业。入世将使国际汽车巨头加快进入中国市场的步伐，增强渗透和抢占中国市场的力度。这一切将极大地改变中国汽车市场的竞争格局，使中国的汽车产业和汽车市场融入全球汽车产业体系和市场体系之中。中国的汽车企业必须审时度势，在与国际汽车巨头的合作中，利用贴近中国汽车消费者的先天优势，尽快培育自己的核心竞争力，才能在未来的汽车竞争格局中掌握主动权。

纵观世界汽车产业发展历史，曾经发生过两次热点地区转移。第一次是 20 世纪 20 年代，伴随着福特汽车革命，全球汽车产业重心从欧洲转移至北美。第二次发生在 20 世纪 70 年代，日本汽车产业的崛起使得世界汽车产业发展热点又从美国转移到了日本。目前，全球汽车热点地区正出现第三次转移的趋势。

导致这一趋势的主要原因有三个。其一，从全球汽车市场和竞争格局来看，传统的汽车生产和消费大国由于宏观经济或持续低迷（如日本），或开始衰退（如美国），加之汽车普及率较高，导致市场需求增长缓慢。在 2001 年，美国三大汽车生产商的全年销售量均呈下降趋势。通用汽车全年的销售量为 487 万辆，比 2000 年下降了 1.1%，福特公司下降了 5.8%，降到 396 万辆，戴姆勒-克莱斯勒公司全年的销售量下跌了 9.1%，降到 248 万辆。其二，发达国家汽车生产能力严重过剩。目前全球汽车年生产能力已近 8000 万辆，而实际年销售量只有 5500 万辆，产能过剩达 30%。其中传统的汽车生产大国生产能力过剩尤为严重。这就使市场竞争更为激烈，产业平均盈利率明显下降，寻找新的出路是大势所趋。其三，随着经济的快速发展、居民收入的大幅提高、市场化改革的日渐深入和对外开放的持续扩大，新兴市场如除日本以外的亚洲、东欧和南美的汽车市场迅速成长。这些新兴国家通常拥有低成本的地区优势并实行优惠的吸引外资政策。因此，这些国家就有可能成为世界大型汽车公司未来发展的重要生产基地和销售市场。

在这种条件下，传统的汽车生产大国通过跨国兼并重组，迅速地从传统的地区公司或跨国公司转换为全球公司，发掘和抢占新兴市场并将其纳入全球体系，利用其规模经济效益，提高整体投资收益率就成为其必然选择。因此全球汽车热点地区便可能从发达国家转移至新兴市场国家。作为新兴市场的代表，中国将会是获得这次机遇可能性最大的国家之一。

汽车热点地区的转移不仅会引致世界汽车产业一系列具有深远意义的变化，而且还会对加速开放中的中国汽车市场格局产生的直接影响。

6. 文化环境

文化环境包括影响一个社会的基本价值、观念、偏好和行为的风俗习惯和其他因素。人们成长于特定的时期和地区，这种条件塑造了人们的基本信仰和价值观，确定他们与周围人们的关系的世界观也随之形成。

最明显的例子就是我们的父辈们与我们之间对消费的观念就明显的不同，在当今社会，可控制的个人负债，现在被看成正常的。分期付款协议、各类贷款和信用卡，如今为人们提供了实现梦想的生活方式的途径，他们可以晚些时候再付款。老一代的人可能更倾向于下面这种观点：假使你想要某种东西，你必须攒钱，然后在你能付得起钱时，才用现金购买它。今天的消费者则更倾向于通过提前消费来自我满足，而没有太多的内疚感。必须指出的是，营销者公开鼓励这种方式，因为他们想让我们相信，我们每个人都是特别的，所以每个人都应当拥有最好的。这也是我们国家这些年来汽车市场和房地产市场升温的重要原因。

二、汽车营销的微观环境

营销部门的工作就是通过创造顾客价值和满意度来吸引顾客并建立顾客的联系。但是，营销部门仅靠自己的力量是不能完成这项任务的。他们的成功依赖于公司的微观环境中的主要因素——公司自身、供应商、市场中介、消费者、竞争对手和各种公众因素。这些因素（图 3-2）构成了公司的价值传递系统。

1. 公司

在制订营销计划时，营销部门应兼顾公司的其他对手部门，如最高管理层、财务、研究与开发、采购、生产、会计等部门。所有这些相互关联的部门构成了公司的内部环境。高层管理部门制订公司的使命、目标、总战略和政策。营销部门依据高层管理部门的规划来做决策，而营销计划必须经高层管理部门的同意方可实施。

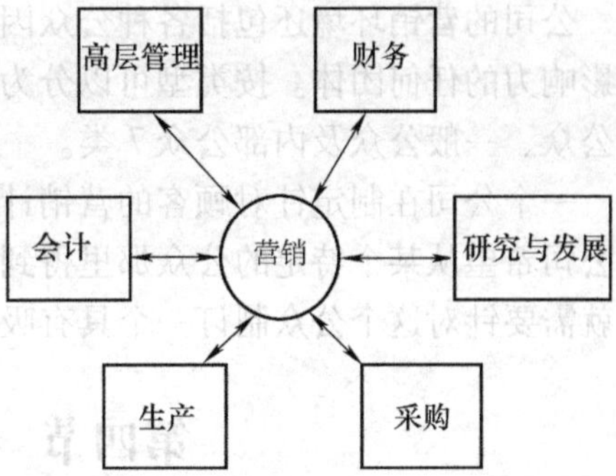

图 3-2　公司微观环境中的主要因素

营销部门同样必须与公司的其他部门密切合作。财务部负责寻找和使用实施营销计划所需的资金；研究与开发部门研制安全而吸引人的产品；采购部门负责供应原材料；生产部门生产质量和数量都合格的产品；会计部门核算收入与成本以便管理部门了解是否实现了预期目标。这些部门都必须“想顾客所想”，并协调一致的提供上乘的顾客价值并使其满意。

2. 供应商

供应商是公司整个顾客“价值传递系统”中的重要环节。他们能提供公司生产产品及提供服务所需的资源。供应商的变化对营销有重要的影响。营销部门必须关注供应能力——供应短缺或延迟、工人罢工及其他因素。这些因素在短期内会影响销售，而在长期内会影响顾客的满意度。营销部门也必须关注公司主要原料的几个趋势，供应成本上升将使公司产品价格上升，从而影响公司的销售额。

3. 市场中介

市场中介帮助公司将其产品促销、销售并分销给最终购买者。市场中介包括经销商、货物储运商、营销服务机构和金融中介。同供应商一样，市场中介也是公司的整个价值传递系统中的重要组成部分。在使顾客满意的努力中，公司不仅要使自己的业绩最好，而且与供应商和市场中介建立有效的伙伴关系，以使整个系统取得最佳业绩。

4. 消费者

公司应仔细研究其消费者市场。消费者市场由个人和家庭组成，他们仅为自身消费者而购买商品和服务。企业市场购买产品是为了转卖，以获得利润。政府市场由政府机构构成，购买产品和服务以服务公众、或作为救济发放。最后是国际市场，由其他国家的购买者构成，包括消费者、生产商、经销商和政府。每种市场都有各自的特点，销售人员需要对此进行仔细研究。

5. 竞争对手

用营销学的观点看，一个公司要获得成功，那就必须比竞争对手做得更好，让顾客更满意。因此，营销部门不仅要考虑目标顾客的需要，而且要在消费者心里留下更好的印象，以赢得战略上的优势。

根本不存在对所有公司都能使用的战略。每个公司都应考虑与竞争对手相比，自己独特的公司规模与市场定位。在市场占绝对优势地位的大公司使用的战略，小公司就不一定适用。但仅靠规模的优势是不够的，某些战略可以使大公司制胜，但有些战略也可以使大公司惨败。小公司也可以采用一些大公司无法采用的高回报的营销战略。

6. 公众

公司的营销环境还包括各种公众因素。公众是指对一个组织实现其目标的能力有兴趣或有影响力的任何团体。按类型可以分为金融公众、媒体公众、政府公众、市民行动公众、当地公众、一般公众及内部公众 7 类。

一个公司在制定针对顾客的营销计划时，也应制订针对其主要公众因素的营销计划。假想公司希望从某个特定的公众那里得到特别的回应，如信任、赞仰、时间或金钱的帮助，公司就需要针对这个公众制订一个具有吸引力的计划以实现其目标。

第四节　汽车企业竞争战略

汽车制造企业的竞争根据企业的自身条件、规模以及市场的认可，在制订竞争策略时可以分为企业一般竞争战略和处于不同地位的企业竞争战略。

一、企业的一般竞争战略

汽车行业是指生产彼此可密切替代的汽车产品的厂商群。汽车行业内的竞争状态取决于 5 种基本的竞争势力，即新参加竞争的厂商、替代产品的威胁、买方的讨价还价能力、供应方的讨价还价能力以及行业现有竞争者之间的抗衡。为了在长期中形成与这 5 种竞争势力相抗衡的防御地位，而且能在行业中超过所有的竞争者，企业可选择以下3种互相有内在联系的一般竞争战略，即成本领先战略、差异化战略和集中性战略。

1. 成本领先战略

成本领先战略是指通过有效途径，使企业的全部成本低于竞争对手的成本，以获得同行业平均水平以上的利润。在20世纪70年代，随着经验曲线概念的普及，这种战略已经逐步成为企业共同采用的战略。实现成本领先战略需要有一整套具体政策，即要有高效率的设备，积极降低经验成本、紧缩成本和控制间接费用以及降低研究开发、服务、销售、广告等方面的成本。要达到这些目的，必须在成本控制上进行大量的管理工作，即不能忽视质量、服务及其他一些领域工作，尤其要重视与竞争对手有关的低成本的任务。

（1）成本领先战略的优点。只要成本低，企业尽管面临着强大的竞争力量，仍可以在本行业中获得竞争优势。这是因为：

1）在与竞争对手的斗争中，由于企业处于低成本地位上，具有进行价格战的良好条件，即使竞争对手在竞争中处于不能获得利润、只能保本的情况下，本企业仍可获益。

2）面对强有力的购买者要求降低产品价格的压力，处于低成本地位上的企业仍可以有较好的收益。

3）在争取供应商的斗争中，由于企业的低成本，相对于竞争对手具有较大的对原材料、零部件价格上涨的承受能力，能够在较大的边际利润范围内承受各种不稳定经济因素所带来的影响；同时，由于低成本企业对原材料或零部件的需求量大，因而为获得廉价的原材料或零部件提供了可能，同时也便于和供应商建立稳定的合作关系。

4）在与潜在进入者的斗争中，那些形成低成本地位的因素常常使企业在规模经济或成本优势方面形成进入障碍，削弱了新进入者对低成本的进入威胁。

5）在与替代品的斗争中，低成本企业可用削减价格的办法稳定现有顾客的需求，使之不被替代产品所替代。当然，如果企业要较长时间地巩固企业现有竞争地位，还必须在产品及市场上有所创新。

（2）成本领先战略的缺点

1）投资较大。企业必须具备先进的生产设备，才能高效率地进行生产，以保持较高的劳动生产率，同时，在进攻型定价以及为提高市场占有率而形成的投产亏损等方面也需进行大量的预先投资。

2）技术变革会导致生产过程工艺和技术的突破，使企业过去大量投资和由此产生的高效率一下子丧失优势，并给竞争对手造成以更低成本进入的机会。

3）将过多的注意力集中在生产成本上，可能导致企业忽视顾客需求特性和需求趋势的变化，忽视顾客对产品差异的兴趣。

4）由于企业集中大量投资于现有技术及现有设备，提高了退出障碍，因而对新技术的采用以及技术创新反应迟钝甚至采取排斥态度。

（3）成本领先战略的适用条件。成本领先战略是一种重要的竞争战略，但是，它也有一定的适用范围。当具备以下条件时，采用成本领先战略会更有效力：

1）市场需求具有较大的价格弹性。

2）所处行业的企业大多生产标准化产品，从而使价格竞争决定企业的市场地位。

3）实现产品差异化的途径很少。

4）多数客户以相同的方式使用产品。

5）用户购物从一个销售商改变为另一个销售商时，不会发生转换成本，因而特别倾向于购买价格最优惠的产品。

2. 差异化战略

所谓差异化战略，是指为使企业的产品与竞争对手的产品有明显的区别、形成与众不同的特点而采取的战略。这种战略的重点是创造被全行业和顾客都视为独特的产品和服务以及企业形象。实现差异化的途径多种多样，如产品设计、品牌形象、技术特性、销售网络、用户服务等。如美国卡特彼勒履带拖拉机公司，不仅以有效的销售网和可随时提供良好的备件出名，而且以质量精良的耐用产品名震遐迩。

（1）差异化战略的优点。只要条件允许，产品差异是一种可行的战略。企业奉行这种战略，可以很好地防御5种竞争力量，获得竞争优势：

1）实行差异化战略是利用了顾客对其特色的偏爱和忠诚，由此可以降低对产品的价格敏感性，使企业避开价格竞争，在特定领域形成独家经营的市场，保持领先。

2）顾客对企业（或产品）的忠诚度形成了强有力的进入障碍，进入者要进入该行业则需花很大气力去克服这种忠诚性。

3）产品差异可以产生较高的边际收益，增强企业对付供应者讨价还价的能力。

4）由于购买者别无选择，对价格的敏感度又低，企业可以运用产品差异战略来削弱购买者的讨价还价能力。

5）由于企业具有特色，又赢得了顾客的信任，在特定领域形成独家经营的市场，便可在与代用品的较量中，比其他同类企业处于更有利的地位。

（2）产品差异化战略的缺点

1）保持产品的差异化往往以高成本为代价，因为企业需要进行广泛的研究开发、产品设计、高质量原料和争取顾客支持等工作。

2）并非所有的顾客都愿意或能够支付产品差异所形成的较高价格。同时，买主对差异化所支付的额外费用是有一定支付极限的，若超过这一极限，低成本低价格的企业与高价格差异化产品的企业相比就显示出竞争力。

3）企业要想取得产品差异，有时要放弃获得较高市场占有率的目标，因为它的排他性与高市场占有率是矛盾的。

（3）差异化战略的适用条件

1）有多种使产品或服务差异化的途径，而且这些差异化是被某些用户视为有价值的。

2）消费者对产品的需求是不同的。

3）奉行差异化战略的竞争对手不多。

以上我们讨论了成本领先战略和产品差异化战略，那么，这两者之间存在什么关系？在这两种战略中如何做出选择呢？1980年10月，美国的威廉·霍尔教授曾分析了美国钢铁、橡胶、重型载货汽车、建筑机械、轿车、大型家用电器、啤酒、卷烟等8个行业的实际情况，对这些行业的64家大型企业的经营战略进行了分析对比，结果表明，许多成功的企业有一个共同的特点，就是在确定企业竞争战略时都是根据企业内外环境条件，在产品差异化、成本领先战略中选择了一个，从而确定具体目标、采取相应措施而取得成功。当然，也有一个企业同时采取两种竞争战略而成功的，如经营卷烟业的菲利浦·莫尔斯公司，依靠高度自动化的生产设备，取得了世界上生产成本最低的好成绩，同时它又在商标、销售促进方面进行巨额投资，在产品差异化方面取得成功。但一般来说，不能同时采用这两种战略，因为这两种战略有着不同的管理方式和开发重点，有着不同的企业经营结构，反映了不同的市场观念。

在同一市场的演进中，常会出现这两种竞争战略循环变换的现象。一般来讲，为了竞争及生存的需要，企业往往以产品差异化战略打头，使整个市场的需求动向发生变化，随后其他企业纷纷效仿跟进，使差异化产品逐渐丧失了差异化优势，最后变为标准产品，此时企业只有采用成本领先战略，努力降低成本，使产品产量达到规模经济，提高市场占有率来获得利润。这时市场也发展成熟，企业之间竞争趋于激烈。企业要维持竞争优势，就必须通过新产品开发等途径寻求产品差异化，以开始新一轮战略循环。

3. 集中战略

集中战略是指企业把经营的重点目标放在某一特定购买者集团，或某种特殊用途的产品，或某一特定地区上，来建立企业的竞争优势及其市场地位。由于资源有限，一个企业很难在其产品市场展开全面的竞争，因而需要瞄准一定的重点，以期产生巨大有效的市场力量。此外，一个企业所具备的不败的竞争优势，也只能在产品市场的一定范围内发挥作用。例如，天津汽车工业公司面对进口轿车和合资企业生产轿车的竞争，将经营重心放在微型汽车上，该厂生产的“夏利”微型轿车，专门适用于城市狭小街道行驶，且价格又不贵，颇受出租汽车司机的青睐。

集中战略所依据的前提是，厂商能比正在更广泛地进行竞争的竞争对手更有效或效率更高地为其狭隘的战略目标服务，结果，厂商或由于更好地满足其特定目标的需要而取得产品差异，或在为该目标的服务中降低了成本，或两者兼而有之。尽管集中战略往往采取成本领先和差异化这两种变化形式，但三者之间仍存在区别。后二者的目的都在于达到其全行业范围内的目标，但整个集中战略却是围绕着一个特定目标服务而建立起来的。

（1）集中战略的优点。实行集中战略具有以下几个方面的优势：经营目标集中，可以集中企业所有资源于一特定战略目标之上；熟悉产品的市场、用户及同行业竞争情况，可以全面把握市场，获取竞争优势；由于生产高度专业化，在制造、科研方面可以实现规模效益。这种战略尤其适用于中小企业，即小企业可以以小补大，以专补缺，以精取胜，在小市场做成大生意，成为“小型巨人”。例如，美国皇冠制罐公司是一个规模很小，名不见经传的小型包装容器生产厂家，该公司以金属罐细分市场为重点，专门生产供啤酒、饮料和喷雾罐厂家使用的金属罐，由于公司集中全力，经营非常成功，令销售额达数十亿美元的美国制罐公司刮目相看。

（2）集中战略的风险。集中战略也包含风险，主要是注意防止来自以下三方面的威胁，并采取相应措施维护企业的竞争优势。

1）以广泛市场为目标的竞争对手，很可能将该目标细分市场纳入其竞争范围，甚至已经在该目标细分市场中竞争，它可能成为该细分市场潜在进入者，构成对企业的威胁。这时企业要在产品及市场营销各方面保持和加大其差异性，产品的差异性越大，集中战略的维持力愈强；需求者差异性越大，集中战略的维持力也愈强。

2）该行业的其他企业也采用集中战略，或者以更小的细分市场为目标，构成了对企业的威胁。这时选用集中战略的企业要建立防止模仿的障碍，当然其障碍的高低取决于特定的市场细分结构。另外，目标细分市场的规模也会造成对集中战略的威胁，如果细分市场较小，竞争者可能不感兴趣，但如果是在一个新兴的、利润不断增长的较大的目标细分市场上采用集中战略，就有可能被其他企业在更为狭窄的目标细分市场上也采用集中战略，开发出更为专业化的产品，从而剥夺原选用集中战略的企业的竞争优势。

3）由于社会政治、经济、法律、文化等环境的变化，技术的突破和创新等多方面原因引起替代品出现或消费者偏好发生变化，导致市场结构性变化，此时集中战略的优势也将随之消失。

要成功地实行以上三种一般竞争战略，需要不同的资源和技巧，需要不同的组织安排和控制程序，需要不同的研究开发系统，因此，企业必须考虑自己的优势和劣势，根据经营能力选择可行的战略。

二、在市场中处于不同地位的企业竞争战略

每个企业都要依据自己的目标、资源和环境，以及在目标市场上的地位，来制订竞争战略，即使在同一企业中，不同的业务、不同的产品也有不同要求，不可强求一律。因此，企业应当先确定自己在目标市场上的竞争地位，然后根据自己的市场定位选择适当的营销战略和策略。企业在市场中竞争地位有多种分类方法。根据企业在目标市场上所起的领导、挑战、跟随或拾遗补缺的作用，可以将企业分为以下4种类型：市场领导者、市场挑战者、市场跟随者和市场利基者。

1. 市场领导者战略

所谓市场领导者，是指在相关产品的市场上市场占有率最高的企业。一般说来，大多数行业都有一家企业被公认为市场领导者，它在价格调整、新产品开发、配销覆盖和促销力量方面处于主导地位。它是市场竞争的导向者，也是竞争者挑战、效仿或回避的对象。如美国汽车行业的通用公司、电脑行业的IBM、软饮料行业的可口可乐公司以及快餐业中的麦当劳公司等。

这些市场领导者的地位是在竞争中自然形成的，但不是固定不变的。如果它没有获得法定的特许权，必然会面临着竞争者的无情挑战。因此，企业必须随时保持警惕并采取适当的措施。一般来说，市场领导者为了维护自己的优势，保持自己的领导地位，通常可采取三种策略：一是设法扩大整个市场需求；二是采取有效的防守措施和攻击战术，保护现有的市场占有率；三是在市场规模保持不变的情况下，进一步扩大市场占有率。

（1）扩大市场需求总量。一般来说，当一种产品的市场需求总量扩大时，受益最大的是处于市场领导地位的企业。因此，市场领导者应努力从以下3个方面扩大市场需求量。

1）发掘新的使用者。每一种产品都有吸引顾客的潜力，因为有些顾客或者不知道这种产品，或者因为其价格不合适或缺乏某些特点等而不想购买这种产品，这样，企业可以从这三个方面发掘新的使用者。

2）开辟产品新用途。公司也可通过发现并推广产品的新用途来扩大市场。杜邦公司的尼龙就是这方面的典范。每当尼龙进入产品生命周期的成熟阶段，杜邦公司就会发现新用途。尼龙首先是用作降落伞的合成纤维；然后是作女袜的纤维；接着成为男女衬衫的主要原料；再后又成为汽车轮胎、沙发椅套和地毯的原料。每项新用途都使产品开始了一个新的生命周期。这一切都归功于该公司为发现新用途而不断进行的研究和开发计划。

3）扩大产品的使用量。

(2) 保护市场占有率。处于市场领导地位的企业，在努力扩大整个市场规模时，必须注意保护自己现有的业务，防备竞争者的攻击。例如，可口可乐公司必须对百事可乐公司常备不懈；柯达公司要防备富士公司的进攻等。

市场领导者如何防御竞争者的进攻呢？最有建设意义的答案是不断创新。领导者不应满足于现状，必须在产品创新，提高服务水平和降低成本等方面，真正处于该行业的领先地位，同时，应该在不断提高服务质量的同时，抓住对方的弱点主动出击，此所谓“进攻是最好的防御”。

市场领导者即使不发动进攻，至少也应保护其所有战线，不能有任何疏漏。IBM 公司之所以决定生产个人电脑，其部分原因就是为了防止其他公司乘虚而入、站稳脚跟后发展壮大。堵塞漏洞要付出很高的代价，但放弃一个产品或细分市场，“机会损失”可能更大。柯达公司因为 35mm 照相机蚀本就放弃了这一市场，但是，日本人却想方设法对这种照相机进行改进，使之便于操作，从而迅速取代了价格较低的柯达照相机。由于资源有限，领导者不可能保持它在整个市场上的所有阵地，因此，它必须善于准确地辨认哪些是值得耗资防守的阵地，哪些是可以放弃而不会招致风险的阵地，以便集中使用防御力量。防御策略的目标是要减少受到攻击的可能性，将攻击转移到威胁较小的地带，并削弱其攻势。具体来说，有 6 种防御策略可供市场领导者选择。

1）阵地防御。阵地防御就是在现有阵地周围建立防线，这是一种静态的消极的防御，是防御的基本形式，但不是惟一的形式。对于营销者来讲，单纯防守现有的阵地或产品，就会患“营销近视症”。当年，亨利·福特便对他的 T 形车的近视症付出了沉重的代价，使得年赢利 10 亿美元的福特公司从顶峰跌到濒临破产的边缘。与此相对比的是，现在可口可乐公司虽然已经发展到年产量占全球饮料半数左右的规模，但仍然积极从事多角经营，如打入酒类市场，兼并水果饮料公司，从事塑料和海水淡化设备等工业。总之，遭受攻击的领导者如果集中全部资源，一味防御，那将是十分愚蠢的。

2）侧翼防御。侧翼防御是指市场领导者除保卫自己的阵地外，还应建立某些辅助性的基地作为防御阵地，或必要时作为反攻基地。特别要注意保卫自己较弱的侧翼，防止对手乘虚而入。例如，20 世纪 70 年代美国的汽车公司就是因为没有注意侧翼防御，遭到日本小型汽车的进攻，失去了大片阵地。

3）先发制人。这种更积极的防御策略是在敌方对自己发动进攻之前，先发制人抢先攻击。具体做法是，当竞争者的市场占有率达到某一危险的高度时，就对它发动攻击；或者是对市场上的所有竞争者全面攻击，使得对手人人自危。

有时，这种以攻为守是着重心理作用，并不一定付诸行动。如市场领导者可发出市场信号，迫使竞争者取消攻击。

当然，企业如果享有强大市场资产——厂牌忠诚度高、技术领先等，面对对手挑战，可以沉着应战，不轻易发动进攻。如美国亨氏公司对汉斯公司在番茄酱市场上的进攻，就置之不理，结果是后者得不偿失，以败阵告终。

4）反攻防御。当市场领导遭到对手降价或促销攻势，或改进产品、市场渗透等进攻时，不能只是被动应战，应主动反攻。领导者可选择迎击对方的正面进攻、迂回攻击对方的侧翼，或发动钳式进攻，切断从其根据地出发的攻击部队等策略。例如，当美国西北航空公司最有利的航线之一——明尼波里斯至亚特兰大航线受到另一家航空公司降价和促销进攻时，西北航空公司采取的报复手段是将明尼波里斯至芝加哥航线的票价降低，由于这条航线是对方主要收入来源，结果迫使进攻者不得不停止进攻。

5）运动防御。运动防御要求领导者不但要积极防守现有阵地，还要扩展到可作为未来防御和进攻中心的新阵地，它可以使企业在战略上有较多的回旋余地。

6）收缩防御。有时，在所有市场阵地上进行全面防御会力不从心，从而顾此失彼，在这种情况下，最好的行动是实行战略收缩——收缩防御，即放弃某些薄弱的市场，把力量集中用于优势的市场阵地中。

（3）提高市场占有率。市场领导者设法提高市场占有率，也是增加收益、保持领导地位的一个重要途径。美国的一项称为“企业经营战略对利润的影响（PIMS）”的研究表明，市场占有率是影响投资收益率最重要的变数之一，市场占有率越高，投资收益率也越大，市场占有率高于40%的企业其平均投资收益率相当于市场占有率低于10%者的3倍。因此，许多企业以提高市场占有率为目标。例如，美国通用电气公司要求它的产品在各自市场上都要占据第一或第二位，否则就要撤退。该公司就曾将电脑和空调机两项业务的投资撤回，因为它们在其中无法取得独占鳌头的地位。但是，有些学者对该项研究提出不同意见。他们在对某些产业的研究中发现，有些企业其市场占有率虽然较低，但其利润率高，它们的特点是产品质量较高，相对其高质量来说价格中等或偏低，产品经营范围狭窄，其中大部分企业都是生产常用的工业部件或原材料，对其产品很少改动。对有些行业的研究结果表明，市场占有率和利润率之间存在着一条V形关系曲线。在V形曲线上，大企业趋于追求占领整个市场，并通过实现规模经济而获得较高的利润回报率。弱小的竞争者可集中经营某些较窄的业务细分市场，制订专用于该细分市场的生产、市场营销和配销的策略方针，通过建立专业化竞争优势也能获得较高的利润率。而在V形曲线底部的中等竞争者，既不能获得规模经济效益，又不能获得专业化竞争优势，因此利润回报率最低。

那么，以上两种观点如何才能一致呢？PIMS研究结果表明：随着企业在其所服务的市场上获得的市场占有率超过其竞争者，盈利就会增加。奔驰公司获得高额利润，是因为它在其所服务的豪华汽车市场上是一个占有率高的公司，尽管它在整个汽车市场上占有率并不是很高。

不过，公司切不可认为在任何情况下市场占有率的提高都意味着收益率的增长，这还要取决于为提高市场占有率所采取的营销策略是什么。有时为提高市场占有率所付出的代价会高于它所获得的收益，因此，企业在提高市场占有率时应考虑以下三个因素：

第一，引起反垄断诉讼的可能性。许多国家为维护市场竞争，制定有反垄断法，当企业的市场占有率超过一定限度时，就有可能受到反垄断诉讼和制裁。

第二，经济成本。当市场份额已达到一定水平后，若想再提高一步，则边际成本非常大，甚至得不偿失。

第三，企业在争夺市场占有率时所采用的营销组合策略。有些营销手段对提高市场占有率很有效，但却未必能提高利润。

只有在下列两种情况下，市场占有率才同收益率成正比。

1）单位成本随着市场占有率的提高而下降。福特汽车公司在20世纪20年代销售T形车便是采取了这种策略。

2）公司在提供优质产品时，销售价格的提高大大超过为提高质量所投入的成本。美国学者克罗斯比认为：质量是免费的，因为质量好的产品可减少废品损失和售后服务的开支等，这就节约了成本。但是，其产品应投消费者之所好，这样消费者就愿意支付超出成本的高价。

2. 市场挑战者战略

在行业中名列第二、三名等次要地位的企业称为亚军公司或者追赶公司。例如汽车行业的福特公司、软饮料行业的百事可乐公司等。这些亚军公司对待当前的竞争情势有两种态度，一种是向市场领导者和其他竞争者发动进攻，以夺取更大的市场占有率，这时他们可称为市场挑战者；另一种是维持现状，避免与市场领导者和其他竞争者引起争端，这时他们称为市场追随者。市场挑战者如果要向市场领导者和其他竞争者挑战，首先必须确定自己的战略目标和挑战对象，然后再选择适当的进攻策略。

（1）明确战略目标和挑战对象。战略目标同进攻对象密切相关，针对不同的对象存在不同的目标。一般说来，挑战者可以选择以下三种公司作为攻击对象。

1）攻击市场领导者。这一战略风险很大，但是潜在的收益可能很高。为取得进攻的成功，挑战者要认真调查研究顾客的需要及其不满之处，这些就是市场领导者的弱点和失误。例如，施乐公司通过开发出更好的复印技术（用干式复印代替湿式复印），成功地从 3M 公司手中夺去了复印机市场。

2）攻击与己规模相当者。挑战者对一些与自己势均力敌的企业，可选择其中经营不善而发生危机者作为攻击对象，以夺取它们的市场。

3）攻击区域性小型企业。对一些地方性小企业中经营不善而发生财务困难者，可作为挑战的攻击对象。

（2）选择进攻策略。在确定了战略目标和进攻对象之后，挑战者要考虑进攻的策略问题。其原则是集中优势兵力于关键的时刻和地方。总的来说，挑战者可选择以下 5 种战略。

1）正面进攻。正面进攻就是集中兵力向对手的主要市场发动攻击，打击的目标是对手的强项而不是弱点。这样，胜负便取决于谁的实力更强，谁的耐力更持久，进攻者必须在产品、广告、价格等主要方面大大领先对手，方有可能成功。

进攻者如果不采取完全正面的进攻策略，也可采取一种变通形式，最常用的方法是针对竞争对手实行削价。通过在研究开发方面大量投资，降低生产成本，从而在低价格上向竞争对手发动进攻，这是持续实行正面进攻策略最可靠的基础之一。日本企业是实践这一策略的典范。

2）侧翼进攻。侧翼进攻就是集中优势力量攻击对手的弱点，有时也可正面佯攻，牵制其防守兵力，再向其侧翼或背面发动猛攻，采取“声东击西”的策略。侧翼进攻可以分为两种：一种是地理性的侧翼进攻，即在全国或全世界寻找对手相对薄弱的地区发动攻击。例如，IBM 公司的挑战者就是选择一些被 IBM 公司忽视的中小城市建立强大的分支机构，获得了顺利的发展。另一种是细分性侧翼进攻，即寻找市场领导企业尚未很好满足的细分市场。例如，德国和日本的汽车生产厂商就是通过发掘一个尚未被美国汽车生产厂商重视的细分市场，即对节油的小型汽车的需要，而获得极大发展。

侧翼进攻不是指在两个或更多的公司之间浴血奋战来争夺同一市场，而是要在整个市场上更广泛地满足不同的需求。因此，它最能体现现代市场营销观念，即“发现需求并且满足它们”。同时，侧翼进攻也是一种最有效和最经济的策略，较正面进攻有更多的成功机会。

3）围堵进攻。围堵进攻是一种全方位、大规模的进攻策略，它在几个战线发动全面攻击，迫使对手在正面、侧翼和后方同时全面防御。进攻者可向市场提供竞争者能供应的一切，甚至比对方还多，使自己提供的产品无法被拒绝。当挑战者拥有优于对手的资源，并确信围堵计划的完成足以打垮对手时，这种策略才能奏效。日本精工表在国际市场上就是采取这种策略。在美国，它提供了约400个流行款式、2300种手表，占据了几乎每个重要钟表商店，通过种类繁多、不断更新的产品和各种吸引消费者的促销手段，精工表取得了很大成功。

4）迂回进攻。这是一种最间接的进攻策略，它避开了对手的现有阵地而迂回进攻。具体办法有三种：一是发展无关的产品，实行产品多元化经营；二是以现有产品进入新市场，实现市场多元化；三是通过技术创新和产品开发，以替换现有产品。例如美国高露洁公司在面对强大的宝洁公司竞争压力下，就采取了这种策略：即加强高露洁公司在海外的领先地位，在国内实行多元化经营，向宝洁没有占领的市场发展，迂回包抄宝洁公司。该公司不断收购了纺织品、医药产品、化妆品及运动器材和食品公司，结果获得了极大成功。

5）游击进攻。游击进攻主要适用于规模较小、力量较弱的企业，目的在于通过向对方不同地区发动小规模的、间断性的攻击来骚扰对方，使之疲于奔命，最终巩固永久性据点。游击进攻可采取多种方法，包括有选择的降价，强烈地突袭式的促销行动等。应予指出的是，尽管游击进攻可能比正面围堵或侧翼进攻节省开支，但如果要想打倒对手，光靠游击战不可能达到目的，还需要发动更强大的攻势。

从以上可以看出，市场挑战者的进攻策略是多样的。一个挑战者不可能同时运用所有这些策略，但也很难单靠某一种策略取得成功，通常是设计出一套策略组合，通过整体策略来改善自己的市场地位。

3. 市场跟随者战略

美国市场学学者李维特教授认为，有时产品模仿像产品创新一样有利。因为一种新产品的开发和商品化要投入大量资金，也就是说，市场领导者地位的获得是有代价的。而其他厂商仿造或改良这种产品，虽然不能取代市场领导者，但因不必承担新产品创新费用，也可获得很高的利润。

以上说明，并非所有在行业中处于第二位的公司都会向市场领导者挑战。因为这种挑战会遭到领导者的激烈报复，最后可能无功而返，甚至一败涂地。因此，除非挑战者能够在某些方面赢得优势——如实现产品重大革新或是配销有重大突破，否则，他们往往宁愿追随领导者，而不愿对领导者贸然发动攻击。这种“自觉并存”状态在资本密集且产品同异性高的行业（如钢铁、化工等）中是很普遍的现象。在这些行业中，产品差异化的机会很小，而价格敏感度却很高，很容易爆发价格竞争，最终导致两败俱伤。因此，这些行业中的企业通常形成一种默契，彼此自觉地不互相争夺客户，不以短期市场占有率为目标，以免引起对手的报复。这种效仿领导者为市场提供类似产品的市场跟随战略，使得行业市场占有率相对稳定。

但是，这不等于说市场跟随者就无策略可言。市场跟随者必须懂得如何维持现有顾客，并争取一定数量的新顾客；必须设法给自己的目标市场带来某些特有的利益，如地点、服务、融资等；还必须尽力降低成本并保持较高的产品质量和服务质量。跟随并不等于被动挨打，或是单纯模仿领导者，追随者必须要找到一条不会招致竞争者报复的成长途径。具体来说，跟随策略可分为以下3类：

(1) 紧密跟随。这指跟随者尽可能地在各个细分市场和营销组合领域仿效领导者。这种跟随者有时好像是挑战者，但只要它不从根本上危及领导者的地位，就不会发生直接冲突。有些跟随者表现为较强的寄生性，因为它们很少刺激市场，总是依赖市场领导者的市场努力而生存。

(2) 有距离的跟随。这指跟随者在目标市场、产品创新、价格水平和分销渠道等方面都追随领导者，但仍与领导者保持若干差异。这种跟随者易被领导者接受，同时它也可以通过兼并同行业中弱小企业而使自己发展壮大。

(3) 有选择的跟随。这指跟随者在某些方面紧随领导者，而在另一些方面又自行其是。也就是说，它不是盲目追随，而是择优跟随，在跟随的同时还要发展自己的独创性，但同时避免直接竞争。这类跟随者之中有些可能发展成为挑战者。

此外，还有一种特殊的跟随者在国际市场上十分猖獗，即“冒牌货”。这些产品具有很大的寄生性，它们的存在对许多国际驰名的大公司是一个巨大的威胁，已成为新的国际公害，因此必须制订对策，以清除和击退这些“跟随者”。

4. 市场利基者战略

几乎每个行业都有些小企业，它们专心致力于市场中被大企业忽略的某些细分市场，在这些小市场上通过专业化经营来获取最大限度的收益。这种有利的市场位置就称为“利基(Niche)”，而所谓市场利基者，就是指占据这种位置的企业。

有利的市场位置（利基）不仅对于小企业有意义，而且对某些大企业中的较小业务部门也有意义，它们也常设法寻找一个或多个既安全又有利的利基。一般来说，一个理想的利基具有以下几个特征。

1）有足够的市场潜量和购买力。

2）市场有发展潜力。

3）对主要竞争者不具有吸引力。

4）企业具备有效地为这一市场服务所必需的资源和能力。

5）企业已在顾客中建立起良好的信誉，足以对抗竞争者。

那么，一个企业如何取得利基呢？进取利基的主要策略是专业化，公司必须在市场、顾客、产品或渠道等方面实行专业化。

1）按最终用户专业化，即专门致力于为某类最终用户服务。例如书店可以专门为爱好或研究文学、经济、法律等的读者服务。

2）按垂直层次专业化，即专门致力于为生产-分销循环周期的某些垂直的层次经营业务。如制铝厂可专门生产铝锭、铝制品或铝质零部件。

3）按顾客规模专业化，即专门为某一种规模（大、中、小）的客户服务。许多利基者专门为大公司忽略的小规模顾客服务。

4）按特定顾客专业化，即只对一个或几个主要客户服务。如美国一些企业专门为西尔斯百货公司或通用汽车公司供货。

5）按地理区域专业化，即专为国内外某一地区或地点服务。

6）按产品或产品线专业化，即只生产一大类产品，如日本的YKK公司只生产拉链这一类产品。

7）按客户订单专业化，即专门按客户订单生产预订的产品。

8）按质量与价格专业化，即选择在市场的底部（低质低价）或顶部（高质高价）开展业务。

9）按服务项目专业化，即专门提供一种或几种其他企业没有的服务项目。如美国一家银行专门承办电话贷款业务，并为客户送款上门。

10）按分销渠道专业化，即专门服务于某一类分销渠道，如生产适用超级市场销售的产品。

市场利基者要承担较大风险，因为利基本身可能会枯竭或受到攻击，因此，在选择市场利基时，营销者通常选择两个或两个以上的利基，以确保企业的生存和发展。不管怎样，只要营销者善于经营，小企业也有机会为顾客服务并赢得利润。

案例分析

案例 3-1　国际汽车巨头从战略布局到策略提速

经过近些年大规模的购并和联合，世界汽车产业已初步形成了通用—菲亚特—富士重工—五十铃、福特—马自达—沃尔沃轿车—大宇、戴姆勒—克莱斯勒—三菱—现代、丰田—大发—日野、大众—斯堪尼亚、雷诺—日产—三星等六大汽车集团。六大集团一致看好中国汽车市场的诱人前景，纷纷从各自的全球战略角度出发，在对中国市场进行战略布局的基础上，积极地、加速地展开有效的进入和竞争策略。

1. 先机的大众风光不减

大众汽车公司是最先规模化进入中国汽车市场的汽车集团，从 1985 年开始凭借其先发优势稳步发展，至今已占据中国汽车市场的半壁江山。到目前为止，大众汽车公司最新的主要平台几乎都在中国得以建立，从 A0 平台的“POLO”，A 平台的“宝来”，B 平台的“帕萨特”，到 C 平台的“奥迪 A6”全线展开。与此同时，大众汽车集团还将立足中国市场，开发适合发展中国家庭市场需求的 A00 平台，且不断追加投资，力图保持竞争优势。从 2002 年开始至 2006 年，大众汽车集团将斥资 606 亿马克，实施大规模的业务重组计划，把属下不同品牌的汽车分成“大众”品牌部和“奥迪”品牌部两个部分。重组计划如能成功势必进一步提高大众的竞争力。作为全球战略的一个重要组成部分，大众集团力图整合其在中国市场的现有资源，建立中国大众汽车集团，将其并入大众全球网络。大众的中国战略是，在产品战略上使中国市场上的新产品与世界最新产品保持同步，大众在 2003 年首次在中国车市与世界市场同步推出 POLO 三厢车；在营销服务方面，充分利用已有的优势，提供最好的服务。可以预见，在未来的中国汽车市场中，大众仍将占据极其重要的地位。

2. 宏伟的通用速度取胜

世界汽车工业的霸主美国通用汽车集团虽然 1999 年才进入中国汽车市场，但是龙头老大不鸣则已，一鸣惊人。不仅出手不凡（上海通用公司总投资超过 15.8 亿美元，建有高度自动化和现代化的柔性生产线），而且进入中国市场速度之快令人惊奇。投产一年后的 2001 年销售别克、别克 GL8、赛欧即达 6 万辆。与此同时，沈阳通用公司的雪佛来皮卡和开拓者越野车也在 2001 年开始销售。通用集团计划立足中国市场，开发适合中国的汽车产品，继在上海建立泛亚汽车研究中心之后，又得到曾隶属于通用集团现已独立的零部件供应商德尔福公司的鼎立相助，其竞争力自不待言。随着中国加入WTO和通用汽车集团中国战略的需要，通用汽车集团正在进一步加强和上汽集团的合作，积极整合中国的汽车厂商和资源，以培育其在中国市场的竞争优势。

案例3-2　东风标致的目标市场选择

1. 消费者的总体消费态势

中国消费者在购车时除了注意轿车排量外，还十分注意车辆大小和配置，中高档轿车也在不断朝着“大而全”的方向发展，由于世界顶级名车，如奔驰、宝马在外形上很大，使人们很容易将大和豪华、气派联系在一起，从而联想到车主尊贵的身份。丰富的配置也是中国消费者关注的，往往几项小配置的增加能使整车在消费者心中提高一个档次。

中国消费者在选择三厢车还是两厢车时与欧美消费者的选择大相径庭，绝大多数国内消费者都选择三厢轿车，而不喜欢两厢轿车

2. 目标消费者态势

(1) 消费群体。东风标致307属于中级车。中级车市场定义是：根据国内目前的经济水平状况，我们一般把15万~20万元之间，排量在1.6~2.0L之间，车型外形和内尺寸空间比较宽敞，兼有公务、商务、私用功能的车辆统称为中级车。

中级车的消费群体应该具备以下特征，一是文化程度总体偏高的人，年龄以25~40岁为主，二是在大中城市已经定居的月收入为8000元~15000元的白领或私人工商业者，主要分布群体明晰。

(2) 消费者行为分析。东风标致一般来讲307，在用于商务和私用的功能上比较合理。从购买群体特征的分析可以看出，东风标致307的目标消费者群体学历上趋于高层次，这些成功人士，购买汽车会趋于理性化，乐于接受新产品，喜欢以驾驭汽车为乐趣。一般来讲，购买渠道也是会选择服务质量好的4S销售店购买。

(3) 消费者认知度

1) 品牌认知度。法国标致在与神龙合作之前，就在中国有过生产销售，但是由于策略上的问题，导致1997年标致在中国亏损额高达29亿元人民币。业内公认：标致败走中国的原因是广州标致引进生产的标致505车型在法国本土已属淘汰车型，产品不力迫使标致当年离开。这次标致二进中国在产品方面可谓做足功夫。对于广大中国消费者来说欧洲车里面最为熟悉的，莫过于德国大众、奔驰之类的品牌，对于法国车来讲，大多数中国人都不是很熟悉，但是在目标消费者中，这些人有着较高的学历，标致品牌的认知度还是很高的；加上这次标致二进中国，带来的车型是和欧洲趋于同步上市的，在这当中，南京菲亚特的车型也是全球同步上市，在业内有很好的评价，也受消费者的青睐，相信东风标致307的车型也是一个大的卖点。

2) 消费者品牌偏好。先前进入中国的国外品牌汽车，凭着时间和自己的实力，在中国消费者心目中都树立了良好的品牌形象，据新华信在2002年北京国际车展期间的调查显示，调查对象对“你最喜爱的品牌”问题的选择率依次为，宝马、奔驰、奥迪、别克、沃尔沃、大众，从本次消费者调查结果看，标致在中国消费者当中的品牌形象还不是很高。标致作为市场的新成员，面临着树立品牌形象和开拓、占有市场份额的双重压力。标致当年在国内市

场的溃败在一定程度上影响了标致的品牌形象。

（4）消费者对品牌的满意度。在中国质量协会对2003年度各车型用户满意度指数测评结果（表3-1）中，竞争对手，别克品牌有两种型号的汽车入选，宝来位居第二，这对东风标致307来讲，是很大的挑战，但在消费者细分中间，标致这一品牌还是很有影响力的，法国风情十足。

表3-1　我国轿车行业2003年度用户满意指数前十名

1	波罗 Polo	78.2
2	宝来 Bora	78.0
3	奥迪 A6 Audi A6	77.7
4	雅阁 Accord	77.5
5	别克新世纪 Century/ G	77.0
6	帕萨特 Passat	7
7	爱丽舍 Elysée	73.6
8	赛欧 Sail	73.4
9	蓝鸟 Bluebird	73.2
10	奇瑞 Chery	72.6

（5）品牌满足的需求。东风标致307品牌满足的是对追求成功永不放弃、对汽车要求舒适、安静、美观、享受驾驶乐趣的那部分需求。

（6）对品牌最满意的方面和最不满意的方面。满意方面，东风标致307的设计美观，内饰在同等车当中较之豪华；不满意方面是，法国车小毛病多的特征让消费者在选择时也显得信心不足。

3. 潜在消费者分析

（1）潜在消费者特征

1）高学历、理性、不张扬的年龄为30~35岁之间的高级白领。

2）有几年高学历的人才，收入稳定、理性、即将或者已经有家庭的人。

（2）消费者购买行为。对于第一种消费者来讲，是很早步入中国汽车消费的人群，在以前是用老三样（桑塔纳、捷达、富康）车子的消费者，在经历了老三样的时代后，准备换成中高档车是很自然的事情，标致307也就成为他们选择对象之一了。也有一部分消费者可能是持币观望的态度，2006年国内车价和国际没有接轨之前可能不考虑换车。

对于第二种消费者来讲，年轻白领，收入稳定，事业和家庭都很好的情况下，会购买轿车。标致307的设计美观，内饰考究，理性不张扬，大胆而不笨拙的特性，加之专门为中国消费者设计的三厢构成，这些都成为理性白领们选择其的原因。

总体来讲，潜在消费者的数量还是很庞大的，很有潜力的。

（3）潜在消费者被本品牌吸引的可能性　标致车可谓是在2004年的汽车市场上的一枝新秀，消费者对其抱有很高的期望，不同于日韩车系的是，大多人士认为日韩车的安全性能不如欧美车，在理性的潜在消费者看来，使用过欧美车的用户，改为使用日韩车系的可能性不是很大，继续走欧美路线将是主流；没有使用过车的潜在消费者来讲，潜在消费者的文化程度都是很高的，由于中日关系的客观原因，以及日韩车系的耐用程度考虑，很大程度上，潜在消费者会选择欧美车系，这对于标致307来讲，是一个很好的机会。

4. 消费者分析总结

经过分析，我们可以看出，标致307的目标消费者是，在大中城市定居，有稳定的收入（约8000元~15000元）的男士，消费方式理性，事业进取心强，享受驾驭汽车的乐趣。作为第一次购买汽车，标致307是选择之一。

潜在消费者对于欧美车系有很好的评价，加上注重实惠也是考虑范围之一，需要大气舒适美观。需要中高档汽车注重实惠气派。

案例3-3　关于上海通用汽车雪佛兰的市场定位

1. 雪佛兰的品牌定位

上海通用汽车雪佛兰的品牌定位是："大众化的值得信赖的国际汽车品牌"。对于明智务实、希望不断提升生活质量的消费者而言，雪佛兰以成熟的科技、高标准的品质和可靠的服务向他们提供可以轻松拥有、又超出他们期待的高价值感的汽车，让他们在及时享受有车生活的同时，释放自己，实现自己拓展生活格局与视野的追求。

雪佛兰品牌目标消费群体是：23~40岁；国有、政府部门职员、公务员、企事业单位中小主管、教师、医生、普通白领、个人户、小业主；家庭月收入5000元以上。他们活力乐观，满足现状，并希望生活有逐步提升，稳中求进，聪明务实。雪佛兰将以值得信赖、聪明务实、亲和友善、充满活力的品牌个性满足消费者对有车生活的追求。

2. 目标人群定位

上海通用汽车推出雪佛兰品牌后，多品牌架构已非常清晰，而凯迪拉克、别克和雪佛兰三个品牌将针对各自目标消费群体，不断推出个性鲜明的产品，以满足不同消费群体的需求，同时也使上海通用汽车全系列产品战略得以实现。

凯迪拉克使上海通用汽车进入到中国豪华车市场，其目标是成为中国豪华车市场上出类拔萃的顶尖品牌，它和别克及雪佛兰的区分是非常显著的。

而别克是融合东西方文化精髓，体现当代成功人士大气、沉稳、激情进取个性与追求的中高档汽车品牌。雪佛兰则是一个大众化的值得信赖的国际品牌。

从品牌个性上讲：经过多年经营与打造，别克品牌"大气沉稳、激情进取"的品牌精髓已经表现得非常鲜明；凯迪拉克"敢为天下先"的品牌精神也非常突出；雪佛兰值得信赖、聪明务实、亲和友善、充满活力的品牌个性与之形成了明显的差异化。

从目标消费群体来讲：别克车主或其潜在消费者，往往是公司或单位里的中高层领导，已经取得了一定成就，但仍充满激情并且渴望成功之上再求超越，与之相比，雪佛兰的目标消费人群可能更年轻，往往是公司或单位里的中小主管。他们活力乐观，聪明务实，并希望自己能稳中求进，使生活逐步提升。

从产品开发导向及其服务上讲：别克是专门为渴望在成功基础上再求超越的中国公商务精英打造的座驾。它以大气现代的设计、领先的动态舒适科技及贵宾式的别克关怀服务，体现他们的卓越身份和成就感，既满足其享受生活的热望，又激发其再创新成就的动力。雪佛兰品牌定位是大众化的值得信赖的国际汽车品牌。

案例 3-4　大众汽车的市场细分和产品目标市场浅析

德国大众汽车公司 Volkswagen 是世界大型汽车公司之一，其在市场上的影响不亚于美国的通用、福特和德国汽车公司戴姆勒-奔驰。

大众汽车公司目前除了自有品牌“大众”以外，还收购了德国的奥迪（AUDI），英国的本特利（宾利 Bentley）和劳斯莱斯（ROLLS-ROYCE），意大利的布加迪（BUGATTI）和兰博基尼（LAMBORGHINI），西班牙的西亚特（SEAT），捷克共和国（原捷克斯洛伐克）的斯柯达（SKODA）7 家汽车公司。目前大众公司在全球共有37 家分公司（欧洲25 家，亚洲7 家，美洲4 家，非洲1 家）。

大众汽车大众品牌在我国全线产品，见表 3-2。

表 3-2　大众汽车品牌在中国全线产品

国产车		进口车	
车型	售价/万元	车型	售价/万元
Santana（含旅行车）	7.62 ~ 9.88	甲克虫 New Beatle	33.8 ~ 45.00
Santana 2000	14.03 ~ 15.10	途锐 touarge	83.25 ~ 96.50
Santana 3000	12.97 ~ 16.27	高尔夫 Golf	19 ~ 23.5
捷达 Jetta（含 04 款）	9.04 ~ 12.48	辉腾 phaeton	134.00 ~ 182.00
帕萨特 Passat	18.99 ~ 30.88	VR6	38.3
波罗 Polo（两厢/三厢）	9.90 ~ 13.85	夏朗 sharan	35.13 ~ 40.60
宝来 Bora（03/04 款）	12.92 ~ 20.55		
高尔 Gol（/四门/运动款）	6.48 ~ 8.17		
高尔夫 Golf	12.47 ~ 16.09		

从价格上我们可以看出，大众国内车型覆盖了6.48 万元 ~ 182 万元的价格区域。从这个价格区域我们可以看出该品牌基本满足了各个收入阶层的要求。大众汽车将市场按照性别、年龄、使用环境作出了细分，并投放相应的品牌汽车。

最早进入中国市场的桑塔纳是作为公务车投放的，它的大空间和优异的质量成为当时政府的首选；而同期投放的捷达则定位为商务车，略小的外观和同样优异的质量使捷达大量进入当时的各个公私企业。

后来，随着个人收入的提高，大众汽车将都市高尔夫引入中国市场。它小巧的外形，灵活的操作在那时的私车市场颇受欢迎。

进入新世纪后，大众汽车先后与一汽和上汽合作，对帕萨特、波罗、宝来、高尔、高尔夫进行本地化生产。可以看出，这五款汽车分别针对不同的目标市场。帕萨特继桑塔纳和捷达之后，成为政府公务用车和企业商务用车的首选。波罗、宝来、高尔、高尔夫虽然同样针对青年市场，但却各有不同。波罗针对的是已经结婚的青年人。宝来针对高薪的白领阶层。高尔在喜欢运动的年轻人中很受欢迎。高尔夫则在那些从青年人过渡到中年人的阶层中大受好评，而且其强劲的发动机被那些追求大马力的人所追捧。

而甲克虫/途锐/高尔夫/辉腾/VR6 这几款进口车在其他市场也深受好评。

“甲克虫”是大众汽车的经典车型，在年轻女性中很有市场。与其说大众“甲克虫”是汽车，还不如说它更像玩具，更像风景。在都市里，拥有甲壳虫轿车是很多年轻女孩子的梦想。如果你想征服一个女孩子的心，“甲克虫”轿车绝对是一件锐利的武器。它是世界上最为个性化和最受人喜爱的轿车之一。

“途锐”，大众倾力打造的第一款SUV，这也是继帕萨特W8和辉腾之后，大众进攻豪华车领域的第三次战役。这款与“保时捷凯宴”同平台的大众血统的SUV刚一亮相就获得广泛好评，在SUV车型最全、市场最大、竞争最激烈的美国被评为最佳SUV车型。和其他豪华SUV相比，“大众途锐”完全突破了传统的SUV范畴，在保证优异越野性能的同时，将与高档轿车媲美的豪华元素贯穿于整个产品的研发设计当中，让产品的卓越内涵得到更淋漓尽致的体现。

“辉腾”，作为大众汽车的顶级豪华轿车，“辉腾”没有在任何方面作出让步，而是以全新的方式，对豪华、舒适、设计、动力和安全作出了全新的演绎。

“VR6”作为一款商务车，其简练线条和明朗的色彩一如既往地诠释出大众家族既庄重典雅又方便实用的风格。看似平常的车顶，却有着特殊的设计，车顶上的横向冲压钢板设计，以及4道横向加强梁，不仅强化了车顶的支撑和车体的刚性，也最大限度地降低了车内的噪声。而从侧面看去，“大众VR6”的双边宽滑门设计，既有对称的美感又非常实用，而与车身一体的纵向门把手，又在细微之中体现了“大众VR6”以人为本的设计理念。

复习思考题

1. 汽车市场细分的标准是什么？
2. 简述汽车市场定位的方法？
3. 市场营销环境如何对汽车企业产生影响？
4. 在竞争激励的市场中，如何保持顾客的忠诚度？
5. 市场定位的步骤如何进行？
6. 不同地位的企业竞争策略有哪些？如何应用？
7. 我国微型汽车市场在与国际市场接轨中处于什么地位？应制定何种竞争策略来面对？

第四章　汽车产品与定价

【学习目的】 通过学习，了解汽车产品的分类及汽车产品使用的主要性能指标；掌握汽车产品整体概念，理解顾客让渡价值分析；初步掌握汽车产品寿命周期及营销策略；理解掌握汽车产品的基本定价方法和价格策略。

第一节　汽 车 产 品

产品是能够提供给市场以满足需求和欲望的任何东西，包括实体商品、服务、人、地点、组织和创意。汽车产品是汽车市场营销的物质基础，是汽车市场营销中最重要的因素。营销组合中的其他三个因素都必须以汽车产品为基础进行决策，汽车产品是整个组合营销的基石。汽车企业在制订营销组合时，首先需要确定的就是发展什么样的汽车产品来满足目标市场的需求。

一、汽车实体产品

1. 产品分类与代号编码

汽车是现代社会最广泛使用的一种重要的交通工具，目前全世界汽车保有量已达约7亿辆。由于汽车产品种类繁多，因此给汽车准确定义和分类是件复杂的事情。有关部门分别于1988年和2001年先后两次制定颁布国家标准用以规范汽车的定义和分类。

（1）汽车的定义。汽车是指有动力装置驱动，具有四个或四个以上车轮的非轨道承载的车辆。也包括与电力线相连的车辆（如无轨电车）和整车装备质量超过400kg的三轮车辆。

汽车主要用于载运人员和货物、牵引载运人员和货物的车辆以及特殊用途。

（2）汽车的分类。汽车可以按以下不同的标准分成不同的类别。

1）按用途分类。根据国家标准（GB/T3730.1—1988）的规定，可按用途把汽车分为普通运输汽车和专用汽车两大类，并可按照汽车的主要特征参数分级。

①运输汽车。运输汽车有轿车、客车和货车三大类。

轿车是供个人使用的载送少量乘员的汽车。按发动机排量（气缸总容积）分组为：

微型轿车（排量≤1.0L）

普及型轿车（1.0L＜排量≤1.6L）

中级轿车（1.6L＜排量≤2.5L）

中高级轿车（2.5L＜排量≤4.0L）

高级轿车（排量＞4.0L）

微型、普及型和中级三种级别的轿车的主要特点是尺寸较小，结构紧凑，前排座椅是较舒适的乘坐位置，而后排座椅通常供辅助用，因此，这些轿车最宜作为车主自己驾驶的家庭用车。

中高级和高级轿车的主要特点是尺寸大，装备齐全考究，性能优良，较舒适的座位设在后排，因此，这些轿车适合于聘任驾驶员的社会上层人士使用。但是，随着汽车技术的发展，中、高级轿车的界线已经越来越模糊，各车型的装备差异也正在变小。

客车是供公共服务用的载送较多乘员的汽车。客车按照车辆总长度分级为：

微型客车（长度≤3.5m）

轻型客车（3.5m<长度≤7.0m）

中型客车（7.0m<长度≤10m）

大型客车（10m<长度≤12m）

特大型客车（指铰接式客车和双层客车）

货车是载送货物的运输汽车。货车按照汽车的总质量分级为：

微型货车（总质量≤1.8t）

轻型货车（1.8t<总质量≤6.0t）

中型货车（6.0t<总质量≤14t）

重型货车（总质量>14t）

②专用汽车。专用汽车是指用基本车型经过改装，装上专用设备，完成专门运输任务或作业任务的汽车。按其用途可分为运输型专用汽车和作业型专用汽车。运输型专用汽车的车身经过改装，用来运输专门的货物。例如运输易污货物的封闭式车厢货车，运输砂土矿石的自卸车，以及挂车、半挂车、集装箱货车等。作业型专用汽车是在汽车上安装各种特殊设备进行特定作业的车辆。例如商业售货车、医疗救护车、公安消防车等。

此外，还有一类为特殊用途汽车。如娱乐汽车和竞赛汽车。娱乐汽车是随着人民物质文化生活水平的不断提高而出现的。这种提高要求汽车不仅满足运输需要，而且还应满足精神生活的需要，如：装备卧具和炊具的旅游汽车，高尔夫球场专用汽车等。竞赛汽车是按照特定的竞赛规范设计的汽车。著名的汽车竞赛有一级方程式汽车竞赛、巴黎—达喀尔汽车拉力赛、勒芒24h汽车耐力赛、汽车冲刺赛等。由于在竞赛过程中汽车的整车和各零部件的性能都要经受极其严峻的考验，竞赛汽车都经过精心设计并集中使用了大量的尖端技术成果，制造赛车的水平也成为主要汽车制造厂商技术实力的标志。

2）按动力装置类型分类。根据汽车装载的动力类型不同，可将汽车分为内燃机汽车、电动汽车和喷气式汽车。

①内燃机汽车有活塞式内燃机汽车和燃气轮机式内燃机汽车两种。目前活塞式内燃机汽车处于主流，主要以汽油和柴油为燃料。为解决石油资源不足的能源问题，各种代用燃料的开发与研究方兴未艾，有的厂家也推出了混合燃料汽车，如一汽大众的捷达双燃料车。燃气轮机式内燃机，由于其相对活塞式内燃机有诸多的缺点，一直没有大批量商品化产品。

②电动汽车（EV）是指由电动机驱动并且自身装备供电能源（不包括供电架线）的车辆。近年来很多机构在此方面进行了大量的研究并取得一定成果。电动汽车主要有蓄电池式电动汽车（ZEV）、燃料电池式电动汽车（FCEV）和复合式电动汽车（HEV）。

蓄电池式电动汽车是以蓄电池作为供电能源的汽车。由于传统的蓄电池重量大，充电时间长，寿命短，使这种汽车在车速和续行里程等性能方面尚无法与轻巧强劲的内燃机汽车相媲美。然而这种汽车具有许多优点：不需要石油燃料，零排放，操纵简便，噪声小等。

燃料电池式电动汽车是使用燃料（例如醇类）在转化器中产生反应而释放出氢气，再将氢气输入到燃料电池中与氧气结合而发出电力，推动电动机工作。该项技术问题已经基本解决，但汽车的性能仍不及内燃机汽车，而且价格较为昂贵。

复合车，或称复合动力源电动汽车，是装备两套动力源的车辆。这种车通常装有内燃机

—发电机组以及蓄电池。汽车低负荷时，发动机组除向驱动汽车的电动机供电外，多余的电能存入蓄电池。汽车高负荷时，蓄电池也参与供能。这种车的优点是发电机组的内燃机的排量小而且经常处于最佳的稳定高效工况，使其油耗和排放大大降低，而且克服了蓄电池电动汽车的动力性差、续行里程短的缺点。

③喷气式汽车是依靠航空发动机或火箭发动机以及特殊燃料，并以喷气反作用力驱动的汽车。普通汽车和竞赛汽车都不允许采用这种结构形式，这种汽车只能用于创造速度纪录。1997 年 10 月，英国的安迪·格林驾驶的“推力 SSC 号”喷气式汽车，以 1227.73km/h 的超声速创造了陆上车辆行驶速度的最高世界纪录。

3）按行驶道路条件分类。按行驶道路条件可将汽车分为公路用车和非公路用车。

公路用车是指适于公路和城市道路上行驶的汽车，这种汽车的外廓尺寸和单轴负荷均要受到国家有关交通法规的限制。

非公路用车主要有两类，一类是外廓尺寸和单轴负荷等参数超过公路用车法规的限制，只能在矿山、机场、工地、专用道路等非公路地区使用的汽车；另一类是能在无路地面上行驶的高通过性的汽车，称为越野汽车。越野汽车可以是轿车、客车、货车，也可以是其他用途的汽车。

4）按行驶机构的特征分类。按此分类方式可将汽车分为轮式汽车和其他类型行驶机构的车辆。

轮式车辆通常可分为非全轮驱动和全轮驱动两种形式。汽车的驱动形式一般用符号“n×m”表示，其中 n 是车轮总数（装在同一个轮毂上的双轮胎仍算作 1 个车轮）；m 为驱动轮数。普通轿车通常为 4×2 类型，如桑塔纳轿车；一些动力性好的或高级轿车会有 4×4 类型，如奥迪 A4 3.0 型轿车。

其他类型行驶机构的车辆有履带式、雪橇式车辆等。

（3）国产汽车产品型号编制规则。在整车铭牌或者某些车型的尾部通常会有“FV7183T”（一汽大众奥迪 A4 轿车）、“CA7230AT”（一汽轿车 MAZDA6 轿车）的编号，这就是汽车的型号。按照国家标准（GB/T9417—1988），国产汽车型号应能表明其厂牌、类型和主要特征参数等。该型号由拼音字母和阿拉伯数字组成，包括首部、中部和尾部三部分。

首部——由 2 个或 3 个拼音字母组成，是识别企业的代号。如：CA 代表一汽轿车有限公司；FV 代表一汽大众汽车有限公司；EQ 代表二汽等。

中部——由 4 位阿拉伯数字组成，分为首位、中间两位和末位数字三部分，各部分意义见表 4-1。

表 4-1　汽车型号中部 4 位阿拉伯数字的含义

首位数字（1~9）表示车辆类别		中间两位数字表示各类汽车的主要特征参数	末位数字
1	表示载货汽车	数字表示汽车的总质量（t），汽车总质量超过 100t 时，允许使用 3 位数字	企业自定义序号（企业产品序列）
2	表示越野汽车		
3	表示自卸汽车		
4	表示牵引汽车		
5	表示专用汽车		
6	表示客车	数字×0.1m 表示车辆的总长度①	
7	表示轿车	数字×0.1L 表示发动机工作容积	
8	暂缺，没有明确规定		
9	表示半挂车或专用半挂车	数字表示汽车的总质量（t）	

① 汽车总长度大于 10m 时，数字所表示的长度为数字×1m。

尾部——由拼音字母或加上阿拉伯数字组成，可表示变型车与基本型车的区别或专用汽车的分类，通常也称为企业车型自定义。如：一汽大众汽车有限公司用“1”来代表奥迪A4型轿车。

汽车型号编号的尾部通常会有拼音字母或者数字，这一部分通常被称为企业自定义码，通常用来表征具体车辆。如通常用“MT”表示此车型装备手动变速器，“AT”表示此车型装备自动变速器，“CVT”表示该车型装备无级变速器，“T”表示发动机为涡轮增压型。

例如：型号CA7230AT表示：一汽轿车有限公司生产的轿车，发动机工作容积（排量）为2.3L，车型为马自达6型轿车，变速器为自动变速器。FV7190GDF表示：一汽大众汽车有限公司生产的轿车，发动机工作容积（排量）为1.9L，车型为捷达轿车，豪华型，发动机为柴油发动机，外型是第二次改型的轿车。

2. 汽车产品使用的主要性能指标

汽车的使用性能是指汽车能适应各种使用条件而发挥最大工作效率的能力。主要有下面几项。

（1）汽车的动力性。这是汽车首要的使用性能。汽车必须有足够的平均速度才能正常行驶。汽车必须有足够的牵引力才能克服各种行驶阻力，正常行驶。这些都取决于动力性的好坏。汽车动力性可从下面三方面指标进行评价。

1）汽车的最高车速。指汽车满载在良好水平路面上能达到的最高行驶速度。

2）汽车的加速能力。指汽车在各种使用条件下迅速增加汽车行驶速度的能力。加速过程中加速用的时间越短加速度越大和加速距离越短的汽车，加速性能就越好。

3）汽车的上坡能力。上坡能力用汽车满载时以最低挡位在坚硬路面上等速行驶所能克服的最大坡度来表示，称为最大爬坡度。它表示汽车最大牵引力的大小。

不同类型的汽车对上述三项指标要求各有不同。轿车与客车偏重于最高车速和加速能力，载重汽车和越野汽车对最大爬坡度要求较严。但不论何种汽车，为在公路上能正常行驶，必须具备一定的平均速度和加速能力。

（2）汽车的燃料经济性。为降低汽车运输成本，要求汽车以最少的燃料消耗，完成尽量多的运输量。汽车以最少的燃料消耗量完成单位运输工作量的能力，称为燃料经济性，评价指标为每行驶100km消耗掉的燃料量（L）。

（3）汽车的制动性。汽车具有良好的制动性是安全行驶的保证，也是汽车动力性得以很好发挥的前提。汽车制动性有下述三方面的内容。

1）制动效能。指汽车迅速减速直至停车的能力。常用制动过程中的制动时间、制动减速度和制动距离来评价。汽车的制动效能除和汽车技术状况有关外，还与汽车制动时的速度以及轮胎和路面的情况有关。

2）制动效能的恒定性。在短时间内连续制动后，制动器温度升高导致制动效能下降，称之为制动器的热衰退，连续制动后制动效能的稳定程度为制动效能的恒定性。

3）制动时方向的稳定性。是指汽车在制动过程中不发生跑偏、侧滑和失去转向的能力。当左右侧制动动力不一样时，容易发生跑偏；当车轮“抱死”时，易发生侧滑或者失去转向能力。为防止上述现象发生，现代汽车设有电子防抱死装置，防止紧急制动时车轮抱死而发生危险。

（4）汽车的操纵性和稳定性

1）汽车的操纵性是指汽车对驾驶员转向指令的响应能力，直接影响到行车安全。轮胎的气压和弹性、悬架装置的刚度以及汽车重心的位置都对该性能有重要影响。

2）汽车的稳定性是指汽车在受到外界扰动后恢复原来运动状态的能力，以及抵御发生倾覆和侧滑的能力。对于汽车来说，侧向稳定性尤为重要。当汽车在横向坡道上行驶，转弯以及受其他侧向力时，容易发生侧滑或者侧翻。汽车重心的高度越低，稳定性越好。合适的前轮定位角度使汽车具有自动回正和保持直线行驶的能力，提高了汽车直线行驶的稳定性。如果装载超高、超载，转弯时车速过快，横向坡道角过大以及偏载等，容易造成汽车侧滑及侧翻。

(5) 汽车的行驶平顺性。汽车在行驶过程中由于路面不平的冲击，会造成汽车的振动，使乘客感到疲劳和不舒适，货物损坏。为防止上述现象的发生，不得不降低车速。同时振动还会影响汽车的使用寿命。汽车在行驶中对路面不平的减振程度，称为汽车的行驶平顺性。

汽车行驶平顺性的物理量评价指标有很多。客车和轿车采用“舒适降低界限”车速特性。当汽车速度超过此界限时，就会降低乘坐舒适性，使人感到疲劳不舒服。该界限值越高，说明平顺性越好。货车采用“疲劳——降低工效界限”车速特性。汽车车身的固有频率也可作为平顺性的评价指标。从舒适性出发，车身的固有频率在600～850Hz的范围内较好。

高速汽车尤其是轿车要求具有优良的行驶平顺性。轮胎的弹性、性能优越的悬架装置、座椅的减振性能以及尽量小的非悬架质量，都可以提高汽车的行驶平顺性。

(6) 汽车的通过性。汽车在一定的装载质量下能以较高的平均速度通过各种坏路及无路地带和克服各种障碍物的能力，称之为汽车的通过性。各种汽车的通过能力是不一样的。轿车和客车由于经常在市内行驶，通过能力就差。而越野汽车、军用车辆、自卸汽车和载货汽车，就必须有较强的通过能力。

采用宽断面胎、多胎可以减小滚动阻力；较深的轮胎花纹可以增加附着系数而不容易打滑，全轮驱动的方式可使汽车的动力性得以充分的发挥；结构参数的合理选择，可以使汽车具有优良的克服障碍的能力，如较大的最小离地间隙、接近角、离去角、车轮半径和较小的转弯半径、横向和纵向通过半径等，都可提高汽车的通过能力。

(7) 其他使用性能

1）操纵轻便性。其可以使用驾驶汽车时需要根据操作的次数、操作时所需要的力、操作时的方便情况以及视野、照明、信号等来评价。汽车具有良好的操纵轻便性，不但可以减轻驾驶员劳动强度和紧张程度，也是安全行驶的保证。采用动力转向、制动增加装置、自动变速器以及膜片离合器等，使操纵轻便性得以明显改善。

2）机动性。市区内行驶的汽车，经常行驶于狭窄多弯的道路，机动性显得尤为重要。机动性主要用最小转弯半径来评价。转弯半径越小，机动性越好。

3）装卸方便性。这与车厢的高度、可翻倒的栏板数目以及车门的数目和尺寸有关。

二、市场营销关于产品的涵义

1. 汽车产品整体概念

产品概念具有极其宽广的外延和深刻而丰富的内涵，不仅包括有形的实物，还包括无形的信息、知识、版权、实施过程以及劳动服务等内容。对于汽车产品来说，它是一个整体的概念，用户需要的是汽车能够满足自己运输或交通的需要，以及满足自己心理和精神上的需要，如身份、地位等，尤其是那些轿车的用户更是如此。此外，汽车用户还希望厂家能提供优质的售后服务，如备件充裕、维修网点多、上门服务并实行“三包”等。

广义的汽车产品整体概念分5个层次：

(1) 汽车核心产品。核心产品是指向顾客提供的产品的基本效用或利益。人们购买汽车不是为了获取装有某种零部件的产品本身，而是为了满足交通或其他方面的需求。营销活动所推销的是产品的基本效用或利益，而不是汽车产品的表面特色。消费者之所以愿意支付一定的代价，是基于汽车产品所具有的能满足某种需要的效用，而不是基于该汽车产品的表面特色。

(2) 汽车形式产品。形式产品是指核心产品借以实现的形式或目标对某一特定需求的特定满足形式。形式产品由5个特征所构成，即品质、式样、特征、商标和包装。即使是纯粹的劳务产品，也具有相类似形式的特点。汽车营销学将汽车形式产品归结为由4个标志构成，即质量水平、外观特色、汽车造型和汽车品牌。由于汽车产品的基本效用必须通过某些具体的形式才能实现，因而汽车市场营销人员应该首先着眼于汽车消费者购买汽车产品时所追求的实际利益，以求完善的满足汽车消费者的需要，从这点出发，再去寻求实际利益得以实现的形式，进行汽车产品设计。

(3) 汽车期望产品。期望产品是购买者购买产品时期望得到的，与产品密切联系的一整套属性和条件。例如，汽车消费者期望得到舒适的车厢、导航设施、安全保障设备等。

(4) 汽车延伸产品。延伸产品是指顾客购买形式产品和期望产品时，附带获得的各种附加服务和利益的总和，包括储运、装饰、维修、保养等。例如，美国的汽车业通常提供4种担保：基本担保、动力装置担保、腐蚀担保、排放物担保。汽车延伸产品的观念来自对汽车消费者需要的深入认识，由于汽车消费者购买汽车产品是为了满足某种需要，因而他们在购买时，希望能得到与满足这种需要有关的一切事情。

汽车延伸产品设计应当注意3点：

1) 任何汽车延伸产品都将增加企业的成本，因此，营销人员设计汽车延伸产品并不是越多越好，应当考虑汽车消费者是否愿意承担因此产生的额外费用。

2) 汽车延伸产品给予汽车消费者的利益将很快转变为汽车消费者的期望利益，应根据消费者的需要和竞争者的动向，不断改进汽车延伸产品。

3) 由于汽车延伸产品提高了汽车产品的价格，也需要对其进行不同的设计，以便满足不同的细分市场。甚至完全摒弃所有延伸产品，寻求最低廉的价格，满足最基本的需求。

(5) 汽车潜在产品。潜在产品是指现有产品包括所有附加产品在内的，可能发展成为未来最终产品的潜在状态产品。潜在产品指出了现有产品的可能演变趋势和前景。汽车潜在产品指示汽车产品的可能发展前景，如普通汽车可以发展为水陆两用汽车等。汽车延伸产品主要是针对今天的汽车产品，而汽车潜在产品则代表着今天的汽车产品可能的演变。

产品整体概念的5个层次，十分清晰地体现出了以顾客为中心的现代营销观念。这一概念的内涵和外延都是以消费者需求为标准，由消费者需求来体现的。对今天汽车业的竞争本质而言，主要发生在产品的期望层次和延伸层次，即给消费者提供能满足其对舒适性、安全性及相应的服务等方面的需求的产品，这些也成为汽车企业进行市场营销活动的重点领域。

2. 顾客让渡价值分析

近些年来，汽车工业的发展已经从以产品为主的模式发展成为以客户为主的模式，与此相适应，汽车营销也必须从以产品为中心转向以满足顾客为中心。

（1）顾客让渡价值的概念。顾客让渡价值是顾客总价值与顾客总成本的差额。顾客总价值包括产品价值、服务价值、人员价值和形象价值；顾客总成本包括货币成本、时间成本、体力成本和精力成本。

（2）顾客让渡价值的分析

1）顾客让渡价值的多少受顾客总价值与顾客总成本两方面因素的影响。顾客总价值是产品价值（Product Value）、服务价值（Services Value）、人员价值（Person Value）和形象价值（Image Value）等因素的函数，其中任何一项价值因素的变化都会影响顾客总价值。顾客总成本是货币成本（Money Price）、时间成本（Time Cost）、精力成本（Energy Cost）等因素的函数，其中任何一项成本因素的变化均会影响顾客总成本。

顾客总价值与顾客总成本的变化及其影响作用不是各自独立的，而是相互影响的。因此，企业在制定营销决策时，应综合考虑构成顾客总价值与顾客总成本的各项因素之间的这种相互关系，从而用较低的成本为顾客提供具有更多顾客让渡价值的产品。

2）不同顾客群体对产品价值的期望与对各项成本的重视程度是不同的。例如，对于工作繁忙的消费者而言，时间成本是最重要的因素；而对于收入较低的顾客而言，货币成本是他们在购买时首先考虑的因素。因此，企业应根据不同顾客群的需求特点，有针对性地设计增加顾客总价值、降低顾客总成本的方法，以提高顾客的满意水平。

3）采取“顾客让渡价值最大化”策略应掌握一个合理的“度”。企业通常采取“顾客让渡价值最大化”策略来争取顾客，战胜竞争对手，巩固或提高企业产品的市场占有率。但我们必须看到，片面追求“顾客让渡价值”最大化，其结果往往会导致成本增加，利润减少。因此在实践中，企业应掌握一个合理的“度”，以提高企业的经济效益为原则。

第二节　汽车产品寿命周期理论与营销策略

一、汽车产品寿命周期

汽车产品寿命周期，是指从汽车产品试制成功投入市场开始，到被市场淘汰为止所经历的全部时间过程。这里所指的寿命不是指汽车产品的使用寿命，而是指汽车产品的市场寿命，其长短受汽车消费者需求变化、汽车产品更新换代速度等多种市场因素所影响。而汽车产品的使用寿命是指汽车产品投入使用到损坏报废所经历的时间，受汽车产品的自然属性和使用频率等因素影响。一种汽车产品在研制阶段，可以说处于胚胎时期，一旦进入市场，就开始了自己的市场寿命。汽车产品从进入市场到淘汰出市场，经历了一个寿命周期。一般来说，汽车产品的寿命周期分为四个阶段，即导入期、成长期、成熟期和衰退期，如图 4-1 所示。

汽车产品寿命周期的各个阶段在市场营销中所处的地位不同，具有不同的特点：

导入期，是指汽车产品投入市场的初期阶段。在此阶段，汽车消费者对汽车新产品不够了解，所以销售量低，费用及成本高，利润低，有时甚至亏损。

成长期，是指汽车产品经过试销，汽

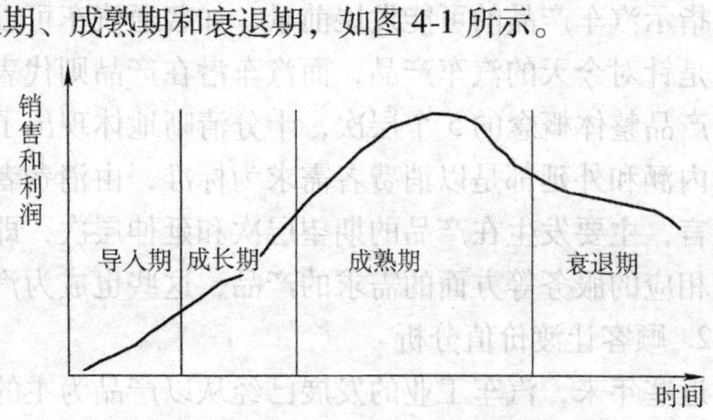

图 4-1　汽车产品寿命周期

车消费者对汽车产品有所了解，汽车产品销路打开，销售量迅速增长的阶段。在此阶段，汽车产品已定型，大批量生产；分销途径已经疏通，成本降低，利润增长；同时，竞争者也开始加入。

成熟期，是指汽车产品的市场销售量已达饱和状态的阶段。在这个阶段，销售量虽有增长，但增长速度减慢，开始呈下降趋势，竞争激烈，利润相对下降。

衰退期，是指汽车产品已经陈旧老化被市场淘汰的阶段。在这个阶段，销售量下降很快，新产品已经出来，老产品淘汰，逐渐退出市场。

各种档次、各种类型的汽车产品不同，其汽车产品寿命周期及其经历各阶段的时间长短也不同。有些汽车产品寿命周期可能只有2~3年，有些汽车产品寿命周期可以长达几十年。每种汽车产品经历寿命周期各阶段的时间也不尽相同。有些汽车产品经过短暂的市场导入期，很快就达到成长、成熟阶段；而有些汽车产品的导入期经历了许多年，才逐步为广大汽车消费者所接受。

各种汽车产品虽然有寿命周期，其形状近似正态分布曲线，这只是反映变化趋势的基本模式。实际上，许多汽车产品并不呈现这种理想化的状态，其具体形态是多种多样的。例如，有的汽车产品开始需要量上升，但后来趋于平衡；有的汽车产品，市场对其性能、造型很敏感，呈现出周期性上下波动。同时并不是所有的汽车产品都一定要经过四个阶段，有的汽车产品一进入市场，尚属导入期即被淘汰，成为夭折的“短命”产品；也有某些属于成长期的汽车产品，由于营销失策而未老先衰；还有的汽车产品一进入市场就达到成长阶段，等等。

亨利·福特设计的T型车秉承福特千方百计降低成本的原则，从投入市场到停产一共经历了20年的时间；而福特公司1957年9月推出的埃泽尔车，1959年11月就被迫停产，其寿命周期只有短短两年时间。

二、汽车产品寿命周期的营销策略

不同汽车产品在产品寿命周期的不同阶段各具不同的特点，汽车企业营销策略也应有所不同。对于汽车企业来说，运用汽车产品寿命周期理论主要有三个目的：一是使自己的汽车产品尽快尽早为汽车消费者所接受，缩短汽车产品的导入期；二是尽可能保持和延长汽车产品的成长阶段；三是尽可能使汽车产品以较慢的速度被淘汰。因此，善于根据汽车产品寿命周期各阶段的特点，有效利用各种策略，是汽车企业取得营销成功的关键。

1. 导入期的营销策略

这个阶段的主要特点是：汽车产品刚上市，汽车消费者对汽车产品不了解，汽车销售量缓慢增长，市场上同类汽车产品竞争少，汽车产品的广告宣传花费大，汽车企业生产这种汽车产品的能力未全部形成，生产批量小，成本大，利润小甚至无利。这个阶段是企业承担风险最大的时期，许多汽车新产品经营失败，大都在这个阶段反映出来。所以，尽快尽早地结束这个阶段，让汽车消费者尽快尽早地接受该种汽车产品，是本阶段经营策略的重点。

只考虑导入期的市场策略，可分为以下4种（表4-2）：

表4-2　导入期市场策略

销售价格＼销售费用	高	低
高	高价快速促销	高价低费用
低	低价快速促销	逐步加入市场

（1）高价快速促销策略。这种策略是采取高价格，花费大量广告宣传费用，迅速扩大汽车销售量来加速对市场的渗透，以图在竞争者还没有反应过来时，先声夺人，把本钱收回来。采取这种策略的条件是：汽车消费者对该汽车产品求购心切，并愿意支付高价，但大部分潜在汽车消费者还不了解此种汽车产品，同时，这种汽车产品应该十分新颖，具有老产品所没有的特色，适应汽车消费者的某一种需求。

（2）高价低费用策略。此种策略是采用高价格，花费少量的广告宣传促销费用，能给企业带来较多的利润。采用这种策略的汽车产品必须具有独创的特点，填补了市场上的某项空白。它对汽车消费者来说主要是有无的问题，选择性小，并且竞争威胁不大。

（3）低价快速推销策略。采用低价格，花费大量广告宣传费用，以求迅速占领市场或挤入市场。这种策略适合于以下市场环境：市场容量相当大，汽车消费者对这种汽车新产品不了解，但对价格十分敏感；潜在竞争比较激烈，它要求企业在生产中尽力降低成本，以维持较大的推销费用。

（4）逐步加入市场策略。采取低价格和低促销费用来推出汽车新产品，占领新市场。低价格的目的在于促使市场能尽快接受汽车产品，并能有效地阻止竞争对手对市场的渗入；低促销费用以降低售价，增强竞争力。采用此策略的条件是：市场容量大，汽车产品弹性大，汽车消费者对价格十分敏感，有相当的潜在竞争者。

2. 成长期的营销策略

汽车新产品从导入期进入成长期后，生产方兴未艾，汽车销售量剧增，同时，由于汽车产品基本定型，大批量生产能力形成，分销渠道已经疏通，剧烈的竞争尚未出现，生产与促销费用相应降低，创造了较大的销售盈利机会。但是，竞争者也在逐步加入，竞争日趋剧烈。因此，汽车企业必须尽力发展销售能力，紧紧把握住取得较大成就的机会。成长期的主要策略有：

（1）保证提高产品质量。成长期的市场策略主要是保证质量，坚决杜绝某些汽车产品一旦进入成长期便降低质量、失信于汽车消费者、自毁声誉的现象，并在此基础上不断提高质量水平。

（2）改进产品。企业要对产品进行改进，提高产品质量，增加新的功能，丰富汽车式样，强化汽车特色，努力树立起名牌产品，提高汽车产品的竞争能力，满足汽车消费者更高更广泛的需求，从而既扩大销量又限制竞争者加入。

（3）拓宽市场。汽车企业要通过市场细分，找到新的尚未满足的细分市场，并迅速占领这一市场。要通过创名牌、建立汽车产品信誉来拓宽市场；还要利用新开辟的分销渠道，增加销售网点，通过方便汽车消费者购买来拓宽市场。

3. 成熟期的营销策略

汽车产品从成长阶段进入成熟阶段，此时的特点是生产量大，销售量大，而且持续时间较长。但在此阶段，竞争十分剧烈，销售量虽然在增加，但增长率呈下降趋势。成熟期是汽车企业获得利润的黄金时期。这个时期的策略围绕着如何延长其寿命，不至于过早地跌入衰退期而展开，具体说来，有以下几种：

（1）市场改革策略。努力开拓和寻找新的目标市场，向市场需求的深度和广度发展。这种策略不需要改革产品本身，只是寻找新细分市场，创造新的消费方式等。其通常有三种形式：①寻找新的目标市场，使汽车产品进入尚未使用过本汽车产品的市场；②刺激汽车消费者增加使用频率；③重新树立汽车产品形象，寻找新的买主。

（2）产品改革策略。这种策略是提高汽车产品质量，改变汽车产品的特色和款式，向汽车消费者提供新的利益，从而争取新的汽车消费者。

（3）市场营销组合改革策略。改革某些市场组合因素，以刺激增加销售量。一般的做法是对汽车产品价格、广告、分销方式等进行重新组合，对营销策略进行具有吸引力及扩张性的拓展。例如，上汽销售总公司为推进桑塔纳的销售，在 1999 年改变传统的分销渠道，设立地区分销中心，引进了特许经营的营销方式，以改进营销组合。

4. 衰退期营销策略

随着经济发展，技术进步，一个汽车产品或迟或早将为新的汽车产品所取代，步入衰退阶段。这个阶段的特点是：产品销售由缓慢下降变为急剧下降；汽车消费者已在期待新的汽车产品的出现。在此阶段，很多企业容易产生两种倾向：一种是仓促收兵，没有周密的布置就贸然舍弃；另一种是不肯割爱，以为淘汰一种汽车产品终非好事，因而犹豫观望，总盼望有时来运转之日，每每造成时间、经济、声誉等多方面的损失。因此，弃旧图新，进行转产，是汽车企业在此阶段所采取策略的指导思想，具体说来有：

（1）收割策略。即利用剩余的生产能力，在保证获得边际利润的条件下，有限地生产一定数量的汽车产品，适应市场上一般老汽车消费者的需要，或者只生产某些零部件满足用户维修的需要。

（2）榨取策略。大力降低销售费用，精减推销人员，增加眼前利润。

（3）集中策略。汽车企业把人力、物力集中到最有利的细分市场和销售渠道上，缩短战线，从最有利的市场和渠道获取利润。

（4）撤退策略。当机立断，撤退老产品，组织汽车新产品上马。在撤退的时候，可以把生产该种汽车产品的工艺以及设备转移给别的地区的汽车企业，因为，该种汽车产品在别的地区可能并非处在衰退期。

汽车产品寿命周期各阶段的特性、目标和策略见表 4-3。

表 4-3　汽车产品寿命周期特性、目标和策略一览表

生命周期	导入期	成长期	成熟期	衰退期
特　性				
销售	低销售	销售快速上升	销售高峰	销售衰退
成本	按每一汽车消费者计算的高成本	按每一汽车消费者计算的平均成本	按每一汽车消费者计算的低成本	按每一汽车消费者计算的低成本
利润	亏损	利润上升	高利润	利润衰退
汽车消费者	创新者	早期采用者	中间多数	落后者
竞争者	极少	逐渐增加	数量稳定开始衰退	数量衰退
营销目标				
	创造产品知名度和试用	最大限度地占有市场份额	保卫市场份额获取最大利润	对该品牌削减支出和挤取收益

（续）

生命周期	导入期	成长期	成熟期	衰退期
		策　略		
产品	提供一个基本产品	提供产品的扩展品、服务、担保	品牌和样式的多样性	逐步淘汰疲软项目
价格	采用成本加成	市场渗透价格	较量或击败竞争者的价格	削价
分销	建立选择性分销	建立密集广泛的分销	建立更密集广泛的分销	进行选择，逐步淘汰无盈利的分销网点
广告	在早期采用者和经销商中建立产品的知名度	在大量市场中建立知名度和兴趣	强调品牌的区别和利益	减少到保持坚定忠诚者需求的水平
促销	大力加强销售促进以吸引试用	充分利用有大量消费者需求的有利条件，适当减少促销	增加对品牌转换的鼓励	减少到最低水平

第三节　汽车产品的基本定价方法

汽车定价方法是指汽车企业为了在目标市场上实现定价目标，而给汽车产品制定一个基本价格或浮动范围价格的方法。影响汽车价格的因素比较多，但在制定汽车价格时主要考虑的因素是汽车产品的成本、汽车市场的需求和竞争对手的价格。汽车产品的成本规定了汽车价格的最低基数，汽车市场的需求决定了汽车需求的价格弹性，竞争对手的价格提供制定汽车价格时的参照点。在实际操作中，往往侧重于影响因素中的一个或几个因素来选定汽车产品定价方法，以解决汽车产品定价问题。由此产生了汽车成本导向定价法、汽车需求导向定价法和汽车竞争导向定价法等 3 种汽车产品定价方法。

一、汽车成本导向定价法

顾名思义，汽车成本导向定价法就是以汽车成本为基础，加上一定的利润和应纳税金来制定汽车价格的方法，这是一种按汽车卖方意图定价的方法。以汽车成本为基础的定价方法主要有以下两种：

1. 成本加成定价方法

成本加成定价是以成本为中心的常用定价方法，其特点是按照成本加若干百分比来制定产品销售价格，其计算公式为

$$商品单价 = 总成本 \times (1 + 加成率)/商品总量$$

行业内同类商品的加成率一般是比较固定的，可以说形成了某种约定、习惯。例如书籍的加成率是 34%，汽车产品一般在 10% ~20% 之间。

加成定价具有如下优点：①由于计算汽车生产成本比估计需求有把握，所以企业根据成本定价比较简单；②同行业的加成率一致，若成本也相互接近的话（这在我国几家大型汽

车生产企业之间是可能的，但许多中、小企业生产成本相当高），定出的价格也相差不多，可以避免竞争磨擦加剧；③“将本就利”的定价方法容易为购买者理解和接受，有利于汽车产品的销售。

加成定价的不足在于，按照习惯比例加成定价，忽视了价格弹性作用，因而定的价格不一定能使企业获得最佳利润。

2. 目标利润定价法

目标利润定价法的要点是使产品的销售能保证企业达到一定的目标利润。这种方法经常为包括汽车制造商在内的制造业所采用。

目标利润定价方法与成本加成定价方法的区别在于：前者是根据预计的销量反算成本，后者则是不管销量如何，先确定成本。此外，前者的目标利润率是企业根据需要和可能自行制定的，后者则是按照行业惯例确定的。可见，前者适合汽车产品生产企业，后者适合汽车产品贸易企业。

二、汽车需求导向定价法

汽车需求导向定价是一种以需求为中心，汽车企业依据汽车消费者对汽车价值的理解和对汽车需求的差别来定价的方法。

1. 对汽车价值的理解定价法

所谓对汽车价值的理解定价法，是指根据汽车企业消费者对汽车价值的理解来制定汽车价格，而不是根据汽车企业生产汽车的实际价值来定价。对汽车价值的理解定价法同汽车在市场上的定位是相联系的。其方法是：

1）先从汽车的质量、提供的服务等方面为汽车在目标市场上定价。

2）决定汽车所能达到的售价。

3）估计在此汽车价格下的销量。

4）由汽车销量算出所需的汽车生产量、投资额及单台汽车成本。

5）计算该汽车是否能达到预期的利润，以此来确定该汽车价格是否合理，并可进一步判明该汽车在市场上的命运如何。

运用对汽车价值的理解定价法的关键是，要把自己的汽车产品与竞争者的汽车产品相比较，正确估计本企业的汽车产品在汽车消费者心目中的形象，找到比较准确的理解价值。因此，在汽车定价前要搞好市场调研。

2. 对汽车需求的差别定价法

这是根据对汽车需求方面的差别来制定汽车的价格。主要有以下 3 种情况：

（1）按汽车的不同目标消费者采用不同价格。因为同一商品对于不同消费者，其需求弹性不一样。有的消费者对价格敏感，适当给予优惠可诱其购买，有的则不敏感，可照价收款。

（2）按汽车的不同花色、样式确定不同价格。因为对同一品牌、规格汽车的不同花色、样式，消费者的偏好程度不同，需求量也不同。因此，定不同的价，能吸引不同需求的消费者。

（3）按汽车的不同销售时间采用不同价格。同一种汽车因销售时间不同，其需求量也不同，汽车企业可据此制定不同的价格，争取最大销售量。

总之，对汽车需求的差异定价法能反映汽车消费者对汽车需求的差别及变化，有助于提高汽车企业的市场占有率和增强其汽车产品的渗透率。但这种定价方法不利于成本控制，且需求的差别不易精确估计。

三、汽车竞争导向定价法

竞争导向定价法是企业依据竞争产品的品质和价格来确定本企业产品价格的一种方法。其特点是：只要竞争产品的价格不变，即使本企业的产品成本或需求发生变化，价格也不变；反之亦然。这种方法定价也简便易行，所定价格竞争力强，但价格比较僵死，有时企业获利也较小。

竞争导向定价法比较适合市场竞争激烈的产品。营销者在运用这一方法时，应当强化用户的感受，使用户相信本企业产品的价格比竞争对手更符合用户的利益。在当代竞争激烈的国际汽车市场上，不少汽车公司便采用此法。例如，日产汽车公司的定价，就是先充分研究丰田汽车公司相似产品的价格，然后再给自己的产品制定一个合适的价格。如果丰田的价格调整了，日产公司通常也要做出相应的反映。

在使用竞争导向定价法时，企业不仅应了解竞争者的价格水平，还应了解竞争者所能提供的产品及质量。这可从以下几个方面去做到：

1）获得竞争者的价目表；

2）派人员去比较用户对价格的态度，如询问购买者的感受价值和对每一个竞争者提供的产品质量感觉如何；

3）购买竞争者提供的产品并与本企业产品进行比较，有必要的话可以将竞争者的产品拆开来研究。一旦企业知道了竞争者的价格和提供的产品，它就可以用这些信息作为自己制定价格的一个起点。如果企业提供的产品与一个主要竞争者的产品类似，则企业应将自己的价格定得拉近于竞争者，否则会失去销售额；若企业提供的产品不如竞争者，企业的定价就应低于竞争者；若企业提供的产品比竞争者的好，则企业定价就可以比竞争者的高。

竞争导向定价法常见的具体方法有两种：

1）随行就市定价法。指按行业近似产品的平均价格定价，是同质产品惯用的定价方法，也比较适合产品的成本难以估计、企业打算与竞争者和平共处、对购买者和竞争者的反映难以估计等场合。

2）投标定价法。指购买者采取公开的或行业的相关渠道发布采购信息，邀请供应商在规定的时间内投标（该过程叫招标）。事实上，投标者的报价就是在进行竞争性定价。

值得强调的是，企业在使用竞争导向定价法时，必须考虑竞争者可能针对本企业的价格所做出的反应。从根本上来说，企业使用竞争导向定价法是为了利用价格来为本企业产品适当定位、同竞争者抗争。

第四节　汽车产品的价格策略

价格是影响企业营销活动最活跃的因素。企业在充分考虑了各种定价的影响因素后，采用适当方法所确定的价格，只是产品的基本价格。实际营销过程中，企业还应围绕基本价格，根据不同情况，采取灵活多变的价格策略，以使企业能更有效地实现营销目标。

一、新产品定价策略

1. 高价策略

高价策略即为新产品定一个较高的上市价格，以期在短期内获取高额利润，尽快收回投资。采用高价策略有下列前提条件：

1）新产品生产能力有限，高价有利于控制市场需求量；

2）新产品成本较高，暂时难以立即降低价格，且索取高价存在好处；

3）新产品较难仿制，竞争性小，需求价格弹性相对不高；

4）高价不会使用户产生牟取暴利的感觉；

5）产品的用途、质量、性能或款式等产品要素，与高价格相符合。

采用高价策略有利有弊。好处是：利用了新产品上市时用户求新、好奇的心理，以及竞争和替代品都很少的有利时机，通过高价在短时间内收回投资。企业获得高额利润后，更能提高企业的竞争实力，进而可有效地抑制竞争者的竞争。为以后的降价留下了利润空间。弊端在于：如没有特殊的技术、资源等优势，高价格高利润会引来大量竞争对手，使高价格难以维持太久。当新产品尚未在用户心中树立起相应的声誉时，高价格不利于市场开拓，甚至会引起公众的反感。

2. 低价策略

低价策略即为新产品定一个较低的上市价格，以期吸引大量用户，赢得较高的市场占有率。采用低价策略有一定的前提条件：

1）新产品的价格需求弹性高。

2）企业具有规模效应。

3）新产品的潜在需求量大。

这种策略的利弊与高价策略刚好相反，是一种着眼于企业长期发展的策略。但在利用这种策略进入国际市场时，应注意不要让进口国指控为倾销，否则有可能遭到倾销指控。另外还要注意不要引发市场价格大战。例如，1984 年，通用公司为了开拓欧洲市场便采用了低价策略，结果导致欧洲其他汽车公司竞相降价而形成价格大战。结果“雷诺”、“标致”等公司在 1984 年亏损超过 20 亿美元，而通用公司在欧洲的市场占有率在提高到 12.2% 的同时，却亏损了 2.9 亿美元。这是因为当时汽车市场上各大汽车公司实力都很雄厚，谁都难以靠低价击垮对方，低价竞争的结果只能是两败俱伤。比较现实的做法是：各自在被分割和相对垄断的市场上采取中价策略，把竞争的重点放在汽车的质量性能、品种和服务上。

二、产品组合定价策略

对大型汽车企业来说，其产品并不只有一个品种，而是某些产品的组合，这就需要企业制定一系列的产品价格，使产品组合取得整体的最大利润。这种情况的定价工作一般比较复杂，因为不同的产品，其需要量、成本和竞争程度等情况是不相同的。

产品组合定价策略有以下几种形式：

1. 产品线定价策略

在同一产品线中，各个产品项目有着非常密切的关系和相似性，企业可以利用这些相似性来制定同一条产品线中不同产品项目的价格，以提高整条产品线的盈利。如企业同一产品线内有 A、B、C 三种产品，分别定价为 a（高价）、b（中价）、c（低价）三种价格，则用户自然会把这三种价格的产品分为不同的三个“档次”，并按习惯去购买自己期望的那一档次的产品。

运用这一价格策略，能形成本企业的价格差异和价格等级，使企业各类产品定位鲜明，且能服务于各种消费能力层次的用户，并能使用户确信本企业是按质论“档”定价，给市场一个“公平合理”的定价印象。这一策略比较适合于广大用户对企业，而不是对某个具体产品的信念较好的情况下采用。

企业在采用产品线定价策略时，首先必须对产品线内推出的各个产品项目之间的特色、顾客对不同特色的评估以及对竞争对手的同类产品的价格等方面的因素进行全面考虑；其次，应以某一产品项目为基点定出基准价；然后，围绕这一基准价定出整个产品线的价格，使产品项目之间存在的差异能通过价格差鲜明地体现出来。

2. 选择品及非必需附带产品的定价策略

企业在提供汽车产品的同时，还提供一些与汽车相关的非必需产品，如汽车收录机、暖风装置、车用电话等。一般而言，非必需附带品应另行计价，以让用户感到“合情合理”。

非必需附带产品的定价，可以适当定高价。如汽车厂商的销售展厅内摆放的全是有利于显示产品高贵品格的产品，在强烈的环境感染下，用户常常会忽视这些选择品的性价比。

3. 必需附带产品定价策略

必需附带产品又称连带产品，指必须与主机产品一同使用的产品，或主机产品在使用过程中必需的产品（如汽车零配件）。一般来说，企业可以把主机产品价格定得低些，而将附带产品的价格定得高些，这种定价策略既有利于提高主绑产品价格的竞争性，而又不至于过分牺牲企业的利润。这是一种在国际汽车市场营销中比较流行的策略。例如我国有些轿车公司便在执行这一策略。

4. 产品群定价策略

为了促进产品中所有产品项目的销售，企业有时将有相关关系的产品组成一个产品群成套销售。用户有时可能并无意购买整套产品，但企业通过配套销售，使用户感到比单独购买便宜、方便，从而带动了整个产品群中某些不太畅销的产品的销售。使用这一策略时，要注意搭配合理，避免硬性搭配（硬性搭配的销售行为是不合法的）。

三、心理定价策略

1. 声望定价策略

指利用用户仰慕名牌产品或企业声望的心理来定价的策略，往往把价格定得较高。这种方法尤其适用于产品成本、质量不易鉴别的产品。因为用户在不容易区分不同产品的成本、质量的情况下，往往以品牌及价格来决定取舍。此外，一些“炫耀”性产品也适合保持较高的价格水平，如：“凯迪拉克”汽车。但需要说明的是，名牌车在各种产品档次中都存在，所以并不一定都适合定高价，如福特“T 型车”、大众公司的“甲壳虫”、“高尔夫”等汽车，其知名度之高，不能不属于名牌汽车。但它们都是以经济实惠而著名，都不属于高档车。因而企业对名牌产品进行价格定价时，应酌情考虑，而不能一概定高价。

2. 尾数定价策略

指利用用户对数字认识上的某种心理，在价格的尾数上做文章。如，企业故意将产品的定价定出个尾数，让用户感到企业的定价比较公平合理；又如，将尾数定为“9”，以满足人们长长久久的心理，将尾数定为“8”，以迎合用户“恭喜发财”的心理等。

四、地区定价策略

企业要决定卖给不同地区客户的产品，是否要实行不同的价格，实行差别定价。概括地讲，地区定价策略有：

1. 统一定价

即对全国各地的客户，实行相同的价格，客户不管去哪家经销商购买，产品的价格都是一样的。执行这种策略，有利于吸引各地的客户，规范市场和规范企业的营销管理。这种定价策略又可以分为两种情况，一种是用户自己去经销商处提车，并自负提车后的有关运输费用，或者收取合理的交付费用后，由厂家或经销商负责将商品车交付到用户家里，即非免费送货；另一种情况是厂家或经销商负责免费将商品车交付到用户家里，属免费送货。

2. 基点定价

即企业选定某些城市作为基点，在这些基点城市实行统一的价格，客户或经销商在各个基点城市就近提货。如在制造厂商设在全国的地区分销中心或地区中转仓库提货，客户负担出库后至其家里的运送费用。

3. 分区定价

即将全国市场划分为几个市场销售区，各区之间的价格不一，但在区内实行统一定价。这种定价方法的主要缺点是价格不同的两个相临区域，处于区域边界的用户对相同的商品，却要付出不同的价款，且容易出现“串货”或商品的“倒卖”现象。

4. 产地定价

即按产地的价格销售，经销商或用户负责从产地到目的地的运输，负担相应的运费及相关的风险费用。这种定价策略已经不大采用，除非在销售较为旺盛时，部分非合同销售才可能出现这种情况。

五、折扣定价策略

折扣定价是应用较为广泛的定价策略。主要的类型有：

（1）功能折扣，又作贸易折扣。即厂商对功能不同的经销商给予不同折扣的定价策略，以促使他们执行各自的营销功能（推销、储存、服务等）。

（2）现金折扣。即给予立即付清货款的客户或经销商的一种折扣。其折扣直接与客户或经销商的货款支付情况挂钩，当场立即付清时得到的折扣最多，而在超过一定付款期后，不仅得不到折扣，反而还可能交付一定的滞纳金。

（3）数量折扣。即与客户或经销商的购买批量挂钩的一种折扣策略，批量越大，享受的折扣越大。我国很多汽车企业均采取了这种策略。

（4）季节折扣。即与时间有关的折扣，这种折扣多发生在销售淡季。客户或经销商在淡季购买时，可得到季节性优惠，而这种优惠在销售旺季是没有的。

（5）价格折让。当客户或经销商为厂商带来其他价值时，厂商为回报这种价值给予客户或经销商的一种利益实惠，即折让。如客户采取“以旧换新”方式购买新车时，客户只要付清新车价格与旧车价格间的差价，这就是以旧换新折让。又如，经销商配合厂商进行了促销活动，厂商在与经销商清算货款时给予一定折扣，这种折扣就是促销折让。

六、降价与提价策略

1. 降价策略

企业采用降价策略往往会造成同行的不满和报复，引发价格竞争。但当企业处于下列几种状况时，仍应采用降价策略：

1）产品严重积压，运用各种营销手段（价格策略除外），仍难以打开销路；

2）价格竞争形势严峻，市场占有率下降；

3）企业的产品成本比对手低，但销路不畅，只有通过降价来提高市场占有率；

4）有时，有些实力雄厚的企业为了进一步提高市场占有率，也采用降价策略，一旦达到目的，价格就会上升。

采用直接降价策略，可以刺激用户的购买欲，提高产品销售量，但如果降价时机选择不好，降价方式不适当，宣传不够，也会产生不良影响。一般来说，降价时购买者可能的理解有：该产品可能被淘汰；产品有缺陷；产品已经停产，零配件供应将会有困难；降价还会持续，特别是小幅连续降价时，最易引起购买者持币待购；企业遇到了财务困难。因此降价策略必须谨慎使用。

间接降价（又作变相降价），可以缓解价格竞争，避免误导购买者，是促进产品销售常用的降价方式。

常见的间接降价方式有：

(1) 增加价外费用支出和服务项目。在欧美日等国家，此种方法被大量采用，如：对购买者提供低息贷款；赠送车辆保险；免费送货上门；增加质量保修内容，延长保修期限等。国内的汽车企业也大量采用这种方法，如某汽车公司在国内率先对其产品行驶1000km后实行免费维护。

(2) 赠送礼品和礼品券。

(3) 举办产品展销，展销期间价格优惠。如，开展“销售优惠月”活动，优惠月内价格优惠。这种短期的降价活动有很强的促销作用。

(4) 提高产品质量，改进产品性能，提高产品附加值。

在西方，企业对竞争者降价竞争，常常采用的对策有：

1）保持原价。

2）维持原价，同时改进质量或增加服务项目。

3）降价。

4）提价，同时推出新品牌，以围攻对手的降价产品。

5）推出更廉价的产品进行反击。

(5) 给予各种价格折扣。

2. 提价策略

提价常常会引起购买者、经销商的不满，但成功的提价会为企业带来可观的利润。企业提价常是由于：产品在市场上严重供不应求；通货膨胀使企业的各项成本上升，企业被迫提价以维持利润水平。

产品提价通常会抑制需求，但有时会使用户将提价理解为：此产品为走俏产品，市场很快会脱销；该产品有新功能或特殊价值；可能还要涨价，迟买不如早买。所以，如果提价时机好、促销广告宣传有力，提价有时反而会激发增强购买欲望，增加产销量。但要注意，提价时一定要注意不能引起用户反感。有时在需要提价的情况下，企业为了不招致用户的注意和反感，会采用间接提价策略。

常见的间接提价方式有：

1）在签订大宗合同时，规定价格调整条款，即对价格不作最后限价，规定在一定时期内（一般为交货时），可以按当时价格与供求行情对价格进行调整。

2）减少系列产品中利润较少产品的生产，扩大利润较高产品的生产批量。

3）减少某些服务项目，以降低生产和服务成本。

4）开展价值工程研究，以降低生产成本。

案例分析

案例 4-1　帕萨特轿车定价策略分析

在2000年6月帕萨特轿车（Passat B5）推出市场之前，上汽大众汽车销售有限公司（当时称上海汽车工业销售总公司）作为上海大众轿车总经销商，进行了详细而规范的定价研究，确立了综合成本导向、需求导向和竞争导向三种汽车定价方法的定价思想，准确地制定出定价策略。

在成本方面，认真核算了帕萨特轿车的各种成本，并对成本变化的各种可能性做出了切实的评估，尤其是对该车型所使用的110kW发动机的性能价格比、需求弹性做出了尤为详尽的分析，得出该车型的保本价格，并使用成本定价法计算出基本价格范围。同时，又在此基础上描绘出帕萨特轿车豪华型的重要使用部件——142kW自动变速器的需求价格弹性，获得豪华型车的基本价格。由于汽车工业是一个存在着典型规模经济效应的行业，所以还需进行市场需求对轿车成本的分析和评估，把动态的分析结合到成本分析中去。

在需求方面，着重从行业和同行企业这两方面分析，预测了2000年售价高于20万元的国产轿车的各种可能的需求量和发展趋势，又对消费者关于汽车的各种实用性能和部件配置的敏感度做出了描绘，计算出帕萨特轿车基本型和豪华型的价格。此外，还考虑了中国加入WTO这个宏观大环境的影响，再对计算价格作适当调整。

而在对竞争的研究上，综合了2000年该市场的统计数据（见表4-4），描绘了帕萨特轿车替代竞争价格弹性的趋向，得出最终的定价点。考虑到同一档次轿车的市场价格，并避免与最大竞争者的定价完全相同（以免由于正面竞争激化而爆发价格战），最终再对定价点作适当调整。

表 4-4　2000 年轿车生产计划表

厂家	一汽轿车	一汽大众	上海大众	上海通用	广州本田
车型	红旗	奥迪	帕萨特 B5	别克	雅阁
2000 年生产计划	22000	13000	30000	50000	25000

案例 4-2　质次价高的阿兰特轿车

任何国际企业，在国际营销过程中，要想长久地占领市场和不断扩展企业影响，在继续维持现有产品的市场占有率的同时，还必须不断开发新产品。新产品上市一旦成功，会给企业带来极大的鼓励和经济效益。但是，并不是所有新产品都能成功，有可能新产品上市不久便夭折了。

新产品能否为市场和消费者所接受，是受诸多因素决定的，如产品自身的情况（性能、质量、外观等）、市场环境（需求、经济是否景气等）、竞争对手的反应、新产品的促销手段，等等。但作为买主，消费者最为关心的是新产品的价格。如果新产品定价不合理，消费者的态度就会冷淡。所以，要刺激顾客的购买欲望，新产品的定价策略就必须十分谨慎。由于定价策略失当造成新产品计划流产的国际营销实例数不胜数，美国通用汽车公司20世纪

80 年代中期的新产品—阿兰特轿车的失败，就是一个典型的例子。

自 20 世纪 70 年代以后，美国底特律三大汽车公司即通用、福特和克莱斯勒，遇到了来自国外汽车工业的严峻挑战，美国在世界汽车市场的霸主地位受到了动摇。造成美国汽车工业衰退的一个非常重要的原因，就是美国的三大汽车公司满足于它们在第二次世界大战后形成的垄断地位，因循守旧，使得它们的产品市场逐步缩小。在它们的企业组织内部，搞发明创造和试制新产品的部门受到冷遇。相反，欧洲、日本的汽车企业锐意改革，按照市场需求和人们的消费心理积极开发新产品，从产品质量到销售价格，都从市场角度加以权衡和决策。因此，一时间，欧洲和日本在国际市场的占有率呈上升趋势。

鉴于这种情况，美国的汽车制造商们被迫调整战略。20 世纪 80 年代以后，他们纷纷不惜巨资开发、研制新产品，阿兰特轿车就是在这种背景下推向市场的新产品。

本来，通用汽车公司把凯迪拉克分厂生产的这种新车投入市场时，对之抱着极大的希望，希望由此摆脱公司被动的经营境地，为公司带来巨大的利润。因为通用汽车公司为研制阿兰特型新车花费了好几年的时间，耗费了巨额资金，在投入市场以前很早时，通用汽车公司就动用了最大限度的广告宣传手段，所以，公司和凯迪拉克的经理们期待着阿兰特的成功。

1987 年年初，阿兰特轿车正式投放市场。然而，它的主人们所期望的结果并未出现，市场的冷淡反应令他们失望不已。经过调查，营销失利的原因出在阿兰特轿车的定价上。与它的质量和性能相比较，其 54700 美元的销售价格是广大顾客无法接受的。

对于新用户来说，阿兰特轿车发动机只有 170 马力，与外国同类相比（如奔驰、宝马等），马力要小多了。因此，它作为高档车必备的条件，如高速、冲刺，是不够格的。同时，它的车身是在意大利土伦的品尼法尼亚工厂制造，外形虽美，但并不出色，算不上新潮。

另外，阿兰特轿车的制造工艺也较差，车顶漏水，吱吱作响，开车时车内进风的呼呼声也损害了这种豪华轿车的宁静感。

其实，它的主人们事前就已觉察到这些缺陷了，实际上，应先纠正这些问题再投放市场。但最终公司和凯迪拉克的决策者们还是忽视这些问题，而且由于新车投放市场的时间在广告中就大肆宣传了，使他们不愿作出痛苦的抉择而推迟出厂。它的价格也是很早就定下来并公之于世的，降低售价可能降低顾客的希望值和购买欲望。因此，所有这一切都是在仓促的气氛下确定下来的。

按原定计划，阿兰特型新车 1987 年的销量 4000 辆，结果，它的实际销量不到 2000 辆，以后两年的销售计划也远远不能完成。在国际市场上，消费者普遍反映，阿兰特质次价高，论档次远不及德国的奔驰、宝马和英国的罗尔斯—罗伊斯，也不如通用汽车公司过去生产的凯迪拉克系列汽车；论经济实惠，它又远不如日本的中档车那样性能好、价格便宜。因此，看到阿兰特轿车上市后前景不妙，厂家便于 1987 年 7 月 16 日被迫停产。据专家们分析，如果阿兰特轿车在定价时谨慎一些，价格再低一些，可能情况就会有所变化。就连通用汽车公司的经理们也承认，阿兰特型新车营销失利的原因是当初操之过急，定价匆忙所致。

美国芝加哥市的一家咨询公司曾对 77 家制造业、服务业和消费品制造公司的 11000 种新产品的成功率进行调查，发现这些产品上市 5 年后，只有 56% 仍能在市场上存下来，其余产品则因种种因素夭折了。对于这些失败因素，经理、学者和各方面专家莫衷一是。美国惠普医药产品集团公司对其10种成功的和10种失败的新产品进行比较分析后吃惊地发现，决定新产品成败的关键因素多达14种，在这14种因素中，如果有两种因素未达标，而且相对来说，定价不合理，新产品就会失败。

无论这些调查正确程度如何，但有一点我们可以从中得到启示：任何一种新产品必须满足顾客而不是生产者自身或经理的需要。而满足顾客的需要，就必须从顾客角度出发，制定切实有效的经营策略，以合理的产品定价吸引顾客。

当然，新产品的失败并不意味着企业的整体国际营销策略的失败，有经验的企业经营者们往往会严肃地回顾自己犯了什么错误，并把所汲取的教训用于下一个产品上。通用汽车公司就是这样，它在总结了阿兰特轿车的教训后，积极开发塞维尔旅行车——这种新车后来在欧美国家倍受消费者的欢迎。

复习思考题

1. 什么是汽车产品？掌握汽车产品的概念对于汽车营销有什么意义？
2. 什么是汽车产品的生命周期？
3. 影响我国汽车产品价格因素有哪些？
4. 什么是顾客让渡价值？如何提高顾客让渡价值？
5. 简述产品生命周期的几个阶段及各阶段的特点。
6. 汽车定价有哪些导向，他们各自的优缺点是什么？
7. 产品生命周期与定价有什么样的关系？
8. 谈谈汽车企业进行价格调整时应关注消费者哪些特殊的心理现象？

第五章 汽车产品的分销

【学习目的】 通过学习，了解掌握汽车产品的分销渠道和汽车产品中间商的类型、特点与管理；理解掌握汽车产品销售物流管理；了解汽车产品的分销渠道的发展展望。

第一节 汽车产品分销渠道

汽车分销渠道是汽车产品实现其价值的重要环节，它包括：科学地确定汽车销售路线，合理地规划汽车销售网络，认真地选择汽车经销商，高效地组织汽车储运，及时地将品质完好的汽车提供给顾客，以满足消费者的需求。汽车销售渠道策略是汽车企业经营管理的重要组成部分，是汽车市场营销组合中的一个关键因素，它的宗旨是加速汽车产品的流通和销售资金的周转，提高汽车企业和中间商的经济效益。

一、汽车分销渠道的含义

汽车分销渠道是指汽车产品从汽车生产企业向最终消费者移动时，直接或间接转移汽车所有权所经过的途径，是沟通汽车生产者和消费者之间关系的桥梁和纽带。因此，汽车分销渠道主要包括：总经销商（他们取得汽车产品的所有权），批发商和经销商（他们帮助转移汽车所有权），还有汽车销售渠道的起点生产企业，终点消费者。具体说，汽车分销渠道包括以下5层含义：

（1）汽车分销渠道是指汽车流通的全过程 它的起点是汽车生产企业，终点是汽车用户（消费者），它所组织的是从汽车生产企业到消费者之间完整的汽车的流通全过程，而不是汽车流通过程中的某一阶段。

（2）推动汽车流通过程进行的是中间商 在从生产企业向最终消费者转移的过程中，会发生多次交易，而每次汽车交易都是买卖行为。这种行为可表示为：汽车生产企业→中间商（总经销商）→分销商（或批发商）→消费者。由中间商（即各层次经销商）组织汽车批发、销售、运输、储存等行动，一个环节接着一个环节，把汽车源源不断地由生产者送往消费者。

（3）在汽车分销渠道，汽车生产者向消费者转移汽车产品过程中，应以汽车所有权的转移为前提 汽车流通过程首先反映的是汽车作为商品，其价值形态变换的经济过程，只有通过货币关系而导致汽车所有权的更迭的买卖过程，才能构成汽车销售渠道。

（4）汽车分销渠道是指汽车产品从生产者到消费者所经历的流程 汽车销售渠道不仅反映汽车价值形态变换的经济过程，而且也反映汽车实体的移动路线。

（5）汽车分销渠道是汽车市场信息流传递的过程 通过中间商，汽车生产企业可以了解到消费者的需求状况，收集竞争对手的营销资料，发布企业新产品的信息等。

汽车分销渠道的重要意义在于汽车流通过程构成了汽车市场营销活动效率的基础。汽车能否及时销售出去，销售成本能否降低，企业能否抓住机会占领市场、赢得市场，在相当程度上都取决于销售渠道是否畅通和优化。

二、汽车分销渠道的模式

汽车从生产企业出发，经过一定的中间销售环节，方可到达最终消费者手中。在庞大的汽车流通领域，汽车分销渠道的模式类型多样，不同的汽车企业，从自身的特点出发，采取了各有所异的汽车分销渠道模式。

汽车分销渠道的模式可以分成以下5种类型：

1. 由汽车生产企业直售型（零层渠道模式）

汽车生产企业不通过任何中间环节，直接将汽车销售给消费者。这是最简单、最直接、最短的销售渠道。其特点是产销直接见面，环节少，利于降低流通费用，及时了解市场行情。迅速开发与投放满足消费者需求的汽车产品。但这种销售模式需要生产企业自设销售机构，因而不利于专业化分工，难以广泛分销，不利于企业拓展市场。

2. 由生产企业转经销商直售型（一层渠道模式）

汽车生产企业先将汽车卖给经销商，再由经销商直接销售给消费者。这是经过一道中间环节的渠道模式。其特点是，中间环节少、渠道短，有利于生产企业充分利用经销商的力量，扩大汽车销路，提高经济效益。我国许多专用汽车生产企业、重型车生产企业都采用这种分销方式。

3. 由生产企业经批发商转经销商直售型（二层渠道模式）

汽车生产企业先把汽车批发销售给批发商（或地区分销商），由其转卖给经销商，最后由经销商将汽车直接销售给消费者。这经过两道中间环节的渠道模式，也是销售渠道中的传统模式。其特点是中间环节较多，渠道较长，一方面，有利于生产企业大批量生产，节省销售费用；另一方面，也有利于经销商节约进货时间和费用。这种分销渠道在我国的大、中型汽车生产企业的市场营销中较常见。

4. 由生产企业经总经销商转经销商直售型（二层渠道模式）

汽车生产企业先委托并把汽车提供给总经销商（或总代理商），由其销售给经销商，最后由经销商将汽车直接销售给消费者。这也是经过两道中间环节的渠道模式。其特点是中间环节较多，但由于总经销商（或总代理商）不需承担经营风险，易调动其积极性，有利于开拓市场，打开销路。

5. 由生产企业经总经销商给批发商后转经销商直售型（三层渠道模式）

汽车生产企业先委托并把汽车提供给总经销商（或总代理商），由其向批发商（或地区分销商）销售汽车，批发商（或地区分销商）再转卖给经销商，最后由经销商将汽车直接销售给消费者。这是经过三道中间环节的渠道模式。其特点是总经销商（或总代理商）为生产企业销售汽车，有利于了解市场环境，打开销路，降低费用，增加效益。缺点是中间环节多，流通时间长。

第二节　汽车分销渠道中的中间商

汽车分销渠道中的中间商是指介于汽车生产企业与消费者之间，参与汽车流通、交易业务，促使汽车买卖行为发生和实现的经济组织和个人。中间商是汽车生产企业向消费者销售汽车时的中介环节，它一头连着汽车生产企业，另一头连着汽车的最终消费者，具有平衡市场需求、集中和扩散汽车产品的功能，在汽车分销渠道中起着十分重要的作用。

一、中间商的类型

汽车分销渠道中的中间商按其在汽车流通、交易业务过程中所起的作用，可分为总经销商（或总代理商）、批发商（或地区分销商）和经销商（或特许经销商）。

1. 总经销商（或总代理商）

总经销商是指受汽车生产企业的委托，从事汽车总经销业务，并拥有汽车所有权的中间商。而总代理商同样受汽车生产企业的委托，从事汽车总代理销售业务，但其不拥有汽车所有权。

2. 批发商（或地区分销商）

批发商是指处于汽车流通的中间阶段，实现汽车的批量转移，使经销商达到销售目的的中间商。它一头连着生产企业或总经销商（总代理商），另一头连着经销商，并不直接服务于最终消费者。通过批发商的转销汽车的交易行为，汽车生产企业或总经销商（总代理商）能够迅速、大量地转售出汽车，减少汽车库存，加速资金周转。地区分销商处于某地区汽车流通的中间阶段，帮助生产企业或总经销商（总代理商）在某地区促销汽车，提供销售地区汽车市场信息，承担地区汽车的转销业务。

3. 经销商（或特许经销商）

经销商在汽车流通领域中处于最后阶段，它是直接将汽车销售给最终消费者的中间商，它的基本任务是直接为最终消费者服务，使汽车直接、顺利并最终到达消费者手中。它是联系汽车生产企业、总经销商、批发商与消费者之间的桥梁，在汽车销售渠道中具有突出的作用。特许经销商（亦称受许人）是从特许人（一般是总经销商）处获得授权在某一特定区域内直接将特定品牌汽车销售给最终消费者的中间商。按照特许经营合同，受许人可以享用特许人的商誉和品牌，获得其支持和帮助，参与统一运行，分享规模效益。这是一种新型的汽车销售渠道模式。上汽大众通过建立遍布全国的特许经销商网络，进一步提高了渠道服务水平，大大促进了汽车的市场销售。

二、中间商的功能

汽车分销渠道中的中间商是汽车生产企业与汽车的最终消费者之间的桥梁。它的基本功能有两个方面：第一是调节汽车生产企业与最终消费者之间在汽车供需数量上的差异。这种差异是指汽车生产企业所生产的汽车数量与最终消费者所需汽车数量之间的差别。第二是调整汽车生产企业和最终消费者之间在汽车品种、规格和等级方面的差异。中间商的具体功能有以下几个方面：

1. 中间商沟通汽车生产企业与最终消费者，完成汽车从生产企业向最终消费者的转移

由于供需双方在地域、时间、信息沟通、价值评估及汽车所有权等方面存在着差距，供需双方自行完成汽车交易有一定的困难。而中间商的积极工作，可以消除上述差异，从而沟通生产企业和最终消费者，促成汽车交易，使汽车顺利地从生产领域转移到消费领域。

2. 中间商代替汽车生产企业完成市场营销职能，为汽车生产企业节省人力、物力和财力

中间商的价值就在于其能代替汽车生产企业执行所有的市场营销职能，如进行市场调查、刊登汽车广告、安排汽车储运、开展汽车销售以及做好售后服务工作。同时，中间商还能为生产企业提供商业信贷，催收债款，帮助汽车生产企业在消费者中树立信誉，拓宽产品市场。

3. 中间商的服务增加了汽车的价值

由于中间商进行汽车运输和存储，提供售前、售中和售后服务，从而增加了汽车的价值。

4. 中间商是汽车生产企业的信息来源

中间商最了解汽车市场情况，知道哪些汽车畅销，哪些汽车滞销。这样可以即时把信息反馈给汽车生产企业，使汽车生产企业能够根据汽车市场的情况组织生产，避免生产中的盲目性。

5. 中间商有利于汽车企业进入新市场

汽车企业在自行开发新市场时，往往由于缺乏经验和不了解新市场的情况，使开发工作进展缓慢。而中间商市场营销经验丰富，了解新市场行情。如果汽车企业依靠中间商开发新市场，可以减少风险，大大提高成功的可靠性。

6. 中间商有利于汽车企业销售新产品

当汽车生产企业向市场推出新产品时，依靠中间商，既可以节省在新产品营销工作中的大量资金，又可以利用中间商与消费者的多年联系，使新产品能够顺利销售，为企业占领市场赢得时间，使新产品成功率大大提高。

三、批发商

1. 批发商的类型

汽车批发商按其实现汽车批量转销的特征，可分为独立批发商、委托代理商和地区分销商。

（1）独立批发商。它是指自已独立、批量购进汽车，再将其批发出售的商业企业，它对其经营的汽车拥有所有权，以获取批发利润为目的。汽车独立批发商按其业务职能和服务内容又可分为以下两种类型：

1）多品牌汽车批发商。它是指批发转销多个汽车生产企业的多种品牌的汽车，它批发转销的范围较广、品种较多、转销量较大，但因其批发转销的汽车品牌较杂，无法获得诸多汽车生产企业的全力支持，也没有能力为经销商提供某品牌汽车转销中的专业化服务。

2）单一品牌汽车批发商。它是指只批发转销某个汽车生产企业的单一品牌的汽车，它批发转销的范围较窄、品种单一、转销量有限，但因其批发转销的汽车品牌单一，能够获得此品牌汽车生产企业的直接支持和帮助，因而它具备此品牌汽车转销的专业能力，能为经销商提供此品牌转销中的专业化服务。

（2）委托代理商。委托代理商区别于独立批发商的主要特点是，他们对于其经营的汽车没有所有权，只是替委托人（汽车生产企业或汽车总经销商）组织推销汽车，以取得佣金为目的，促进买卖的实现。委托代理商按其代理职能和代理内容又可分为：总代理商和分代理商、生产企业的代理商和总经销商的代理商、多品牌汽车代理商和单一品牌汽车代理商。

（3）地区分销商。它是指在某一地区为生产企业（或总经销商）批发转销汽车的机构，是由汽车生产企业（或总经销商）为扭转层层批发和跨地区销售等问题而设立的。它使汽车从生产企业（或总经销商）到某地区内的经销商只经过其一道批发转销环节，经销商将全部直接面对其所辖区域内的消费者进行直销。

2. 批发商的定位

汽车分销渠道是由汽车生产企业、总经销商、批发商、运输商和消费者组成的。

在这条销售渠道中，批发商处于传统的推动式销售和以市场为导向的拉动式销售之间的过渡位置。在消费者、经销商和总经销商之间，批发商更大程度上是由消费需求拉动着经销商的销售活动和批发商转销业务的开展；又由汽车生产企业（总经销商）年度目标和销售任务的要求推动着批发商业务的进行。因此，批发商最主要的功能是在目前买方市场条件下，通过发展营销网络，改进转销方式，提高转销能力，来协调供需矛盾，平衡销售计划和市场需求。

同时，批发商应有效地协调管理总经销商与经销商、消费者之间的连续的物流、信息流和资金流，建立总经销和经销商、消费者之间紧密的合作伙伴关系，提高汽车的市场竞争能力。

四、经销商

1. 经销商的类型

汽车营销是最终向消费者直接销售汽车和提供服务的一系列活动。从事这种汽车营销活动的机构和个人称为汽车经销商。在汽车销售渠道中，经销商的形式多样，通常，按其经营特征可以分为特许经销商和普通经销商两大类。

2. 特许经销商

（1）汽车特许经销商的含义。汽车特许经销商是指由汽车总经销商（或汽车生产企业）作为特许授予人，按照汽车特许经营合同要求以及约束条件授予其经营销售某种特定品牌汽车的汽车经销商。

（2）汽车特许经销商的条件。对于汽车经销商来说，只有具备以下条件才可以成为汽车特许经销商：

1）独立的企业法人，能自负盈亏进行汽车营销活动。

2）有一定的汽车营销经验和良好的汽车营销业绩。

3）能拿出足够的资金来开设统一标识的特许经营店面，具备汽车营销所需的周转资金。

4）达到特许人所要求的特许经销商硬、软件标准。

符合以上条件的经销商通过履行经销商申请和受许人审核等手续，并经双方签署汽车特许经营合同（或协议），就可正式成为某品牌汽车的特许经销商。

（3）汽车特许经销商的优势。普通汽车经销商一旦成为某品牌汽车的特许经销商，将会给其在今后的汽车市场营销活动中带来以下几方面的优势：

1）可以享受特许人的汽车品牌及该品牌所带来的商誉，使其在汽车营销活动过程中拥有良好的企业形象，给顾客以亲切感和信任感。

2）可以借助特许人的商号、技术和服务等，提高竞争实力，避免了单枪匹马进入激烈的市场所面临的高风险。

3）可以加入特许经营的统一运营体系，即统一的企业识别系统、统一的服务设施、统一的服务标准，使其分享由采购分销规模化、广告宣传规模化、技术发展规模化等方面所带来的规模效益。

4）可以从特许人处得到业务指导、人员培训、获得信息、融通资金等方面的支持和服务。

(4) 汽车特许经销商的权利

1) 特许经营权。有权使用特许人统一制作的标记、商标和标牌；有权在特许经营系统的统一招牌下经营，从而享受由著名品牌带来的利益；有权获得特许人的经营秘诀，以加入统一运作（统一进货，以享受大量进货的折扣；统一促销；统一的市场营销策略等等）；有权依照特许人的统一运作系统分享利益；有权按特许人的规定取得优惠政策；对特许人经销的新产品享有优先权。

2) 地区专营权。有权要求特许人给予在一定特许区域内的专营权，以避免在同一地区内各加盟店相互竞争。

3) 取得特许人帮助的权利。有权得到特许人的经营指导援助、技术指导援助及其他相关服务，如：参加特许人的各种定期培训；使用特许人的各种信息资料和市场运作情报；在经营中遇到问题时，随时和特许人的专职指导员联系；资金缺乏时可以采取连带担保方式，取得贷款；其他援助。

(5) 汽车特许经销商的义务

1) 必须维护特许人的商标形象。在使用特许人的经营制度、秘诀以及与其相关的标记、商标和标牌时，应当积极维护特许人的品牌声誉和商标形象，不得有降低特许人商标形象和损害统一经营制度的行为。

2) 在参加特许经营系统统一运营时，只能销售特许人的合同产品；只能将合同产品销售给直接用户，不得批发；必须按特许人要求的价格出售；必须从特许人处取得货源；不得跨越特许区域销售；不得自行转让特许经营权。

3) 应当履行与特许经营业务相关的事项，如：随时和特许人保持联系，接受特许人的指导和监督；按特许人的要求，购入特许人的商品；积极配合特许人的统一促销工作；负责店面装潢的保持和定期维修。

4) 应当承担相关的费用，如：加盟金、年金、加盟店包装费用等。

目前，世界著名的汽车企业都建立了自己的特许经销商网络。通过品牌专营店和特许经营店的建设，不仅大大增加了公司汽车的销量，而且能够及时地为顾客提供各种服务，提高了渠道管理的水平，塑造了良好的公司形象。

第三节 汽车产品销售物流管理

销售物流管理具体承担着适时、适地、适量地将产品提供给用户和经销商的职责，以让用户和经销商的需求得以实现。

一、物流的含义与职能

物流（Logistics），长期以来被称为产品的实体分配（Physical Distribution）。美国物流管理协会对物流的定义是“把产成品从生产线的终点有效地移动到有关消费者（用户）的广泛活动，也包括将原材料从供给源有效地移动到生产线始点的活动”。随着社会分工越来越细，物流与流通系统和生产系统都有了密切的关系，并将物流看作是“提高企业对用户的服务水平，进而提高企业竞争力的有效手段”（欧美国家的看法）。由此可见，物流是指通过有效地安排商品的仓储、管理和转移，使商品在需要的时间到达需要的地点的经营活动。

现代物流被得到普遍重视，始于20世纪60年代，当时认为物流是企业的“第三利润源泉”（日本的看法）。广义的讲，物流包括企业物流和社会物流两个部分，前者是站在企业的角度研究物流的，后者是站在社会的专业物流部门的角度研究物流的。这里只涉及属于企业物流范畴的销售物流。

物流的职能有二方面：一是创造地点效用，即完成将产品由其生产地到市场消费地的转移；二是创造时间效用，即完成将产品由其生产时间保质保量地保管储存至消费时间的活动。销售物流作为市场营销的一部分，不仅包括产品的配送、运输、保管、装卸、包装，而且还包括在开展这些活动的过程中所伴随的信息的传播。它以企业的销售预测为开端，并以此为基础来规划销售的有关活动，甚至是企业的生产活动和存货水平。

二、销售物流管理的目标

从市场营销的观点看，物流规划应从市场需要开始，并将信息反馈到企业的相关部门。企业要考虑购买者对购买提货方便性的要求，要制定一个综合的物流策略，包括产品的运输方式、仓库的存货水平以及仓库的布局分布，进而向目标顾客提供更好的顾客服务。此外，物流策略还要考虑竞争者的服务水平，设法赶上或超过竞争对手。

具体的讲，销售物流的目标包括顾客服务水平最佳和物流整体成本最低，求得这两个相互矛盾的目标的统一，兼顾服务水平与服务成本的要求。从顾客服务水平看，影响顾客满意的因素有产品的可得性（是否能够得到）、订货及送货速度、缺货率、送货频率（两次送货之间的时间间隔）、送货的可靠性（货损货差）、运输方式等。企业通常应根据市场竞争状况或竞争者的服务水平以及成本目标，确定自己的物流服务水平。

物流的整体成本不仅仅是运输费用和仓储费用，还包括运送辅助费用、装卸费用、包装费用、保险费用、货损货差等损失费用，以及在整个物流环节滞留期间占用的资金成本。应当注意的是，不同成本之间的关系常常是反向作用的，如减少仓库的存货水平，虽然有利于减少仓储费用，却可能会增加送货成本；为了节约运输费用，就会选择经济廉价的运输方式，可能会增加货损货差的费用。所以物流策略的决策是一个非常复杂的过程。

三、销售物流规划与管理的内容

1. 物流成本的规划与管理

如前所述，物流成本是一个复杂的系统，有些成本是可以通过加强工作质量予以控制的，实际工作中常常要将复杂问题简单化，因而我们可以只考虑那些最重要的成本因素。对一个特定的物流系统，主要是考虑仓库数目、区位、存货规模、企业运输政策以及存货政策等因素构成的一组决策。因此，每一个可能的物流系统都隐含着这样的一套总成本，即总运输成本、总固定仓储费用、总变动仓储费用和因延迟分销导致的销售机会损失成本之和。

2. 物流配送规划

汽车企业主要面临“一个工厂、多个市场”的物流模式。通常可以选择的物流方案有：

（1）直接运送产品至顾客　直接运送常常在物流成本上较高，但可以保证更好地服务于顾客，满足顾客的及时性需要。一般对特殊订单、专用产品、急需产品等，可以采取此种方案。

（2）成批量运送至企业设在各地的中转库（分销中心）　对大多数通用性产品，且在市场区域内有一定的较为稳定的需求时，均适宜采用此种方案。目前，倾向于建立地区中转库的主机企业越来越多。当然，仓库的建设可以在自建、租赁不同方式比较后做出决策。

（3）在目标市场设立装配厂　将零部件运到目标市场进行装配，也是一种物流方案。

它常见于国际物流，如企业在国外建厂，既可以减少物流费用，因为零部件运输可以采取成批大量、更加经济的运输方式，又可以更好地开拓国际市场，因为有些国家可能限制整车进口，但可能支持设立工厂。

3. 销售物流的具体业务管理

这项工作涉及的管理内容主要有：订货过程、运送和仓储等。

（1）订货过程。销售物流的具体业务是从用户订货开始的。企业的销售部门在接到订单后，对需要发送的汽车产品开出发放单分送有关部门，各部门分工负责，共同完成好商品车的发送。我国汽车企业的大部分产品，尤其是整车产品，通常是按合同销售给中间商的，即在每一年的年末或在下一年的年初举行订货会，汽车生产企业同用户，更主要的是同汽车经销商签订下一年度或几年的购销合同。在履约过程中，企业按经销商的临时订单（通常按月发出）要求的车型、品种、数量、交车地点和交车时间等发车，中间商则按当时的价格（或计价方式）、支付方式、支付时间等付款内容到指定银行办理付款。

（2）新车发运。汽车企业要做好新车的发运工作，必须要对可能利用的各种运送形式进行比较，选择最恰当的形式，以保证所选择的运送方式在运送成本和交车时间两方面的统一。一般来说，汽车产品的发运可以选择的运输方式主要有铁路运输、水路运输和公路运输。其中，公路运输又包括利用专门运送汽车产品的专用汽车运输和驾驶员将商品汽车开到用户地点两种方式。在上述运输方式中，一般以公路运输手续最简单，运送最快，转运环节最少，最易保证交付时间，但公路运输成本最高；水运虽然成本低廉，但水运时间慢、周期长，且只能用于通航的地区；铁路运输的优缺点介于水运与公路运输之间，但铁路运输常常会增加运送时间，不能保证及时交付。企业在选择运输方式时，应根据具体订货在交付时间方面的要求，以及通往用户的地理交通条件等因素，在保证交付时间的前提下，选择最经济的运输方式。

此外，在新车发运过程中，企业必须建立有关的规章制度，严格管理，防止可能出现的质量和被盗等事故。

国外各大汽车公司十分重视商品车的发运工作，并广泛采用条码管理，利用计算机编排商品车组等先进手段，为用户提供优质的服务。从下面大众汽车公司新车发运工作过程，我们可以领略到世界汽车大公司，商品车发运的先进水平。

大众汽车公司的国内新车发运主要采用水运运输和公路运输两种方式，水路运输完成的商品发运量占75%，公路大型驳运车运输量占25%。在没有到达用户手中之前，绝对排除商品车作为运输工具使用的可能，在经销商的新车展厅内所有新车的里程均在12km之内。出口至欧洲以外国家和地区的商品车自总部狼堡通过铁路运至汉堡转入滚装船运输，而去欧洲的商品车则完全由火车运输。在厂内拥有170km的26条平行的铁路专用线供若干个室内发运站使用。每个室内发运站均有5条600m长的铁轨，均可实现同时装车，装车现场有20万m²的停车场，可停放待发的车辆17700余辆，还拥有一处可停放一万辆商品车的室内仓库作为周转场地。

大众公司销往国内外经销商的商品车的运送过程大体是：商品车从流水线上下来后，通过空中轨道传送到发车场，经过四次检验，喷蜡防护处理，放入必需的各种随车资料和工具，按地区编组后装车发送。用户的所有信息均已输入电脑，通过计算机条形码识别便可知某一辆车应该送到何处。良好的装运现场条件和先进的管理手段使得整个装运过程忙而不乱，有条不紊。

大众汽车公司本部除了向国内外经销商发运新车外，也可向最终用户发运新车。但这类用户主要是大众公司在职或已退休职工及一些特殊用户，公司销售本部专门设有向某些用户发运新车的部门，并设若干个发车组，发车组每天均衡安排工作量。待发车辆的所有准备工作提前一天就绪，以使客户次日前来能及时领到自己的汽车。为使用户得到一辆完美的新车，发车组工作人员要进行待发车辆的外观检查，清除流水线上所用的包装、信息用纸，然后进行全面的清洗、上光，发放必要的文本，上好汽车牌照等，只等用户次日前来认领。按客户要求发车组亦可将车送到用户家里。客户要做的只有两件事，即在约定的时间和地点，向发车人员提供付款依据（或贷款证明）的保险凭证，然后从发车人员手中接过车钥匙，通常还能得到一份小小的礼物。

商品车发运之所以运转自如，除了公司拥有优良的物质条件和先进的管理手段外，还在于发运部门内部各机构间的分工明确，责任清晰，协调一致。

（3）仓储。合理的仓储有利于消除商品车及配件供给与用户购买要求在时间上和在数量上存在的矛盾。企业为了做到仓储成本最低和购买方便性的统一，必须做好下列工作：①合理规划好仓储地点布局；②确定合理的仓储规模；③管理好仓储；④确立经济订货规模。

对汽车生产企业而言，由于市场在地理位置上的分散性，为了保证各地用户或经销企业能够及时供货。同时又为了保证单位产品能分摊的运送成本最少，企业必须要在分销渠道中设立仓库以贮备一定规模数量的商品汽车或配件，正确地决策好仓库的地理位置，以使每个仓库的市场覆盖范围合理化。因为如果覆盖范围过大，则起不到仓库应有的作用；覆盖范围过小，又要增加仓库数量，增加了建立和管理仓库的总费用，同时还造成仓储规模过小，从而又增加了发运成本。所以企业应根据本企业产品的市场地理分布特点及各区域市场的需求程度，做到仓库的地理分布合理。仓库的具体地理位置可以设在目标市场的中心且交通便利的地方。一般来讲，企业销售部门（甚至各地的销售派出机构）所在地都应设立仓库。仓库布局应规模合理，不仅能在产品畅销时有利于及时供货，而且在滞销时也有利于分担商品汽车存储的压力，以使生产企业和销售总部不会因为库存超负荷而“梗阻”，同时也有利于降低商品发运成本，减少营销费用。

企业有了合理的仓库布局，但要充分发挥仓库仓储的各种功能，还有赖于对仓储工作的有效管理。仓储管理工作涉及较多内容，其中最重要的内容主要包括：①保证商品品质不发生变化；②合理确定存货水平和订货时间；③各类物品应科学存放，并尽量减少长期资金占用。

保持商品品质就是要维护好汽车产品的使用功能。例如对汽车整车而言，应定期进行一定的保养作业，加注和更换润滑油和润滑脂等，启动汽车以保持汽车电器各装置处于干燥状态，以及使各运动机件保持正常的运动状态等。对汽车配件而言，同样应进行保养作业，使各种配件不锈蚀、腐蚀、受潮等。仓储不等于将物品贮之了事，必须根据各类物品的自然磨损特点，有针对性地定期进行仓储作业，才能维护其使用功能不致遭受破坏。

决策好存货水平和订货时间是仓储管理十分重要的工作。因为存货过多，会增加企业流动资金占用，导致贮存费用的上升；而存货过少，又可能导致脱销，而且会增加订货次数与订货次数成正比，而与订货量关系不大）。以上两种情况都可能会造成仓储工作综合费用上升，增加企业的营销成本。仓库存货水平大小决定了每次订货的订货量，因而存货水平决策实质上就是订货量的决策。订货量的确定应综合考虑库存成本（包括占用流动资金的利息支出，物品功能维护费用等）和进货成本（包括进货人员差旅费、手续费、运输计划费、运费等），选择综合成本最小时相应的订货量。以上费用同订货量的关系以及订货量的确定可用图 5-1 表示。仓库管理应根据仓储管理模型，科学地确定订货量。进货时间的确定通常要综合考虑销售频率、办理订货手续的繁简、运送时间的长短以及其他情况（如意外情况、用户对交货的要求等）。它通常可按下式计算：

$$进货时间（天）=\frac{仓库现有库存量}{日均销售量}+安全时间（天）$$

上式中的进货时间应从订单发出的当天算起，至货物运达仓库所需要的时间（天）。安全时间则是为了避免仓库脱销而考虑的保险系数，一般可根据统计经验确定，但应考虑目前的销货频率是否与日均销售量相等，如果销货频率大于日均销售量，安全天数可取大一些，反之则可取小一些。当仓库物品剩余的数量达到进货点时，仓库就应及时办理订货业务。

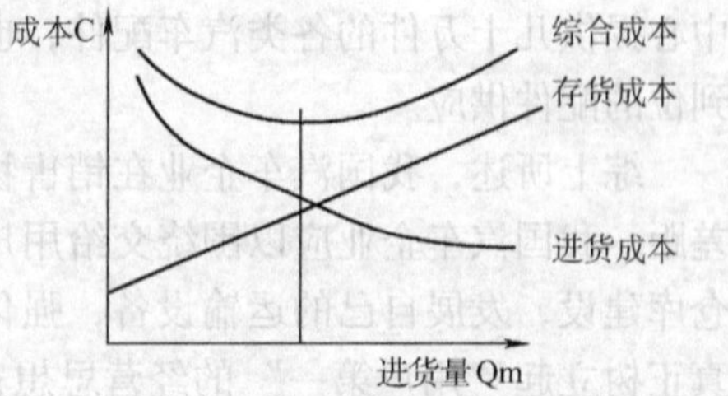

图 5-1　最佳库存决策模型

仓储管理工作的科学化还包括仓库房屋或停车场地结构合理化（如房屋应符合物品对密封、通风、防盗、通光等方面的要求）、设施齐全化（如应配备干燥、防盗报警、照明、防火、温控、保修作业及货物架等设施设备）、存放规范化（如物品应分类分区存放、禁止乱堆乱放和乱挤乱压等）以及改善软件工作（如加强仓库工作人员职业道德教育、出入物品及时登记、及时盘存、夜班执勤的科学组织、如何将长期积压物品转化为经济效益等）。

四、销售物流管理的现代化

现代科学技术的发展对于企业改进仓储管理提供了不断可以利用的手段，企业应加快仓储工作的科技进步，积极采用先进技术，提高效率，降低费用。

目前，随着计算机技术的发展，国外汽车生产企业较多采用订单式生产和销售方式，这是对传统物流的较大变革。订单式生产和销售相对于仓储式生产和销售而言的，订单式生产和销售有很多优点：①经销商或代理商直接与用户订合同，并把订单通过计算机通信发往汽车厂家，汽车厂家根据订单内容安排生产。因此工厂可以做到提前一定时期（通常为 2 ~ 3 个月），对未来市场情况了如指掌。如果每日的生产计划排满，新合同须在 3 个月以上才能提到车，说明产品畅销，企业可以考虑调整营销策略（如提价）；如果订单能够维持生产能力的 80% 以上，说明产品平销；订单不足生产能力的 80%，说明产品滞销，企业也应考虑调整营销策略（如降价）。如果一个工厂同时生产几个产品，各产品的订单比例，也可以反映不同品种的畅滞情况，这有利于企业进行正确的经营决策（如调整各品种的产量）。②国外目前一种车型，有多种车身颜色和不同的内饰水平，可选装多种型号的发动机、变速器、收音机等和大量的其他选装件，基于这些变化可装配成品种数量较多的汽车。用户在挑选自己喜爱的选装件时，使他们感到汽车就是专门为他精心设计的。由于订单式生产和销售，销售商直接与最终用户打交道，因而用户可以根据自己的偏好确定选装件。③订单销售使得经销商有充分的时间为用户提供更多的服务，如在用户接车前，经销商已经帮助用户办理完验车、上汽车牌照、交养路费和保险等繁杂的手续。

订单方式要求生产企业必须建立以大型计算机系统为支持的技术系统，生产开发部门要开发出众多可供用户选装的部件和总成，这些部件和总成还要能真正实现按需准时供货，还需要其他相关的自动化技术如条码技术、集装单元化技术等。

条码技术与计算机的结合使用，可以实现仓库物品进出的自动登记和自动盘存，不但极大地提高了工作效率，节约了人力，而且还可以避免人工管理造成的差错。仓库规模越大，所存物品种类越多，这一技术的优越性越能显示出来。例如大众公司的卡塞尔工厂里，有一个660000 ㎡的备件仓库，储存着13.6万种各类汽车配件，连停产14年之久的“甲壳虫车”的配件也能提供。这里是大众公司最大的物资调配中心，按需要每天向全德12个地区服务中心提供几十万件的各类汽车配件，也为在德国的四个汽车生产厂整车装配流水线提供即时到位的配件供应。

综上所述，我国汽车企业在销售物流方面，同国际汽车公司的先进水平相比，还有较大差距。我国汽车企业应以围绕交给用户一辆崭新的汽车为中心，展开工作，加快中转分流和仓库建设，发展自己的运输设备，强化一条龙服务等规范化管理，不断增加新的服务项目，真正树立起“用户第一”的经营思想；同时，积极加大科技投入，逐步实现现代化。

第四节　汽车分销渠道发展展望

一、各国汽车分销渠道的发展特点

主要汽车生产国家，一方面，由于其市场经济发展时间较长，不少国家的汽车分销渠道存在相似的一面；另一方面，由于各国历史及社会环境等方面的差异，汽车分销渠道也不尽相同。此外，随着各种因素的变化，其分销渠道也处于不断变化与发展之中。

1. 美国

美国汽车分销渠道经历了一个世纪的发展与变化，其分销渠道的基本趋向是从初期的多种销售渠道，发展成为以零售为主的销售渠道。大致经历了以下五个阶段：

(1) 生成阶段（20世纪20年代以前，自由多渠道）　当时由于汽车工业处于起步和大量生产初期，大部分厂家规模小，汽车处于卖方市场，汽车销售通过多种流通渠道，即通过代理商、移动推销员、百货店、生产企业的销售公司等渠道进行。

(2) 形成阶段（20世纪20年代~20世纪30年代，生产企业主导的专营代理渠道）　这一阶段，美国汽车市场由卖方市场转变为买方市场，这一时期，随着大批量生产体制的确立以及市场需求的变化，汽车出现了供给过剩。为适应这一变化，由汽车生产企业为主导的专营代理分销渠道，即“汽车生产企业→地区销售分公司→零售店”式的汽车流通渠道，渐占主导方式。

(3) 法律约束阶段（20世纪30年代以后）　这一时期的汽车分销渠道基本延续了以前的形式。但是，为了打破生产企业的垄断局面，美国成立了“汽车零售店联合会”，以维护中间商利益。同时还立法保护中间商，如“十英里法”规定生产企业如在现有专卖店十英里范围内增设新的专营店时，必须征得现有专营店的同意。

(4) 规模扩大阶段（20世纪80年代）　进入20世纪80年代，美国开始出现特大汽车零售商，其经营规模，多达20~40家零售店。这一时期美国的汽车零售商既有品牌专卖店，也有多种品牌兼卖店，还有一个零售商经营多个专卖店乃至“轿车超级市场”的。

（5）稳定发展阶段（20世纪90年代以后） 20世纪90年代以后，美国汽车生产企业为缓和同零售商之间的矛盾，采取了妥协政策，将同零售商的关系视作企业内部部门关系，加强了供应链管理，从而缓和了工商双方的矛盾。

例如，通用公司的分销渠道是由制造商、经销商以及金融公司共同组成。经销商一般都是独立的经营者，它向制造商订货。通用公司规定，第一个经销商只能拥有1～2个经销通用公司产品的经销店，以防止经销商过于庞大，反过来控制生产企业。同时，每一个地区的经销商数量不加限制，以促进竞争。同一经销商，可以在同一个地方分别开办几个车型的经销店，同时销售几种车型系列的产品，并采取新旧车、配件、维修几位一体的方式经营。通用公司有自己的金融机构，用以支持经销商或用户，经销商或用户无论是购进新车，还是分期付款，都可以向通用公司的金融机构贷款。

2. 日本

日本汽车分销渠道经历了三个发展阶段：

（1）厂家的专营代理体系（二战以前） 这是由日本福特和日本通用在20世纪20年代从美国移植的，20世纪30年代丰田公司开始仿效，按“一县一店”制，建立排它性的厂家专营代理店，并强调充分利用当地资源、资金和人才。

（2）配给制（二战期间） 二战期间，汽车作为军需物资，实行配给制，由政府的商工省统一制定出厂价，专营代理体制名存实亡。

（3）多渠道分销渠道（1956年以后） 当时日本的市场规模即将扩大，原来的“一县一店”制，不能满足需要。丰田公司首先建立“TOYOPET”品牌系列店，开始与当地零售商结合，按品牌建立分销渠道体系。日本汽车分销渠道具有以下特点：

1）生产企业广泛参与零售。据介绍，日本汽车厂家出资的零售商占到40%，这些零售商一般规模大，生产厂家派遣人员参与经营和管理。厂家出资有两种情况：一是在以东京、大阪为代表的重要战略市场上，出资建立零售商；二是对经营困难的零售商给予支援，从而形成厂家出资。

2）经营规模大，网点数量多。据统计，每个零售商平均拥有近9个销售网点。

3）从专卖店向兼营店发展。为了平息日美汽车贸易争端，日本汽车经销体系中兼营外国车的现象不断增加，但目前还没有起到本质效果。

4）上门推销比例高。

3. 欧盟

（1）英国 英国汽车生产企业自己及其分销商一般不面向最终用户销售汽车。分销商在划定区域内独家分销生产企业的产品，并在该地区代表厂家的利益。分销商将汽车批发给下一级代理商，分销商主要负责管理汽车从生产企业到销售网络的运输过程和代理商网络，为代理商和顾客提供售后支援工作。代理商为专营代理，并在某个特定地区直接面向最终用户销售。

（2）德国 德国大众公司在国内的整车销售主要采取两种渠道：一是自己直接销售，但仅限于特殊客户。二是代理商销售。大众公司在国内共有2200多家代理商和1600多个服务站。代理商的功能包括整车销售、维修服务、备件供应，规模也较大；服务站规模较小，主要业务是维修服务和备件销售，服务站也可以代用户向代理商购车（不能直接向大众公司购车），并从中提取一定佣金。大众集团按区域设立了8个销售中心，销售中心本身不从事具体的销售活动只对中间商进行管理、协调、监督和服务。大众公司实际上只有一级网点，即2200家代理商。

长期以来，欧盟区域内广泛实行的是经销商的市场区域制和品牌专卖制，经销商只能在制造商划定的市场范围、面向区域内的用户销售所代理的品牌或同一个制造商的产品。但进入21世纪后，随着欧盟一体化的纵深发展，欧盟各国的汽车用户和汽车经销商，对实行了数十年的汽车销售制度表示了不满。他们认为，制造商的销售制度限制了经销商的经营自由，也剥夺了用户的购买自由，消费者被迫接受各地（各国）汽车价格明显不公平的事实。在这种背景下，欧盟议会竞争委员会议员迪蒙先生率先提出法案，要求废除现行的汽车销售制度，允许欧盟各国自由设立任意数量的销售分支机构，保护独立汽车维修店能够同制造商的特约维修站一样，得到正宗的备品、维修技术和检修设备，完全开放汽车市场。这个提案于1995年提出，在欧盟引起了强烈反响，广大消费者、汽车经销商和服务商纷纷表示拥护，但遭到德国、法国和意大利等国的汽车厂商甚至政府的反对。经过几年的争论和协商，除了区域销售制暂时不执行外（推迟到2005年后执行），其余内容已经于2002年7月获得通过，这就是迪蒙汽车销售新法案。这一法规势必将会引起欧盟各国汽车分销体系的变革，应当引起我国汽车企业的高度关注。

（3）韩国。韩国的特点是其生产厂家的自销比例高。例如，现代汽车公司就是在全国独资建立销售店和维修服务网络。价格、售后服务、销售策略均由公司统一制订，雇员为公司的正式职工，进行排它性经营。销售店一般在街面上采用展厅形式，内部有公司样车和全国联网的计算机系统，用户可以通过计算机查询各种车型的基本性能参数、各种配置、选装件、价格等信息。

二、汽车工业发达国家汽车分销的经验与借鉴

以上各主要汽车生产国家，汽车产品的分销渠道具有以下共性特点：

1. 汽车销售体系以生产厂家的需要为中心

无论是对销分渠道类型的决策，还是对中间商的选择利用，均以汽车生产厂家的营销需要为中心。分销商、代理商和零售商的功能及经营活动，都置于生产企业的指导、监督和管理之中，为维护生产企业的声誉和扩大销售规模而工作。

2. 渠道短而宽，呈现“扁平型”特征

分销渠道通常包括三种类型，即直接渠道（厂家自销）、一层渠道（零售商）、二层渠道（地区分销商、零售商），所以其渠道一般不超过两个环节，由生产企业到独立分销商为一个环节，由分销商到零售商为第二个环节。一级网点数量较少，二级网点数量较多，整个渠道呈现出非常明显的“短而宽”特征，呈现“扁平型”结构。

3. 广泛采用区域代理和品牌代理形式，实行市场责任区域分工制

汽车生产企业把全国划分为若干个市场区域，每一个大区选择一个分销商或者生产厂家建立区域分销机构。各大区又被进一步划分为若干市场小区，每个小区设有一个零售商（或代理商），实行区域代理。多数零售商只服务于一个汽车厂家甚至只服务于一个产品品牌。通过这样的市场区域责任制，明确了各层次经销商的责任区域范围，保障了经销商的适度经营规模。

另一方面，汽车企业及其他地区分销商一般不直接面向普通用户从事零售业务，零售业务由零售商或代理商完成。即一级网点负责批发业务，二级网点负责零售业务。为了更好地

服务于广大经销商，生产厂家通常在各个市场地区设立地区协调机构。这种分工严密的机制可以维护各级经销商的利益和长期的合作关系。

4. 零售商销售实行多功能一体化

以满足用户需要为工作的前提，最大程度地方便用户。面向用户的零售商（主要是区域代理、品牌代理）大多数都具有新车销售、旧车回收、配件供应、检修服务、信息反馈等功能，简称为5S功能。

5. 金融机构积极参与汽车营销

金融机构积极参与代理制的业务，为客户提供购车贷款，或者协助销售商开展分期付款等业务。

6. 分销渠道既相对稳定，又不断发展

各国的汽车分销渠道都经历了一个较长时期的发展过程，生产企业与流通企业之间相互适应，逐渐建立了比较稳定的合作关系。但是，随着汽车工业发展程度、市场需求状况等因素的变化，他们的汽车销售体系也在不断变化。如过去的零售店均为排它性的专卖店，但是从20世纪80年代开始，一些国家出现了较多的兼营店，可以同时经营不同厂家的非竞争性产品（如高级轿车同低档轿车之间几乎没有市场竞争），使经销店上规模、上档次。

汽车工业发达国家的以上经验，对我国汽车企业发展和完善自己的分销渠道体系，无疑具有重要的借鉴意义。例如，我国同美国一样，都是幅员广阔、人口众多的大国，我国汽车工业发展及汽车市场发育也具有美国曾经有过的一些特点。就汽车分销渠道的发展看，我国从1984年以后，计划经济逐渐削弱，汽车工业处于振兴阶段，大部分汽车生产厂家规模较小，汽车市场处于卖方市场，汽车销售通过多种流通渠道进行，相当于美国汽车销售渠道的生成期阶段。20世纪90年代中期以后，我国汽车市场由卖方市场转为买方市场，大批量生产体制开始逐步确立，汽车产品销售渠道出现巨大变革，大约相当于美国汽车销售渠道的形成期（以生产厂家为主导的专营代理销售渠道）。又例如，欧洲国家长期实行的是区域专卖制度，虽然最近遭到一些非议，但是这种制度对于治理和规范我国汽车流通领域的混乱状况，也是有巨大借鉴价值的。但同时也不能简单地把我们的混乱状况理解为正好与迪蒙汽车销售新法案的精神一致。此外，日本和韩国的厂家对销售渠道保持了强大的控制力，为厂家的汽车生产提供了有力保障，其汽车工业之所以在两国加入关贸总协定（世贸组织的前身）后，不仅没有遭受欧美强国的冲击，反而发展成绩卓著，这与两国的汽车厂家对销售渠道的牢牢控制不无关系。

三、我国汽车分销的发展展望

1. 我国汽车销售的发展环境展望

1）加入WTO，中国汽车工业已经面临即将到来的与国际汽车强国的全面竞争。随着2005年的到来，我国汽车市场全面对外开放的日子越来越临近，国外知名的汽车厂商必将凭借其雄厚的实力和成熟的市场经验大举进攻国内市场，其投资的重心将由目前的制造领域向服务领域延伸。

2）高新技术特别是信息技术（IT产业）的飞速发展，将为汽车销售方式的不断创新提出挑战。以计算机、通信和网络为代表的IT产业的蓬勃发展，一方面使我们能够对传统的生产管理形式和制造技术进行不断创新；另一方面数字化革命将会大大改变传统的汽车营销方式。例如电子商务、网络营销等手段的广泛运用，将导致汽车厂商、销售商、消费者的角色与地位分化重组，品牌推广和新品推介的任务将主要由厂商承担，销售商将更趋于扮演物流渠道的角色。

3）私人消费购车将成为拉动市场增长的主力军，汽车销售体系将以满足私人轿车消费需要为价值取向。伴随着中国经济近年的高速增长，人民的收入和消费水平也大大提高。在许多地区，消费热点已由千元级、万元级的商品转向数万元级的商品，家用汽车的大发展将是大势所趋，国家“十五”计划也明确提出将汽车列为前列消费商品。

2. 我国汽车分销的发展展望

进入21世纪，我国汽车企业将会在目前已有的基础上，进一步借鉴国际通行模式建设自己的汽车销售体系。例如广泛采用代理制、特许经营、品牌专营等新兴业态形式，汽车分销渠道的职能根据需要重新设计，除传统的“四位一体”功能外，还可能会增加诸如旧车交易、汽车租赁、汽车俱乐部等职能。同时，为适应国际市场营销的需求，汽车销售将会向出口转运、分销、零售、售后服务等全程服务的新型职能转变。

另一方面，随着国际互联网、电子商务等技术的发展和数字化时代的到来，汽车营销方式必将出现重大变革。企业营销中的信息、物流、商流和资金流将会因为EDI、网上浏览、网上支付等技术的运用而大大提高效率。传统的汽车销售由于电子商务业务的发展，将导致经销商逐渐向服务商角色的转变，主要承担售后服务、商品配送和储运等业务。

案例分析

案例5-1　日本丰田汽车公司的销售渠道策略

日本丰田汽车公司建立了完善的销售渠道结构。为保证销售渠道的灵活性，丰田汽车公司还采取了以下营销策略。

1. 完善分销结构

日本丰田汽车公司有5种轿车品牌，相互间有一定的价格和产品形象差异。通过重组经销商后，确定了300个经销商。经销商数量的减少，易于丰田公司对其控制和支持，加强了丰田公司和经销商之间的关系。为更广泛地接近顾客群，设置了5600个经销点。由于经销点数量多、易于调整，保证了丰田公司分销系统的灵活性。

2. 建立外向式车型经销点

近期，丰田公司针对妇女和青年购车人数猛增的趋势，将现有经销点的五分之一转为面向妇女和青年人的外向式车型经销点，即位于市中心位置的色彩明亮的大型展示厅，用于展示更多的外向式车型。到2000年完成1050个外向式车型经销点的建设。

3. 建立100家汽车城

丰田公司计划在日本建立100家汽车城，由各经销商租用其中一块地方，只展示丰田的各种车型，为顾客提供一整套服务和选择。

4. 确定运作标准

丰田公司已确定了其经销商在网络中的有效运作标准，如：良好的人力资源管理，要求雇佣和保持优秀的销售人员，并建立良好的激励机制；良好的基础设施，要求建立一个合成一体的电脑系统管理的库存，并创建一个网站，要求拥有一支服务运输车队；建立自己的品牌，要求在电视、报纸和杂志上做广告，使其品牌在汽车购买者中享有广泛的知名度；要求善于处理经销商与整车制造商和顾客之间的关系，建立顾客个人化的数据库。

5. 将行政管理职能集中化

丰田公司计划将经销商的行政管理内容（如财务管理、库存控制、营销、销售预测等职能），从经销商日常业务中分出，使经销商有足够的时间完成其真正的使命：服务顾客。

6. 建立现代IT系统

丰田公司在经销商之间建立一个标准化和一体化的现代IT系统，针对销售管理人员提供综合化信息和分析，对经销商提供管理功能支持，对顾客提供服务支持，并开展网上广告和营销。

案例5-2　美国通用汽车公司物流管理

美国通用汽车公司在美国的14个州中，大约有400个供应商负责把各自的产品发到30个装配工厂进行组装。由于载货汽车满载率很低，使得库存和配送成本急剧上升。为了降低成本，改进内部物流管理，提高信息处理能力，通用汽车公司委托Penske专业物流公司为它提供第三方物流服务。

调查了解半成品的配送路线之后，Penske公司建议通用汽车公司在Cleveland使用一家有战略意义的配送中心。配送中心负责接受、处理、组配半成品，由Penske派员工管理。同时，Penske也提供60辆载货汽车和72辆拖车，除此之外，还通过EOI系统帮助通用汽车公司调度供应商的运输车辆，以便实现JIT送货。为此，Penske设计了一套最优送货路线，增加供应商的送货频率，减少库存水平，改进外部物流活动，运用全球卫星定位技术，使供应商随时了解行驶中的送货车辆的方位。

与此同时，Penske通过在配送中心组配半成品后，对装配工厂实施共同配送的方式，既降低了载货汽车空载率，也减少了通用汽车公司的运输车辆，只保留了一些对Penske所提供的车队有必要补充作用的车辆，这样也减少了通用汽车公司的运输单据处理费用。

另外，美国通用汽车公司选择目前国际上最大的第三方物流公司Ryder负责其土星和凯迪拉克两个事业部的全部物流业务，选择Allied Holdings负责北美陆上车手运输任务，选择APL公司、WWL公司负责产品的洲际运输。

复习思考题

1. 什么叫产品分销渠道？有哪几种模式？各有何特点？
2. 中间商有几种类型？各有何特点和作用？
3. 影响分销渠道选择的因素有哪些？
4. 什么叫物流？进行物流管理有何意义？
5. 汽车企业物流包含哪些内容？
6. 销售物流的具体业务管理包含哪些内容？

第六章　汽车产品的促销

【学习目的】 通过学习，了解汽车产品促销的基本概念、汽车营销人员的促销技术和营销推广的方式、汽车营销广告的运用、公共关系营销的原则，理解并掌握汽车市场营销的促销方式和手段。

第一节　概　述

企业的产品促销能力是企业市场营销能力的重要组成部分。它关系到企业产品的市场形象，进而影响企业的生存与发展，尤其在市场竞争日趋激烈和市场疲软之时，促销手段是否得力，对企业长期稳定地发展和渡过难关有着重要意义。产品的促销活动实质上是一个与顾客沟通的过程，是将有关企业和产品的信息传递给目标市场上的消费者，以达到扩大产品销售的目的。

一、促销的概念

促销是指企业通过一定的方式，将企业的产品信息及购买途径传递给目标用户，协助或促进消费者认识、了解企业所提供的商品或服务，从而激发用户的购买兴趣，强化购买欲望，甚至创造需求，促进企业产品销售的一系列活动。促销的实质是传播与沟通信息，其目的是要促进销售、提高企业的市场占有率及增加企业的收益。

现代市场营销的基本促销方式分为：广告、人员推销、营业推广和公共关系。这4种方式的运用搭配称为促销组合。促销组合策略就是对这4种促销方式组合搭配和如何运用的决策。

对汽车市场营销而言，促销手段还应包括一种重要的促销方式，即销售技术服务，其核心是质量保修，是营业推广促销手段在汽车等高档耐用商品促销的发展和延伸。可以说，在现代的汽车市场上，没有销售技术服务，尤其是没有售后服务，企业就没有市场，服务不能满足用户要求，企业也将失去市场。所以，汽车产品的促销组合即是以上4种方式和销售技术服务的组合与搭配。

在现代社会中，促销活动的作用主要表现在：

（1）传递信息　企业只有将产品信息传递给目标顾客，或从消费者处搜集顾客需求信息，才能研究、引导消费者需求。通过促销宣传，刺激消费者购买欲望，可以使用户知道企业生产经营什么产品，有什么特点，到什么地方购买，购买的条件是什么等。从而引起顾客注意，激发并强化购买欲望，寻求需求与供给的最佳结合点，促进产品的销售，不断扩大市场占有率。

（2）突出产品特点，强化企业的形象　现代汽车市场的汽车产品十分丰富，型号和种类不断增加，在同一个汽车产品的目标顾客群中都有众多的厂商在竞争。促销活动通过宣传企业的产品特点，提高产品和企业的知名度，宣传其消费的价值和可以给用户带来的独特利益，树立良好的企业形象和商品形象，能使顾客对企业及其产品产生好感，从而培养和提高用户的忠诚度，形成稳定的用户群，不断巩固和扩大市场占有率。

(3) 促进产品需求，提高竞争能力　这种作用尤其对企业新产品推向市场，效果更为明显一些。企业通过促销活动诱导需求，有利于新产品打入市场和建立声誉，开发潜在的市场需求，进一步扩大产品在市场中的地位，为企业发展创造有利条件。

二、汽车产品基本促销方式

汽车产品常见的促销方式有：

(1) 人员推销（又称人员促销）　企业通过派出推销人员与目标客户交谈、介绍和宣传产品，以扩大产品的销售的一系列活动。这种方法灵活，针对性强，及时促成交易，但对人员素质要求高。

(2) 广告　广告就是广而告之的意思。它是通过报纸、杂志、广播、电视、广告牌等广告传播媒体形式向目标顾客传递信息。其特点是可以更为广泛（如推销员到达不了的地方）地宣传企业及其商品，传递信息面广，媒体形式多样，容易引起大众注意。但说服力小，不能直接成交。

(3) 营业推广　营业推广是由一系列短期诱导性、强力刺激的劝购行为，包括赠送免费样品、赠券、奖券、展览、陈列、折扣、津贴等。其刺激性很强，吸引力很大。一般只作为人员推销和广告的补充方式，是一些短期性、临时性的能使顾客迅速产生购买行为的措施。

(4) 公共关系　为了促进公众对企业的理解与支持，树立良好的企业形象，构建和谐的企业与社会关系，从而促进产品销售所开展的一系列活动即属于公共关系。企业运用公共关系的目的不仅在于促销，还具有为企业的生产经营创造更为和谐的营销环境等目的。

(5) 销售技术服务　汽车产品的营销特点：①汽车产品价值高，又是上万个零件组成的复杂机器，不同的汽车产品具有不同的结构形式，也具有不同的产品性能。②不同品种的汽车有着不同的使用条件，不同的使用条件对汽车的合理使用有着十分明显的影响。③汽车在使用过程中需要经常性的维护与调整，维修时又常常需要专用设备，这些工作的专业性很强，而一般用户缺乏汽车的结构知识、使用知识、维修检测技能及相关条件，汽车使用过程中的检修、维护、保养一般必须由专业人员和专门机构进行。④买卖交割手续复杂（如办牌照等）等。因而企业在销售汽车产品时，向用户介绍本企业产品特征、提供有关技术说明、培训用户掌握合理使用知识，提供销售过程中的一条龙服务以及为质量保修提供配件和维修服务等，对促进汽车销售影响很大。这些售前、售中和售后服务工作统称为销售技术服务。其主要特点是专业性强，是用户购车考虑的首要因素之一。所以，优质的销售技术服务对促进销售、增强企业竞争能力，效果十分明显。

三、促销组合

企业开展促销活动时，可以采用一种促销方式，也可以同时采用几种促销方式组合。企业在作这些决策时，除了要考虑各种方式的特点与效果外，还要考虑以下因素：

(1) 产品的种类和市场类型　产品种类不同，消费者的行为往往存在很大差异。例如：重型汽车因使用上的相对集中，市场也比较集中，因而人员推销对促进重型汽车的销售，效果较好；而轻型汽车、微型汽车由于市场分散，广告对促进这类汽车销售的效果就更好。总之，市场比较集中时人员推销的效果最好，营业推广和广告效果次之；反之，市场需求分散时广告的效果较好，营业推广和人员推销则次之。

（2）促销的费用　一个企业能够用于促销的费用也影响促销组合的选择。企业在选择促销组合时，首先要进行促销预算，即综合考虑促销目标、产品特征、企业财力及市场竞争状况等因素；其次要对各种促销方式进行比较，以尽可能低的费用取得尽可能好的促销效果；最后要考虑促销费用的分摊。例如，有些企业采用生产企业做广告，中间商进行人员推销的营销模式，企业统一最低限价和销售回扣的方式来确定促销费用。

（3）产品生命周期的阶段　企业要根据产品生命周期不同阶段的特点，选择不同的促销形式组合。当产品处于导入期时，需要进行广泛的宣传，以提高知名度，配以人员推销，营业推广也有相当作用。当产品处于成长期时，广告和公共关系仍需加强，营业推广则可相对减少。由于利益驱动，这一时期将有更多的竞争者进入，促销的重点要放在宣传企业产品品牌，以强化产品市场优势，提高市场占有率。产品进入成熟期时，市场竞争日益激烈，但市场格局趋于稳定，此时大多数用户已经了解了产品。促销活动应加强产品特点及优势宣传，突出企业形象，显示产品附加利益，应增加营业推广，削弱广告，大力进行人员推销，以便与竞争对手争夺客户。产品进入衰退期时，某些营业推广措施仍可适当保持，广告可以停止，以节约开支。

第二节　人员推销

人员推销是一种起源最早的促销方式，也是现代市场营销中一种重要的促销方式。它是指企业的推销人员直接向目标市场的消费者推销商品或劳务，以达到促销目的的一系列活动。

一、人员推销概述

1. 人员推销的形式

汽车产品人员推销主要有两种形式：一是上门推销，二是会议推销。上门推销的好处是推销员可以根据各个用户的具体兴趣特点，有针对性地介绍有关情况，并容易立即成交。而会议推销具有群体推销、接触面广、推销集中、成交额大等特点，而且企业可在会内会外“开小会”，同与会客户充分接触。只要有客户带头订货，形成订货气氛，就容易实现大批量交易。我国汽车公司经常采用会议方式促销。

2. 人员推销的任务

在现代营销活动中，人员推销不仅仅是出售现有的商品，还要配合企业的整体营销活动来适应、满足和引导顾客需要。因此，推销人员的具体任务在不同的情况下是不同的。推销人员的任务可分为3类：订单处理、创造销售和专使销售。

（1）订单处理　订单处理是推销人员和电话营销人员都需要完成的任务。它可以分为批发商和零售商两个水平的订单处理。销售人员进行订单处理时，一般是在确定顾客需求后完成订单。订单处理是销售环节最基本的工作之一。

（2）创造销售　创造销售常常通过增加新顾客和引进新产品和服务来创造新业务。新产品常需要高水平的创造性销售。在销售人员的3个任务中，它是最重要的。创造销售可出现在电话营销、店堂销售和外勤推销中。

（3）专使销售　专使销售是指非直接销售。例如汽车经销商的销售人员试图说服出租汽车公司管理机构，选用本公司的产品。然而，公司的实际销售人员最终通过批发商或直接将产品卖给出租汽车公司营运商或司机。在专使销售中，技术支持越来越重要。小组销售中经常包括技术支持人员，他们的任务是帮助顾客设计、安装、维护设备和培训。

1999 年，通用汽车公司曾经以供研究和开发之名，向中国科学院无偿赠送了一辆雪佛莱电动皮卡。这辆经过质量认证并取得正式牌照的“零排放”汽车，将成为我国第一辆能够在北京自由行驶的电动汽车。通用赠车给科学院，其公开的动机显然是非常高尚的，但是，供研究和开发之用的汽车，却没有放置在研究机构，而是行驶在大街之上，这无论如何也不能排除促销的动机。产品促销讲究“威信效应”，对一个尚待开发的目标市场，其所选用户的威信如何，对占据市场的速度和程度都有重要影响。显然，通用公司所选择的“推销目标”是最具“威信效应”的对象；而且，他们所选择的“卖点”，也是最具吸引力的特点。

3. 人员推销的步骤

“公式化推销”理论将推销过程分成 6 个不同的阶段，如图 6-1 所示。

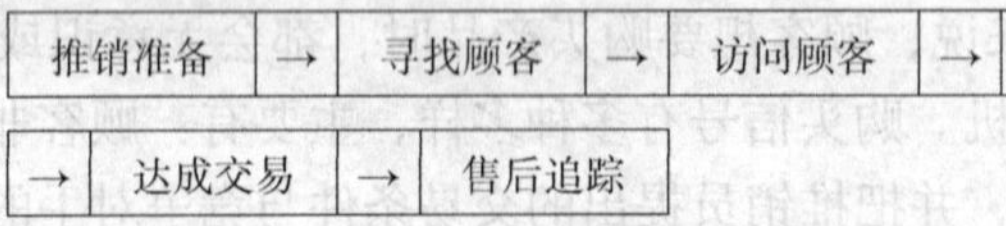

图 6-1　公式化推销的 6 个阶段

（1）推销准备　推销准备是人员推销的一个重要阶段。一般来说推销准备主要包括 3 个方面：一是推销员自身的准备；二是了解所推销的产品；三是了解市场相关信息。

1）推销员自身的准备。推销员自身的准备是一个长期的过程，并不是推销员要上门推销前一两天的事，因为个人的气质和修养需要一个漫长的积累过程。因此，要想成为一个成功的推销员，在日常商业中，需要有意识地去锻炼自己。推销员自身的准备主要包括树立自信心，创造个人的人格魅力，注意语言美和说话的艺术等。一位推销员在推销商品之前，实际上是在自我推销。试想，一个蓬头垢面的推销员不论他所带的商品多么诱人，顾客也会说：“对不起，我现在没有购买这些东西的计划”。推销员的外形不一定要美丽迷人或英俊潇洒，但却一定要让人感觉舒服、有精神。

2）了解所推销的产品及市场相关信息。推销人员必须掌握三方面的知识：①产品知识，即关于本企业产品的特点、用途和功能等方面的信息和知识。②顾客知识，即包括潜在顾客的个人情况、具体顾客的生产、技术、资金情况、用户的需要、购买者的性格特点等。③竞争者的知识，即竞争者的能力、地位和它们的产品特点。同时还要准备好样品、说明材料、选定接近顾客的方式、访问时间、应变语言等。

（2）寻找顾客　利用搜集到的各种市场信息，从细分的目标市场中确定目标顾客。

（3）访问顾客　访问顾客主要包括拟定访问计划，约见顾客，介绍产品和激发购买欲望等。这是人员推销中，非常重要的阶段，推销员在做好各种推销前的准备后，要根据访问计划有针对性的约见自己的顾客，介绍产品时最好能现场演示，注意向顾客推销产品的有益之处来激起顾客的购买欲望。要注意倾听对方发言，判断顾客的真实意图。

（4）处理议异　异议就是准许顾客对推销提出不明白、不同意或反对的意见。推销员不仅要接受异议，更要欢迎。因为异议对推销员来说不一定都是坏事，它是你的指明灯，告诉你继续努力的方向。

处理异议的一般法则：

1）将异议分类→找出异议的原因→异议原因的由来→寻求处理异议的最佳时刻和方法→肯定没有其他异议→寻求客户认同。

2）利用“ROW”法则。Remove（排除）→Outweight（利弊分析）→Weaken（淡化短处）。

3）针对重点问题准备答案并加强练习。

4）千万不要与顾客争论，在处理顾客异议时，80%的反对意见都应该冷静处理，让顾客有一种取胜的心理感觉，一高兴就会买下你的产品。

（5）达成交易　推销是以业绩论英雄，以成败论输赢，业绩是推销员的生命线。不管你前面工作做得多好，如果不能成交生意，都不能说是赢家。达成交易主要有以下4个阶段。

1）捕捉购买信号。一般来说，顾客想要购买产品时，都会无意识或有意识地发出一些信号，推销员就要善于把握时机。购买信号有多种多样，主要有：顾客非常认真地听取你介绍交易条件和有关的商品细节，并把推销员提出的交易条件与竞争对手的条件相比较；以种种理由要求降低价格；主动将推销员介绍给本单位的负责人或其他主管人员；对目前正在使用的其他厂家的产品不满；要求推销员详细介绍产品的售后服务事项；对推销员的接待态度明显好转。

顾客无意识地向推销员发出了这么多的信号，推销员应及时判断，抓住顾客，当然，这种判断需要长期的经验结果。

2）建议成交。找到合适的时机时，便要立即提出建议，建议的最终目的是令顾客自动说出要买你的商品。建议成交时语言表达的艺术非常重要，这没有固定的模式，靠推销员在实践中慢慢摸索并不断地总结经验。

3）签订合同。建议成交后，就要签订具体的协议。在这个阶段应该注意：由于做成了一笔新的交易，必然会引起推销员心情上的兴奋，这时最好加以掩饰。如果非常兴奋，顾客就会怀疑商品是不是有什么缺点，或自己在这次交易中是否让推销员赚得太多。如果这样，下次生意是做不成了，甚至还有可能牵连本次交易。

4）留住人情。生意做成了，要建立客户档案资料，老顾客是最好的顾客，忠诚的老客户是一棵摇钱树，以后要定期拜访，了解顾客在使用过程中有什么意见，做好售后服务，与客户建立良好的关系。

（6）售后追踪　销售人员要注重对汽车产品售后使用情况的定期回访，提供技术支持与零配件的供应，提高顾客对产品的满意度，扩大产品品牌的美誉度。要认真执行订单中所保证的条件，例如交货期、售后服务、安装服务等内容。

4. 人员推销的特点

人员推销具有广告和宣传等促销方式所无法比拟的优势。主要包括：

（1）双向传递信息。在人员推销的过程中，推销员可以向客户宣传介绍产品的质量、性能、售后服务以及拥有后的好处和愉快心情等，起到促销的作用。推销员还可以倾听客户的意见和要求，了解客户的态度和疑虑，收集和反馈企业在营销工作中存在的问题，为企业改进营销管理提供依据。

(2) 具有较大的灵活性。销售人员在访问的过程中可亲眼观察到顾客的反应，并揣摩顾客心理变化的过程，因而能酌情改变推销陈述和销售方法，以适宜各个顾客的需要，促进最终交易的达成。

(3) 与广告相比，其针对性强，无效劳动少。广告所面对的大众十分广泛，其中有些根本不可能成为企业的顾客。而销售人员总是带有一定的倾向性，目标较明确，往往可直达顾客。

(4) 人员推销在大多数情况下能实现潜在交换，达成实际交易（只要顾客确实存在对商品的需求）。

(5) 人员推销经常用于竞争激烈的情况，也适用于推销价格昂贵和性能复杂的商品。对专业性很强的复杂商品，仅仅靠一般的广告宣传是无法促使潜在顾客购买的，而训练有素的销售员为顾客展示产品，并解答其难题，往往能成交。

当然，人员推销也有一些缺点，主要是成本费用较高。企业决定使用人员推销时必须权衡利弊，综合决策。

二、人员推销的有效技术

推销人员在推销过程中，必须掌握一些基本的推销方法。

(1) 试探性方法　如推销员对顾客还不甚了解，可以使用事先设计好的能引起客户兴趣、刺激客户购买欲望的推销语言，投石问路，进行试探，然后根据其反应再采取推销措施。面对较陌生的客户，推销要重点宣传产品的功能、风格、声望、感情价值和拥有后的惬意等。

(2) 针对性方法　如果推销人员对客户需求特点比较了解，也可以事先设计好针对性较强、投其所好的推销语言和措施，有的放矢地宣传、展示和介绍产品，使客户感到推销员的确是自己的好参谋，真心地为自己服务，进而产生强烈的信任感，最终愉快地成交。

(3) 诱导性方法　推销员要能唤起客户的潜在需求，要先设计出鼓动性、诱惑性强的购货建议（但不是欺骗），诱发客户产生某方面的需求，并激起客户迫切要求实现这种需求的强烈动机，然后抓住时机向客户介绍产品的效用，说明所推销的产品正好能满足这种需求，从而诱导客户购买。如果不能立即促成交易，而能改变买者的态度并形成购买意向，为今后的推销创造条件，也是一种成功。销售人员要始终注意自己所提建议的成功性，言辞要有条理、有深度，语气要肯定，不能模棱两可，更不能有气无力，避免说服的一般化，要以具体事实作后盾。这就要求推销人员应掌握较高的推销艺术，设身处地为客户着想，恰如其分地介绍产品，真正起到诱导作用。所以一名合格的推销员应具有丰富的产品知识和管理学、社会学、心理学等方面的知识。

推销员在了解了上述推销方法后，还必须掌握一些推销技巧：

(1) 建立和谐的洽谈气氛的技巧　推销员与客户洽谈，首先应给客户一个良好的印象，懂礼貌、有修养、稳重而不呆板、活泼而不轻浮、谦逊而不自卑、直率而不鲁莽、敏捷而不冒失。在开始洽谈阶段，推销人员应巧妙地把话题转入正题，做到自然、轻松。

(2) 排除推销障碍的技巧　推销员如果不能有效地排除和克服所遇到的障碍，将会功亏一篑。因此，要掌握排除下列障碍的技巧：①排除客户异议障碍。如果发现客户欲言又止，推销员应自己少说话，直接地请客户充分发表意见，以自由问答的方式真诚地同客户交换意见和看法。对于客户一时难以纠正的偏见和成见，可以将话题转换。②排除价格障碍。

应充分介绍和展示产品特点，使客户感到“一分钱一分货”。③排除客户习惯势力障碍。实事求是地介绍客户不太熟悉的产品，并将其与他们已经习惯的产品比较，让客户乐于接受。还可以通过相关群体的影响，使客户接受新的观念。

（3）与客户会面的技巧　一是要选好会面的时间，以免吃“闭门羹”；二是可采用请熟人引荐、名片开道、同有关人员交朋友等策略，赢得客户的欢迎。

（4）抓住成交机会的技巧　推销员应善于体察客户的情绪，在给客户留下好感和信任时，应抓住机会发动进攻，争取签约成交。

一个好的推销员，除了掌握上述方法与技巧外，其推销业绩还与推销员的良好个性有关。例如口齿要伶俐，要有“三寸不烂之舌”；脑子要灵活，反应要快，善于察言观色，善解人意；性格要温和，不急不燥，善于与人相处，富有耐心，尤其在中国这个看重礼仪的国度里从事推销活动，推销员一定要做到不管市场是热是冷，都要常“走亲戚”，有生意谈生意，没有生意叙友谊，把老用户当知己，把新用户当朋友。做生意不可过于急功近利。

第三节　营 业 推 广

现代市场中，营业推广的手段花样常新，层出不穷。营业推广可加速新产品进入市场的过程，迅速刺激购买者和向购买者灌输对本企业有利的信念，有效地抵御和击败竞争者。

一、营业推广的特点

1. 营业推广的概念

营业推广又称销售促进，其目的不仅在于把握已有的顾客，同时更要刺激潜在消费者的购买欲望，发展新顾客，开发新市场。汽车营业推广的对象主要包括汽车产品的目标用户和汽车经销企业两类。对汽车产品的目标用户的营业推广，目的主要是鼓励用户试买、试用，争夺其他品牌的用户。其形式主要有服务促销、价格折扣、试乘与试驾、附带赠品、汽车俱乐部、展销、卖方信贷等。对经销商的营业推广，目的主要是鼓励多买和大量购进，并建立持久的合作关系。其主要形式有批量和现金折扣、展销、推销奖励、广告补贴、商业信用、价格保证、合作广告等。

2. 营业推广的特点

营业推广具有投资少、时间短、见效快，在实现促销目的方面，具有其他促销方式所没有的优点。

（1）营业推广是一种辅助性的促销手段，一般不单独运用，它是其他促销手段的一种补充。营业推广要考虑顾客心理、产品的特点、市场营销环境等因素，具有很强的针对性。

（2）营业推广是一种具有时效性的促销活动。由于消费者对某种营业推广方式的兴趣一般不能持续较长时间，故营业推广存在着时效性差的缺点。因此，要根据营销环境来不断变换具体的方式，做到花样不断翻新的，以不断刺激消费者的口味，促使其产生新的兴趣和需求。

（3）营业推广的刺激性很强，它向消费者提供特殊的机会，能够迅速唤起消费者的广泛注意，具有很强的吸引力和诱惑力，能立即促成购买行为，在较短的时间内收到立竿见影的效果，但促销作用不能持久。

二、汽车营业推广的主要形式

1. 对汽车最终用户的营业推广形式

（1）展销会。展销会是一种面向社会公众的汽车推广形式，一般分为国际车展、国产车展、厂家车展、商家车展、专业车展、巡回车展、实物车展、虚拟车展、临时车展和永久车展等类型。

自汽车诞生之日起，汽车展销即与之相伴。1894 年 12 月，在法国巴黎举办了“世界自行车、汽车展览会”，这次共有 9 家汽车公司参展的展销会，是世界上最早的汽车展览。通过展销可起到“以新带旧”、“以畅带滞”的作用。同时，企业在展销期间，一般给予购买者优惠，短期促销效果很明显。时至今日，举办和参加汽车展览会，受到了汽车生产商、经销商的高度重视，展销并举，以展促销，已经成为一项重要的汽车营业推广形式。

（2）订货会。订货会是一种面向重要客户的汽车推广形式。通过发函或广告，邀请那些用量较大的直接用户、中间商家参加会议，向他们发布信息，介绍产品，与他们联络感情，建立联系，并通过洽谈来达到争取订单，推广产品的目的。

订货会是促销的一种有效形式，可以由一家企业举办，也可以由多家企业联办，或者由行业及其他组织者举办。订货会的主要交易方式有：现货交易（含远期交易）、样品订购交易以及进出口交易中的易货交易、以进代出贸易、补偿贸易等。

（3）汽车租赁业务。对用户而言，开展租赁业务可使用户在资金短缺的情况下，用少部分现钱获得汽车的使用权。汽车投入使用后，用户用其经营所得利润或其他收入在几年内分期偿付租金，最终还可以以少量投资得到车辆的产权，可以使用户避免货币贬值的风险；对我国运输经营者而言，租赁业务可使用户享受加速折旧、税前还贷、租金计入成本、减少购车手续等优惠。对于汽车生产厂家来说，可以拓宽销售渠道，增加汽车的生产。对于汽车中间商而言，开办租赁业务也能够取得比进销差率更好的经济效益。用 3～5 年的时间，不断收回车款、用户延期付的利息及手续费、租赁业务利润等，而且在租赁期满后，仍然拥有产权，可按名义货价卖给用户，再获一次利润。20 世纪 90 年代欧洲汽车市场连年萧条，各汽车公司竞相推出“租借”销售法。这种方法的租借期一般为 2～3 年，公司计算出 3 个基本要素：①租借押金，一般为新车价格的 30%；②每月租借费；③租借期满时汽车的价值（以限定里程为基础计算），即“MGFV”（Minimum Guaranteed Future Value）价。每月租金按新车价格，减去押金、MGFV 价后，再加上利息计算出来。用户期满后有 3 种选择：一是付出 MGFV 价，买断这辆汽车；二是如用户认为汽车价值超过 MGFV 价，亦可卖掉，归还租借商 MGFV 价；三是归还汽车。这种销售方法，对暂时无力购买新车的用户来说，每月租借费并不高，比从银行贷款一次性买断新车合算，而汽车公司也可从中赚取更多的利润，既满足更多的喜欢新车的用户要求，又有利于促进新车的销售。

（4）分期付款与低息贷款。分期付款是用户先支付一部分购车款，余下部分则在一定时间内，分期分批支付给销售部门，并最终买断汽车产权；而低息信贷则是用户购车前先去信贷公司贷足购车款，然后再购车，用户的贷款由用户与信贷公司结算，汽车销售部门则在用户购车时一次收清全部购车款。信贷业务与汽车销售业务相互独立。至于信贷公司既可以由企业、中间商或银行分别兴办，也可以由他们联合兴办。

分期付款与低息贷款销售法在西方国家十分盛行。如克莱斯勒汽车公司每年要向数十万名顾客发放卖方贷款，用户的贷款可在两年内分 18 次偿还；福特公司不仅给予用户 400～

4000美元的价格折扣，而且给予2.9%的低息贷款；丰田公司实行“按月付款销售”；现代公司的用户购车时只需付20%～25%的车款，余下部分在十几个月至几十个月（最长可达50个月）内付清。我国目前很多汽车也在推行分期付款销售。

（5）鼓励购买“自家车”。国外汽车公司普遍对自己的职员优惠售车，他们将此种方式称为购买“自家车”，并以此唤起职工对本公司的热爱感，激发职工的责任感和荣誉感，较好地将汽车销售与企业文化建设结合起来。每年大众公司以此种方式销售的汽车近10万辆。近年来，我国部分轿车公司也在推进这种销售方式，加快轿车进入家庭的进程。

（6）价格折扣与价格保证促销。折扣销售是生产企业为了鼓励中间商或用户多买而在价格上给予的优惠，包括批量折扣、现金折扣、特种价格折扣、顾客类别折扣等。这些办法都能促成中间商或广大用户扩大进货量，并有助于促进双方建立长期友好合作关系。

这种推销法实际上是“薄利多销”策略的一种表现形式，其目的是刺激顾客的购买兴趣。卖方并不吃亏，为了留有打折的余地，厂商总是先把车价订得稍高一些，使打折后仍有利可图，同时也给用户一种“占了便宜”的印象。例如通用公司在20世纪80年代将×型紧凑轿车零售价调至比批发价高26%，雪佛兰调高20%，然后分别以削价100美元和500～700美元的折扣出售，终于打开了销售局面。克莱斯勒总裁说过，各厂家你争我斗，价格是决定性因素之一。所谓优惠促销正是价格竞争的产物。该公司在20世纪80年代中后期，给用户的折扣分别出为300～1500美元不等。该公司还曾两次举办过“谢谢您，美国”活动，给1979年以来买过该公司车的人和数百万潜在买主发放“新车优惠购买证书”，持此证者可享受更多的优惠。实践表明，这种做法确实起到了促销作用。

价格保证则是针对购买者持币待购，处于观望心理而推行的促销方法。公司对购买者发放“价格保证卡”，如果公司的产品在保证期限内出现了降价，那么用户可持卡去公司领取当时价格与购买价格的差额。这样就可以消除顾客持币待购的现象，打破销售的沉闷局面。推行此种销售方法，由于增加了即期需求，价格可能反而不会下降。这种价格保证促销方法，我国汽车公司完全可以采用，它在汽车市场滞销时有利于用户打破“买涨不买落”的心理作用。

（7）汽车知识竞赛。知识竞赛是通过竞赛方式，宣传本公司汽车产品知识的活动。2000年，上海和平汽车销售有限公司在上汽集团和天汽总公司的支持下，举办了“和平杯汽车知识大奖赛”。这次竞赛共投入百万余元，设置了包括桑塔纳轿车、夏利轿车等丰厚奖品。吸引了广大的消费者参与，并经上海东方电视台转播而家喻户晓，通过竞赛来提升上汽和天汽及其产品的知名度，以培育和拓展自己的汽车市场。

（8）以旧换新。“以旧换新”销售方法在汽车工业发达国家十分流行。这种方法是汽车公司销售网点收购用户手中的旧车（不管何种品牌），然后将公司的新车再卖给用户，两笔业务分别结算。公司将收来的旧车经整修后，再售给那些买二手车的顾客。此种销售方法能满足用户追求新异的心理，又能保证车辆的完好技术状态，有较好的经济和社会效益。

（9）组合商店。汽车属于交易频率低的商品，目标市场小，顾客光顾少。从汽车销售的角度看，这是十分不利的。但是，如果在销售大厅放置某些与汽车生活相关的交易频率高的商品，如低值易耗品、特殊选购品等，则可以“招徕”顾客，提高交易频率，产生推广效果。为此，福特公司为经销商配备了三套系列用品，这些用品都是与旅行、野营、自行车运动等相关的设备和器材。其中，第一套免费供应，第二和第三套则需花费300～500美元购买。这样，现在的汽车用户经常光顾，潜在的汽车用户也能各取所需，以场景销售潜移默化，以情景销售激发动机，这如同淅沥春雨，可以产生润物细无声的推广效果。

(10) 大赛与演示促销。汽车产品还可通过举办汽车拉力赛等将汽车大赛与演示结合起来。由于汽车大赛关注者多，通过电视媒体传播远，具有刺激强烈、印象深刻的特点。演示促销可提供现场证明，增强客户的信任感，激发购买欲望等。企业可以利用这些比赛与演示充分展示企业产品的性能、质量和企业实力，以建立和保持汽车产品和企业形象。

(11) 服务促销。利用完善的服务设施，给消费者提供周到的服务，使客户真实感受到企业的经营理念，在相互信任的基础上开展交易。主要的服务形式有：售前服务、订购服务、送货服务、售后服务、维修服务、供应零配件服务、培训服务、咨询信息服务等。以下是一些汽车公司的服务促销措施。

大众汽车公司在德国的4000多个经销店和服务站，都可随时接受顾客订车。经销商们宽敞明亮的展厅、醒目的指示牌、齐全的产品样本和价目表、布置得体的洽谈室以及考虑周到的停车场，为顾客创造了良好的购车环境。在那里，顾客不仅可以喝上可口的咖啡、热茶，而且顾客的小孩还可到展厅的游戏角去尽情玩耍。经销商给用户提供全方位的服务，服务项目包括旧车回收、二手车交易、维修服务、提供备件、附件销售、车辆租赁、代办银行贷款、代办保险、车辆废气测试、顾客紧急营救等。经销商的销售业务有现货即期和远期交易二种。对于现货购买，用户一般在二三天内即可得到汽车，而且注册牌照等手续也代为办妥，对于想购买装有各种特殊装备的顾客，经销商通过计算机订货系统查询后，向顾客提供价格、交货期等详细情况，一切购车手续在几分钟之内即可完成。用户在合同上签字后，经销商即向大众公司订货，安排生产。交货期一般为6周，客户订的车辆在生产线上被监控着，经销商随时可查看该车的生产进度。

梅塞德斯-奔驰汽车公司采取了一系列扩大服务、促进销售的措施，如成立载货汽车租车公司，长期出租载货汽车；在欧洲实行载货汽车用户协议办法，持卡者可免费在公司设在欧洲的2700个维修点维修车辆和增配零件；开设了以旧换新服务项目，建有旧车销售网和旧车销售情报中心，为顾客免费提供咨询；为出租车、救护车等专用车采购大户提供特别服务；设立奔驰机场修车和保养服务站点，顾客可利用出差、度假时间，在机场交出车辆进行保养维修。

宝马（BMW）汽车公司在世界各地的销售商都必须就BMW车的买卖、选型、运转功能、成本、保险甚至车用移动电话等特殊装备的细节问题，向用户进行内容广泛而深入的答疑和咨询服务。BMW十分重视对中间商就用户的特殊服务和全面服务进行培训。除了境内众多的培训中心外，BMW在近东、远东以及拉美都建有培训点。由于销售商直接与用户接触，BMW认为销售商是BMW的形象代表，经常对用户展开有奖调查，以发现销售商是否符合BMW的要求。BMW还设有24h巡回服务，行驶在世界各地的BMW车，一旦出现故障，只要一个电话，就近的巡回车就会赶到现场迅速排除故障。BMW还对用户报废车进行回收，建有拆卸旧车试验场，既为用户带来好处，又符合环保要求。

本田公司为了向用户提供优质服务，该公司十分注重提高经销及技术服务人员的素质，连他们的举止仪表都有具体规定。例如本田设于泰国的一个经销商，规定管理人员每两个月要到五星级宾馆进行一次接待礼仪方面的研修，定期为女职员开设美容及选择服装方面的讲座。此外，为了提醒用户，该公司在定期车检之前，通常还采取信函方式通知用户前来接受服务，并对用户的合作表示谢意。修配厂还设有娱乐设施并免费提供饮料，即使用户开来了其他公司的车，他们也一样服务周到，让用户满意而去。

对汽车最终用户的促销方式还有多种，尤其值得一提的是，汽车营销者应注重培育潜在市场和挖掘潜在需求，即创造需求，不断地为企业开辟更广阔的市场。

2. 对中间商的促销方式

上述对最终用户的促销方式，有些方式也可用于对中间商促销，如会议、展销、激励、奖励和价格保证等促销方式。总体上讲，生产企业对中间商的促销一般应围绕给予中间商长远的和现实的利益进行，具体方式可以在贸易折扣、建立牢固的合作机制、资金融通、广告补贴、商业信用等方面展开促销。

（1）生产企业可以从多个方面给予中间商贸易折扣

1）现金折扣。对经销商的购车给予低于定价的直接折扣，例如鼓励其购买一般情况下不愿买的汽车型号；鼓动其增加进货的数量；如果经销商提前付款，还可以给予一定的现金折扣等，从而刺激其销售的积极性。如果中间商提前付款，可以按原批发折扣再给予一定折扣。如按规定，中间商应在一个月内付清货款。如果中间商在10天付清款项，再给予2%的折扣；如在20天内付清款项，只能给予1%的折扣；如超过20天，则不再给予另外折扣。显然，这种促销方式有利于企业尽快收回资金。

2）数量折扣。数量折扣是对于大量购买的中间商给予的一定折扣优惠，购买量越大，折扣率愈高。数量折扣可按每次购买量计算，也可按一定时间内的累计购买量计算。在我国，通常称为“批量差价”。

3）功能折扣。这种折扣形式是企业根据中间商的不同类型、不同分销渠道所提供的不同服务，给予的不同折扣。例如，美国制造商报价“100元，折扣40%及10%”，表示给零售商折扣40%，即卖给零售商的价格为60元，给批发商再折扣10%，即54元。

有些汽车公司还根据中间商的合作程度给予不同折扣，如我国某汽车公司曾与经销商和用户建立了一种利润共享、风险均担的机制。其具体内容是：①凡在市场疲软时，保持或增加对本公司汽车订货额的经销企业，在市场畅销时，有优先保持和增加汽车资源的权利。②在市场疲软时不要求增加价格折扣的经销企业，则在市场畅销时相应增加其价格折扣。③在市场疲软时，合同外增购的汽车将享受较大的价格折扣。④对市场疲软时减少订货的经销企业，在畅销时也将减少汽车产品供应量。当然，这种机制的前提条件是经销商要对制造商的产品在未来存在畅销机会抱有预期。

（2）折让　汽车生产企业的折让有以作为经销商宣传其产品特点的补偿。广告折让用以补偿为该产品作广告宣传的经销商；陈列折让用以补偿对该产品进行特别陈列的经销商。例如：一汽大众对其产品的专营公司免费提供广告宣传资料，以成本价提供捷达工作用车，优先培训等。

（3）免费商品　对销售特定车型的汽车或销售达到一定数量的经销商，额外赠送一定数量的汽车产品，也可赠送促销资金，如现金或礼品等。

从建立稳固的合作机制方面看，企业还可以同中间商就服务、广告补贴、送货、运费、资金融通等方面达成长期协议。

汽车生产企业出资赞助经销商和促销人员的年度竞赛，对完成销售目标的中间商给予一定的奖励，刺激他们增加销量。企业根据目标市场的特点，对经销人员和经销商组织各种形式的竞赛，以刺激和鼓励经销者和推销人员努力推销本企业的产品，树立良好的企业形象。

总之，企业无论对哪种对象展开促销活动，都应根据具体情况，综合运用各种促销组合策略，并在实践中不断地创造有效的促销方式。

第四节 广 告

广告是商品经济的产物。在现代社会，广告是运用最为广泛和最为有效的促销手段，是现代企业进行市场营销的一个重要内容。

一、广告的概念与作用

广告有商业性广告和公益性广告之分。所谓商业广告，是以盈利为目的的广告为主，按照付费原则，通过公众传播媒介，对商品、劳务、观念等方面信息所采取的销售促进与信息传播活动。公益性广告是一种非商业广告，不付费，如中央电视台经常播放的精神文明广告、环境保护广告等。这里只讨论商业广告。

随着市场经济的发展，广告的作用日益增强，已成为人们生活中不可缺少的内容。广告的商业作用有 3 点：

(1) 传递信息，沟通供求 一般而言，广告的直接作用是沟通。尤其是观念广告、企业新产品广告。这就要求广告创意与众不同。即：先要引起无意受众的注意，然后调动其记忆细胞，甚至诱导受众广为传播。沟通是促销的前提，促销是沟通的目的。

(2) 刺激需求，促进销售 广告把企业的产品、商标、名称传达给顾客，同时，也能促进人们消费观念和行为的发展和变化，具有很强的示范效应和诱导作用，能刺激消费者的消费欲望，促进产品的销售。产品广告的直接销售目的非常明确，当人们购买某种商品时，就会想起广告中所提到的商品名称，无形中产生信任感。

(3) 显示实力，提高信誉 广告体现了企业的气派和风格。尤其在有影响的电视、广播、报刊、杂志上刊登广告，说明了企业的实力。我国健力宝集团做过一次实验，在 1989 年停做一年广告。当年的健力宝饮料被许多商场赶入甩卖行列，当时的市场调查表明，许多人认为健力宝不行了。1990 年公司赞助亚运会 1700 万元，当年的销售就突破 4 亿元。后来公司又向奥运冠军赠送金罐，赞助中国少年足球队赴巴西训练，等等。总之，有远见的企业家从来都是很重视广告策略的。

二、广告媒体的选择

广告的实施需要借助一定的传播媒介，作为传递信息的手段。广告媒体的经典形式有 4 类，即电视、广播、报纸和杂志。而辅助媒体有很多，例如广告牌、油印品、公共汽车、流动广告车、霓虹灯、邮寄广告、商品包装物、货架陈列，甚至年历、手册、小工艺品、人们所穿的衣服鞋帽等都是广告媒体形式。广告无孔不入，可以说广告已存在于社会的每一角落。而且，随着现代科学技术的发展，广告媒体仍在不断增多，如近年来出现的互联网网络媒体。

1. 各种广告媒体的特性

不同的广告媒体，有不同程度（时间和范围）的传达性、吸引性和适应性，因而各种广告媒体各有不同特性。

(1) 报纸 报纸是历史最长的一种大众传播媒介。报纸的优点有：①传播范围广，覆盖率高，报纸还可保存，便于随时查阅。②报纸的新闻性和可信度较高，在公众中有一定的权威性。而且，传播及时，信息量大。③报纸还拥有稳定的受众群体，可保持受众信息传递的延续性。而且，说明性强，适合复杂的广告。④制作简单，费用低。报纸的局限性也比较突出，其主要缺点是无强制接受效应，有一部分信息没有被受众阅读，时效短。另外，广告的表现能力有限（不能声像并茂或者产生直观感受），吸引力较弱。

（2）杂志　杂志作为广告媒介的优点有：①读者阶层或对象十分明确，针对性强。②杂志在读者心目中有较高的威望，说服能力强。③传播时间长，可保存。④传播的信息量较大，图文并茂，印刷精美。易于做内容较复杂的广告。局限性有：①传播的范围较小，灵活性差。②消遣性杂志不如报纸严肃，使广告的传播内容受限制。

（3）广播　广播作为广告媒介的优点有：①传播范围大，听众广泛。②传播速度快，次数多，胜于日报，传播及时。③制作简单，费用较低。局限性有：①传递的信息量有限，有声无形，只能刺激听觉。②难以把握收听率，盲目性大，选择性差。不适合作说明性广告，用于汽车广告主要适用于对中间商的宣传。

（4）电视　电视是传播广告信息最理想的媒介。优点有：①综合利用各种艺术形式，通过声音、图像、色彩、动作等视觉和听觉传递信息，表现力强。②覆盖面广，收视率高。③传播速度快，信息量大。局限性有：①费用高，制作复杂。②选择性差，针对性不强，目标不具体。电视媒体用于汽车广告，一般只能进行品牌宣传。

2. 选择汽车广告媒体时应当考虑的因素

广告媒体繁多，其功能各有千秋，怎样才能使公众接受广告者的观点，不仅要有优秀的广告设计，而且要选择合适的宣传媒体。只有这样，才能使企业以最低的成本、最佳的宣传效果向公众传达预期的广告信息，这也正是广告能否起作用的关键之一。企业在选择汽车广告媒体时应当综合考虑各种因素。

（1）企业对信息传播的要求　企业在确定宣传时，首先要考虑媒体的覆盖面、频率和影响。覆盖面广、频率高、影响大的媒体是各企业在广告宣传时的首选媒体，但是这类媒体的收费往往很高。因此，企业在做广告时，一定要量力而行，既可选择覆盖全国，影响大的宣传媒体，如中央电视台、中央各大报纸，也可以选择覆盖面较小，但产品用户比较集中的地区或专业性宣传媒体，如中国交通报、交通安全报、交通信息台等。其次，企业需要达到的广告目标很多，如信息传播的覆盖率、重复率和最低时间限度信息的可信度，以及产生的效应等。企业应从中选择最主要的目标，据以确定宣传媒体。第三，宣传成本。在选择宣传媒体时，还要考虑到宣传成本。这项成本不是企业可以投入的宣传费用，而是广告信息触及成本，即单位广告触及人数所需要的费用。这一指标对于衡量媒体宣传效果，合理选择媒体，具有一定的指导意义。

（2）目标消费者与媒体的亲近程度　对于不同的广告媒体、消费者接触的习惯不同，企业应将广告刊登在目标消费群体接触的媒体上，以提高视听率，如有关汽车的杂志、报刊、电视节目、交通广播频道等。购买跑车的消费者大多数是中青年成功人士，他们与电视、网络比较亲近，故电视、网络是宣传跑车的最有效媒体。

（3）汽车产品的特点　产品本身的性能和特点不同，其使用方法、消费对象，销售方式千差万别，这种差别决定着广告媒体的选择。如家用轿车、农用车等，由于消费对象广泛，选择电视媒体作广告效果比较好。对于技术性强，需要详细介绍的各类专用车辆、载重车辆，则选择报纸和杂志较妥。同时也应该注意到，消费者对汽车既需要形象的外观，漂亮的造型，还需要了解具体的技术参数，如最高车速、油耗、发动机功率等。因此，汽车广告多以电视、广播宣传品牌形象，以报纸、杂志介绍其技术指标，多种媒体相结合的方式来宣传，只是各种汽车在选用媒体时，各有其侧重。

（4）广告信息量的大小　包含大量技术资料的汽车广告一般要求在专业性杂志上做媒体，广告信息量少的通常用广播和报纸作媒介。一般情况下，汽车产品的针对性较强，因而比较适合在专业杂志和报纸上作广告，能直接面对特定的受众，有助于降低广告费用。

（5）广告费用　电视广告费用非常昂贵，以播出的时间长短和播放的时段来计费，而报纸广告相对便宜一些。

据调查，1999 年，对全国 340 个主要电视台和 360 份报刊的统计，轿车行业在电视和报刊两大类媒体的广告投放总计为 3.02 亿元，其中，报刊媒体的广告投放达 1.96 亿元；电视媒体的广告投放达 1.06 亿元，是报刊媒体的 54%。

（6）竞争对手的广告策略　企业在进行产品宣传，选择媒体时，要注意竞争对手的广告策略，因为竞争对手的广告策略往往具有很强的针对性和对抗性，只有充分了解竞争对手的广告策略，才能充分发挥自己的优势，克服劣势，最终取得良好的宣传效果。

三、广告策略

企业作广告，需要决策的内容很多，除上述媒体的选择处，至少还应决策以下内容：

1. 广告目标的选择

首先，应对企业营销目标、产品、定价和销售渠道策略加以综合分析，以便明确广告在整体营销组合中应完成的任务，达到的目标。其次，要对目标市场进行分析，使广告目标具体化。

2. 广告同产品生命周期的关系

产品所处生命周期不同，广告的形式和目标应有所差异。对处于导入期和成长期的产品，广告的重点应放在介绍产品知识，灌输某种观念，提高知名度和可信度上，以获得目标用户的认同，激发购买欲望。对处于成熟期的产品，重点则应放在创名牌，提高声誉上，指导目标用户的选择，说服用户，争夺市场。对处于衰退期的产品，广告要以维持用户的需要为主，企业应适当压缩广告的攻势和费用。

3. 广告定位策略

（1）广告的实体定位策略　即在广告中突出宣传产品本身的特点，主要包括功能定位、质量定位和价格定位，确立什么样的市场竞争地位，在目标用户心目中塑造何种形象，从而使广告最富有效果。例如，德国福斯的金龟车，曾有一则广告是这样写：“如果你发现我们的金龟车发生故障，被修理厂拖走，我们将送你一万美金。”充分表现了它对自己产品的品质和性能的自信。

（2）目标市场定位策略　目标市场定位使广告传播更加具有针对性。例如，中央电视台黄金播出时间是晚 7 点～晚 9 点，如果是农用机械，这种广告最好不选择夏秋两季晚 7 点～8 点播出，因为这段时间我国大部分地区的农民还在劳作。另外，进入外国市场，也要按照当地特点进行重新调整，使之符合当地的文化和传统习惯。雪铁龙公司研制的 BERLINGO 汽车，是一款“家用”车，因此，其广告画面也充满了温馨的家庭气氛（见图 6-2）；菲亚特公司推出 MAREA 产品，是一款“旅行”车，因而，其广告画面也取景旅途，给人以

图 6-2　BERLINGO 汽车广告

"一路风光"之感。

（3）心理定位策略　心理定位主要包括正向定位、逆向定位和是非定位 3 种方法。正向定位主要是正面宣传本公司产品的优异之处，逆向定位主要是唤起用户的同情与支持，是非定位则强调自己与竞争对手的不同之处，把强大的竞争对手逐出竞争领域。

图 6-3　奔驰公司汽车广告

奔驰公司有一则汽车广告以黑色为背景，对象则是三辆停放在地毯上的敞篷轿车（见图 6-3）；其广告用语为："生活就是一个沙滩——太阳照在背上，微风吹在脸上，世界以你的速度运转，优美的外形，多彩的风格，明信片一样的天空，没有什么比与一辆奔驰敞篷轿车一起度过愉快的一天更让人舒畅的了——生活，OK"。这里用诗的语言描绘了奔驰敞篷轿车的特点，这些特点个个都使人感到"舒畅"，显然，拥有奔驰敞篷轿车可以使你感受到生活的 OK（见图 6-4）。如何宣传微型车，这是一个难题。突出其小，当然不成优势；突出价廉，有点"狗眼看人低"的味道。三菱公司在宣传排量只有 500ml、车身只有 2.5m 的微型轿车 MAUS 时，突出的却是"浪漫"（见图 6-5）。火红的 MAUS 停在街角，一位携着画板和钓杆的少女，正躲在屋檐底下喜笑颜开地打着电话。显然，那看不见的对方，非她的情人莫属。以"浪漫"定位，无疑是微型轿车的最佳"卖点"。

图 6-4　奔驰敞篷轿车广告

4. 广告创意与设计

确立了广告的媒体之后，还必须根据不同媒体的特点，设计创作广告的内容与形式。

（1）广告形式的设计　广告形式是广告的外延，也可以称之为广告定义，即广告概念确定的产品形象，用最具吸引力的广告用语或广告画面表现出来。一般来说，广告形式应当具有便于传播、便于记忆、简洁生动、诱发联想的特点。这就是说，广告形式的设计，不但要符合传播学和心理学的基本规律，特别是注意、记忆、思维、想象等方面的心理规律，而且要造成认知冲突，以“戏剧化”的形式表现出来。美国著名广告大师里奥·贝纳（Leo Burdett）认为：“每种产品存在与生俱来之戏剧性”。台湾学者编著的《广告心理学》甚至认为：只有产品的戏剧性才是“使厂商生产它，顾客购买它的本质。”

图 6-5　微型轿车 MAUS 广告

20 世纪 50 年代，一家汽车企业管理曾经发布广告说，要为新开发的汽车征集含有 25 个字母的广告。入选作者，将终生享受每月 500 美元的工资报酬。广告播出之后，人人跃跃欲试、个个搜肠刮肚，应征稿件也如片片飞雪、群群飞鸿。不但大大提高了企业的知名度，而且大大提高了汽车的销售额。说是征集广告，其实是发布广告。但是，由于广告形式的戏剧化，公众对广告的认知选择和情感投入都大大提高。这些，都是激发消费者购买动机的重要因素。

（2）广告用语的设计　广告用语的设计当然要遵循广告设计的一般规律，但是，就其特殊性而言，简洁生动和诱发联想则是最为重要的。

简洁生动是抽象化和戏剧化的结合。所谓抽象化，是指将企业或者产品最具特色的属性抽取出来；所谓戏剧化，则是指将抽象所得，用最容易认知选择和最容易诱发联想的语言表现出来。“车到山前必有路，有路必有丰田车”，是世界上最为著名的汽车广告。其中，“车到山前必有路”，是从妇孺皆知的“虎到山前必有路”改造而来。心理学研究发现，与绝对新异性相比，相对新异性，即熟悉的事物出现了新的特点，往往更能引起人的注意。显然，所谓“车到山前必有路”，如同“哈罗”一样，不过是为了认知唤醒而已。至于“有路必有丰田车”，则是广告的主题，意在告诉我们，“丰田”汽车是风行世界的汽车。

所谓诱发联想，以及后边的“想象空间”，都是指通过意犹未尽的精心设计，为公众铺设一条必须通过的思维通道，并得到一种必然性的理想结果。显然，在所有设计原则中，诱发美好联想和设置想象空间是最为重要的原则。因为非它们不足以揭示广告的主题，非它们不足以体现广告的价值。在我国，东风公司的广告，“伯乐知俊马，慧眼识东风”，可以与丰田公司的广告相媲美。“伯乐相马”人人皆知，“马者车也”。被伯乐相中的俊马，理所当然的是匹好马。更何况那伯乐还有一双明亮的慧眼呢。受此恭维，当然要驾驭“东风”。除简洁生动、诱发联想之外，广告用语以押韵为佳。因为广告毕竟不是产品说明，也不是报告文学，用诗歌般的语言表达出来，可以提高广告的感染力。“买长安、中大奖，天天有人去香港”，是长安汽车公司为“长安之春”设计的促销广告。吟之可诵、歌之能唱，虽然以奖诱人，却无庸俗之感，当属广告精品。

（3）广告画面的设计　广告画面的设计同样要遵循广告设计的一般规律，但是，就其特殊性而言，不但要重视构图和色彩的广告性，而且要突出理论视点和设置想象空间。

广告需要艺术，但是，广告却不同于艺术。艺术强调欣赏，陶冶人的性情；广告讲究激发，唤起人的欲望。就其画面构图而言，可以是“全面”的表现，让你上上下下、里里外外地看个够；也可以“重点”的突现，通过对象与背景的对比关系，将某方面的特点突现出来；当然，也可以“点面结合”，既表现汽车的整体风貌，也突出汽车的个别特点。但是，全面表现也好、重点突出也罢，都必须将“注意焦点”与“广告主题”结合起来。感官指向汽车，注意集中车上见图 6-6。只有这样，才能将广告与艺术区别开来，使艺术成为广告的手段。通过广告构图，来表现“广告中心”的主题——“众望所归”，三菱新型轿车亮相街头，前后左右、天上地下，众目睽睽、人流如堵。见图 6-7。通用汽车公司的“广告中心”则是“目不斜视”（图 6-8）。一个男人向女人搭讪，而那女人却只是盯着他的汽车，目不斜视。显然，那汽车比异性更有魅力。

图 6-6　广告画面设计一

图 6-7　广告画面设计二

广告可以通过故事情节来表现，如电视剧和故事片等。但是，考虑到成本、媒介和受众的因素，应用最广泛的还是广告图片。遗憾的是，受空间所限，图片往往难以提供更多的信息。在此情况下，高明的图片设计者，总是借助创造想象，突破广告画面的局限，向观众提供尽可能多的信息。这种做法，我们称之为“设置想象空间”。如，一个为敞篷车设计的广告里面，一辆敞篷汽车停在路边，一个风风火火的少女从咖啡馆里走了出来，显然，她是在

图 6-8　广告画面设计三

驾车旅游；在大众汽车公司为第四代新款高尔夫轿车设计的广告图片里，一个小伙子开着他的高尔夫去向一个少女敬献玫瑰。四目对视、含情脉脉，显然，那少女接受了小伙子的求婚。将新车与爱情编织起来，显然可以引起人无限的遐想。其实，这都是设计者故意设置的想象空间。除构图之外，色彩也是影响广告效果的重要因素。在市场营销学里有利用“太阳的余晖”之说，原意起于卖马，意思是说，晚霞映照之下，瘦马也会熠熠生晖。因此，许多著名厂家的汽车广告图片，大多以晚霞为背景。当霞光万道的时候，汽车也金碧辉煌，金黄表现华贵，嫩绿表现清新。总之，通过优美的广告画面设计来表达汽车产品的广告主题。

5. 广告时间决策

广告在不同时间宣传，会产生不同的促销效果。这一决策包括何时作广告和什么时刻作广告。前者是指企业根据其整体市场营销战略，决定自什么时候至什么时候作广告；是集中时间作广告，还是均衡时间作广告；是季节性广告，还是节假日广告等。后者则是决定究竟在哪一时刻作广告。如电视广告是在黄金时间作广告，还是在一般时间内作广告，是否与某一电视栏目相关等。

四、广告效果评价

在决定了广告的主题、内容、表达策略、表现媒体并将广告信息传递给公众之后，广告工作的全程并没有结束。因为企业的宣传目的是否达到，效果如何，影响怎样，所支出的广告费用是否物有所值等等都是未知数，因此，企业还需要对广告效果进行评价，以修正和改进广告目标和预算。广告效果评价一般有两种方法：一是传播效果评价，二是销售效果评价。

1. 传播效果评价

传播效果评价是判断公众在接受到广告信息后的心理态度。它可分为事前评估和事后测评两种方式。

（1）事前评估法　在广告播出前对广告的效果进行评估，以了解汽车广告对消费者知晓、认知和偏好的影响。其方法主要有 3 种：

1）直接评分法。组织消费者观看各种广告，然后请他们就广告的吸引力、可读性、认知力、影响力等方面做出评价，以评判此广告的优劣。

2）实验测评法。广告研究人员利用各种仪器来测量选定的消费者对于广告的心理反应情况，如心跳、血压、瞳孔的变化等现象，从而判断广告的吸引力。但这种方法无法测量受众对广告的信任情况、所持态度和意图。

3）组合测评法。请消费者观看一组广告，然后，请他们回忆所看过的广告内容，检查他们能记住的广告内容多少，以此来评价一个广告是否突出主题，广告信息是否容易记忆。从中选择出消费者最容易接受的方案。

（2）事后测评法　在广告播出后，对广告的效果进行测评，以判断广告的效果，广告研究人员通过研究公众对广告中的主题和内容的追忆，对他们曾经接触过的相关广告进行辨认，来判断广告的吸引力和效果。

常用的指标有：一般识别率，即声称听到或看到此广告但不能说明其内容的公众比率；基本识别率，即能正确辨认产品和做此广告的广告主，并能记住广告主题内容的公众比率；完全识别率，即能正确辨认产品和广告主，并能记住该广告主题内容和全部广告内容一半以上的公众比率。汽车产品在不同的生命周期阶段，对广告效果的要求不同。在导入期，要求认识产品；在成长期，要求认识品牌；在成熟期，要求了解产品特点和优势；在衰退期，则需要加强对企业品牌和产品的信任和情感。

2. 销售效果评价

真正衡量广告效果的标准是广告对企业产品销售的作用和所能带给企业的经济效益，即产品销量的增减。但由于影响促销的因素复杂，它不仅受到广告效果的影响，而且受到产品质量、价格、销售渠道、售后服务、市场竞争环境、企业形象、竞争对手的行为等方面的制约。因此，对广告的销售效果评价非常困难，常用的测评方法有2种：

（1）单位广告费用投入贡献率计算法。企业将广告前和广告后销量的增加量和广告费用相比，分析单位广告费用投入对产品销售贡献的大小，以测定广告效果。

对于连续进行广告的产品，运用统计手段将过去时段的销售和广告支出与当前时段的销售和广告支出联系起来分析，即广告后取得的销售额增量与广告费用增量进行对比的结果来测定广告效果。

单位广告费用投入贡献率＝（广告后平均销售量－广告前平均销售量）/广告费用

广告费增量贡献率＝（销售额增量/广告费增量）

（2）地区实验分析法　将做过广告的地区和未做过广告的地区的产品销售量进行比较，以此来判断广告的效果。这种方法必须保持足够的时间，以观察改变广告开支水平后的广告滞后效应。

第五节　汽车营销公共关系

在现代社会化大生产中，任何组织在其业务和营销活动中都必须与其有关的公众打交道，发生各种社会关系、物质关系、经济关系。对企业来说，在日常市场营销活动中，要和供应商、产品经销商、政府管理部门、各种公众团体打交道，还要和企业的合伙人、消费者、竞争者等打交道，因而存在错综复杂的公共关系。

一、汽车营销公共关系概述

公共关系一般是指个人、企业、政府机构或其他社会组织，为了自身目的而采取的改善与其他组织和人的关系的活动。

公共关系是现代企业经营管理的重要环节，尤其对企业领导者来说，树立正确的公共关系思想是取得经营成功的基础。公共关系首先是领导者为获得事业成功而确定的一系列思想、路线和政策；其次，作为一种管理职能，要指挥和依靠专门人员为贯彻既定的公共关系政策去进行一系列有计划的行动，其目的在于不断调整本企业与公众的关系，在公众中树立企业的良好形象，在为社会谋利益、为本企业谋利益的基础上，建立双向或多向沟通、有利于相互了解和支持的良性交往关系。

汽车营销公共关系，是公共关系理论在汽车营销领域中的具体应用。汽车营销公共关系主要由3个要素组成，即公共关系的主体、客体和公共关系实现机制。其中，汽车营销公共关系的主体是指汽车产销企业；汽车营销公共关系的客体是指与汽车生产、销售相关的企业、组织、政府机构、社会公众；公共关系的实现机制是指传播，即公共关系主体与客体之间的沟通渠道与中介。

二、汽车营销公共关系的特点

汽车营销公共关系作为汽车产销企业促销方式的一个重要组成部分，具有自己的特点。

(1) 效果的长期性。公共关系要达到的目标是树立企业良好的社会形象，创造良好的社会关系环境。企业的各种公共关系都是围绕着这一目标而进行的，但实现这一目标不可能一蹴而就，需要长期的工作。汽车营销公共关系活动所面对的公众，一般比广告公众更加广泛，所以其影响力比较深远。汽车企业只有通过各种公共关系策略的不断运用，才能树立起良好的企业形象，从而促进产品的销售，提高产品的市场份额。

(2) 对象的广泛性。汽车企业的公众对象有着自己的特点。首先，作为汽车厂家，有众多品种的原材料、零部件供应厂家和配套单位，产品用户也遍及各行各业；其次，对中外合资企业而言，还涉及各投资方、政府涉外部门和许多国外的组织和个人；第三，汽车企业一般在规模和影响方面较大，它的许多事务涉及各方面、各层次的政府部门和企事业单位；第四，同其他企业一样，汽车企业也需要新闻、法律方面的工作，需要商业、服务业等方面的配合支持，同时也有着员工、家属及各种社会关系。如果其中一种关系处理不当，都会给企业的正常经营活动带来不便，因此，企业要实现经营目标，不断地发展、壮大，就必须科学地处理好各种社会关系。

(3) 工作的主动性与经常性。企业要想达到公共关系的目的，不仅需要事后的补救措施，更重要的是事前的经常性工作和努力，以避免和防止损害企业和产品形象情况的发生，这就需要企业的公共关系工作必须具有主动性和经常性，达到引起公众的注意，加深公众的正面印象，从而实现公共关系的目标。

(4) 非直接性。公共关系的手段是有效的信息传播，而这种信息传播并不是直接介绍和推销汽车产品，而是通过积极参与各种社会活动，宣传企业的形象，联络企业与公众的感情，改善公众的态度，扩大企业和产品的知名度，从而加深社会各界对企业和产品了解和信任，达到促进销售的目的，它对汽车产品的促销作用是间接的。

三、汽车营销公关的表现方式

1. 通过新闻媒介传播企业信息

这是企业公共关系最重要的活动方式。将有价值的汽车营销信息通过新闻媒体传播，引起人们对汽车商品和售后服务的关注。通过新闻媒介向社会公众介绍企业及产品，不仅可以节约广告费用，而且由于新闻媒体的权威性和对象的广泛性，使它比单纯的产品广告的宣传效果更为有效。主要方式有：

（1）撰写新闻稿件。由企业的公关人员对企业具有新闻价值的政策，背景活动和事件撰写新闻稿件或者轻松有趣的报道，散发给有关的新闻传播媒体，并争取发表。这种由第三者发布的报道文章，对公众来说，可信度高，容易获得公众的认可，有利于提高企业的形象而且不必付费。

1998 年 8 月 28 日，浙江文艺广播电台两名记者花军辉和王彪驾驶神龙富康电喷轿车，从上海浦东出发，计划途经南京、郑州、西安、兰州、敦煌、哈密、吐鲁番和乌鲁木齐等城市，行程万里，进行“丝绸之路改革万里行”的历史性穿越。神龙公司闻讯后，立即同浙江文艺广播电台取得了联系，向该台提供了沿途服务站的详细地址、联系电话和联系人。两位记者在到达武汉后，也对神龙汽车公司的建设和发展进行了全面报道。

（2）举办记者招待会。这是搞好与新闻媒体关系的重要手段，也是借助于新闻工作者之手传播企业各类信息，争取新闻界客观报道的重要途径。

1998 年 3 月 8 日，具有世界先进水平的新捷达王轿车新闻发布会在北京国际贸易中心举行。邀请了汽车企业、汽车运动组织机构、新闻媒体参与，除 1997 年中国优秀车手南北挑战赛冠军张枫之外，还有香港凤凰卫视中文台和湖南电视台，以及香港凤凰卫视中文台著名节目主持人杨澜等，迎接新捷达王的到来，并将新捷达王作为“两会”期间的采访用车。

（3）邀请记者或其他知名人士参观企业，主动参与相关社会报道，特别是公益活动报道活动，加深他们对企业及产品印象。

1995 年，东风汽车公司为《车王》杂志社和中央电视台“车王世界”提供两辆富康轿车，进行“95 香港—北京汽车拉力赛”全程跟踪采访。行程近万里，沿途尽风流。11 月 6 日，回到北京的《中国体育》杂志社总编辑万伯翱意犹未尽，以《赞港京拉力赛》为题赋诗曰：“追风逐电舞长龙，穿云破雾雨正浓。忽报前途翻车险，又闻后队误田垅。三军勇渡长江口，九曲黄河走‘东风’。铁骑当有钢铁汉，凯旋到京论英雄。”汽车拉力论“英雄”，“英雄”当然是“东风”。据说，韩国的起亚、日本的富士和三菱都有“趴窝”的不良纪录，“惟独两辆富康傲视群雄，毫发无损。“记者全程跟踪，已经是聪明之举，再由记者赋诗礼赞，且以对比着笔，其效果非一般广告所能比拟。

（4）编写影视剧本，参与影视剧的制作。通过与影视界的合作，将企业的创业发展过程编写成影视剧本，可以提高企业的形象，加深社会公众的了解，如一汽的“解放”、江铃的“红泥河”等。

2. 散发宣传资料

宣传资料包括与企业有关的所有刊物、小册子、画片、传单、年报等。这些资料要印刷精美，图文并茂，并在适当的时机向目标顾客及有关社会团体、社会公众散发，可以吸引他们认识和了解企业，扩大企业的影响。但这种形式受宣传资料散发或影响的范围限制。

3. 借助公关广告

通过公关广告介绍，宣传企业，树立企业形象。公关广告的形式和内容可概括为 3 类：其一，致意性广告，即向公众表示节日欢庆，感谢或道歉等，这类广告在每年的公众节日里最为常见；其二，倡导性广告，即企业首先发起某种社会活动或提出某种新观念；其三，解释性广告，即企业就某方面的情况向公众介绍、宣传或解释；其四，赞助性广告，即企业通过赞助某项社会活动，以扩大企业的影响和知名度，如每年度的“丰田杯”体育比赛等；

其五，服务性广告即企业通过有计划，有组织地为用户提供服务，来引起公众对企业及其产品的兴趣和关心，如“××汽车服务月活动”等。

4. 举办各种专题活动和策划企业领导人的演讲或报告

通过这类活动的举办，扩大企业的影响和潜在客户对企业产品的认识，它包括举办各种专题讲座、产品演示会、报告会、举办各种庆祝活动等。

5. 参与社会公益活动

企业通过参与各种社会公益活动和社会福利活动能协调、改善与社会公众的关系，树立“好公民”的形象，这是一种日益流行的公关活动，如向贫困地区捐献车辆，为某项社会活动提供交通工具，资助各种社会慈善事业、教育事业和重要节日等。这类活动的效果虽然具有间断性，但它的宣传效果却很好，不仅赢得受益者的好感，而且能引起新闻界的关注，制造新闻热点。例如，丰田汽车公司为了改善美国人对日本汽车大量涌入的不满情绪，利用各种机会向美国各类消费者组织、社会福利机构捐赠，还为13个美国中学生提供在日本学习的奖学金。丰田公司的这种做法，就颇得美国民心，有助于消除美国人对日本汽车的反感，改善相互关系。

四、汽车公关促销的策略

汽车营销公共关系的形式很多，公关促销的策略自然也就五花八门。

1. 合作销售

狭义的合作销售，仅指厂家与厂家的合作；而广义的合作销售，则扩大到厂家与商家之间、商家与商家之间的合作。数量可以不等，性质也可以不同。显然，广义的合作销售，既包括跨国联销，也包括产业链联销，属于“市场共同体”的性质。在世界汽车市场上，“市场共同体”已经成为一种普遍的组织形式。但是，在我们国家，则属于新生事物。1997年3月12日，汽车流通领域首家“以商家为主体，以品牌为纽带”的合作销售组织——上海汽车湖北市场共同体正式成立。此举，既是中国汽车市场建设的里程碑，也是中国轿车市场走向成熟的标志。

（1）跨国联销。越境联销是一种超越国界的，即通过不同国家之间的企业联盟，进行促销的策略。以代理或者买办的形式越境联销，减少进入新市场的障碍，实现迅速提高市场占有率的效果。这是西方汽车公司最先使用的促销策略。

1996年，东风汽车公司就与西非的科特迪瓦共和国合资成立了“华科汽车股份有限公司”。越境联销，不但消除了销售过程中的“信用证”障碍，而且以此旗帜，吸引了肯尼亚和坦桑尼亚的诸多合作者。

（2）构筑产业链。构筑产业链是通过不同行业之间的企业联盟，进行促销的策略。

由于汽车技术与信息技术的发展，汽车产业与信息产业的联盟当然是顺理成章之事。通用公司与老牌在线、福特公司与新贵雅虎，以及德尔福与爱立信、上汽集团与北大方正的联手促销，都取得了如虎添翼的效果。但是，最具智慧的联销还是汽车行业与烟草行业的联合，使双方的产销量大大提高。1996年12月2日，“一汽红塔云南汽车制造有限公司”正式成立；1997年9月1日，神龙汽车公司南京代表处也与南京红龙集团联手，推出了“购富康车，奖奥拓车”促销活动。红旗与红塔共辉，神龙与红龙同舞，是如此的和谐。

2. 借船出海

所谓借船出海，即借助他人的销售渠道来销售自己的产品。

香港索菲纳公司董事长黄松先生，长期致力于东南亚市场的开拓工作，渠道畅通、人情练达，具有“天时、地利、人和”的优势。东风公司选择索菲纳作为自己的合作伙伴，不但实现了汽车零部件的返销法国，而且实现了富康轿车出口为零的突破。一汽集团与缅甸军队的关系较好，借水放船，很快就打开了缅甸的军车市场。新疆汽车厂在纳入东风汽车公司麾下之后，不但可以利用东风公司的装配线，而且所生产的重型汽车，还纳入了东风汽车销售公司的销售计划和技术服务体系。

3. 集中资源，重视攻关

（1）抓住消费大户　所谓消费大户，是指行业或单位汽车消费量相对较高的用户。如客运、货运、建筑、军队、公安、邮政等行业，以及属于此等行业的单位，都是汽车消费量相对较高的用户。显然，瞄准消费大户，进行重点公关，往往可以产生事半功倍的促销效果。

北京是中国最大的出租汽车市场，也是最具导向功能的市场。北京出租车的车型选择，对全国汽车出租业都有影响。显然，北京出租市场既是消费大户，也是消费榜样。为了使神龙富康驰骋京城，1999 年 7 月，神龙汽车公司邀请了北京出租汽车管理局局长李振成，以及北京建银集团公司董事长杨华等，到神龙汽车公司进行了参观考察。之后，出租汽车管理局局长不但说“印象深刻”，而且表示“将协助神龙公司搞好富康车在北京出租市场的开拓。”与此同时，建银集团副董事长冀军也表示：“建银集团将加强与神龙公司的合作，今后所有出租车更新将全部选择富康。”

东风汽车公司是我国汽车行业绝无仅有的，一次接到军车订单 20 000 辆的企业。之所以取得如此丰硕的成果，当然与汽车的质量有关。同时，也是对东风 20 年拥军不辍的奖赏。20 年来，东风公司不但免费提供军车配件超亿元，培养军地两用人才 23 000 人；而且长期坚持为部队办实事、办好事。近 10 年来，公司共为烈属、军属、老红军、老八路、复转军人、残废军人等优抚对象解决户口 4 000 多人，调整住房 500 多户，逢年过节还走访慰问。畅叙鱼水情，温暖壮士心，赢得了驻军和军属的广泛好评，并被评为“全国拥军优属先进单位”。优良的企业形象赢得了大量的军车订单。

（2）重点市场　所谓重点市场，是指汽车消费量相对较高的地区或地点。经济发达地区一般都是汽车消费量相对较高的市场。显然，针对重点市场的特点，集中优势兵力进行公关，也可以“捕捉”到更多的“大鱼”。

经济发达地区，也是汽车消费集中的地区。积极挖掘市场富矿，可以促使汽车市、汽车县、汽车乡、汽车村的诞生。1996 年，东风公司与四川新津县政府共建“东风汽车县”的签字仪式在新津隆重举行。由于新津地处成都市郊，经济繁荣、交通发达，东风汽车的市场保有量高达 80% 以上。为了立足新津、辐射西南，使“东风县”遍地开花，东风公司销售部领导承诺，在不违犯国家税法的前提下，将以更大幅度的政策倾斜、价格优惠、技术服务和无偿咨询等，吸引新津周边用户购买东风汽车。

（3）重点工程　重点工程投资多，规模大，风险低，效益好。

我国虽属农业大国，但是，长期以来，粮食的运输和流转均采用人工袋装。难装、难卸、费时、费力。为了弃旧图新、变难为易，联合国粮食计划署决定利用世界银行贷款，以就地生产、就地采购的形式，定购一批“散装动粮车”。显然，此项工程如“三峡工程”一样，是一个“市场富矿”。定购以招标的形式进行，国内 17 家汽车企业纷纷出手。东风公司闻讯，不但迅速投标，而且作为产品促销的重点目标，日夜奋战，不到一个星期就拿出了样车。散装运粮车采用全钢焊接防雨圆顶箱体结构，与东风153底盘相配，威武雄壮、安全方便终于独占鳌头，一举夺魁，首批就销售东风汽车125辆。

4. 抓住新闻轰动事件

新闻轰动事件是指事件的结果超出了人们的一般想象，并对现实的生活和人们心理产生极大震撼力的事件。它在一定的时间和空间范围内为大多数人，甚至全社会所关注。因此，利用新闻轰动事件是宣传企业形象，开展营销公关的良好时机。

20世纪80年代末，前联邦德国青年鲁斯特驾驶轻型飞机穿越国界，在众目睽睽下突降莫斯科红场，引起全世界的震动。当这一轰动全球的事件发生后，曾经训练过鲁斯特的某商业性航空俱乐部立即抓住了这个时机，广泛宣传鲁斯特的高超技术是他们培养出来的。这个公关宣传使该俱乐部争取到了更多的生源，赢得了商业利益。

与此同时，生产鲁斯特驾驶的轻型飞机制造公司也抓住这一千载难逢的轰动事件，大力进行营销攻势，广为宣传他们的飞机产品价廉物美、性能卓越。结果，此型号的飞机声誉大振，来自世界各地的订单比过去增加了几倍，从而扩大了该公司的销售市场。

5. 制造新闻事件

许多著名的企业不仅重视发现新闻，而且善于制造新闻。有目的制造出来的新闻，常常能在新闻界引起轰动，而且能引起公众的强烈反应。

在上述的“鲁斯特事件”中，俱乐部和飞机制造公司都和该轰动事件有着某方面的内在联系，所以可以借助此轰动事件来获得商业利益。然而没有内在联系的企业是否也可以借用轰动事件来获利呢？回答是肯定的。当时前苏联最高法院判处鲁斯特12年徒刑并归还飞机后，前联邦德国某商业企业立即以高价购买飞机，并且制订了用该飞机作营销宣传飞行的计划，结果使该公司名声大振。企业知名度的提高为商业活动创造了条件。

6. 利用名人效应和热点人物

所谓名人效应，就是指那些有相当知名度的人士所发挥的影响和产生的作用。这些人由于有众多的追随者和崇拜者，能对公众产生较大的影响。例如，一些企业和个人联合起来组织义演、义卖等活动。尽管这些活动是非盈利的，但是，为了扩大社会影响，提高宣传效果，主办者往往千方百计地邀请名人来参加。这些名人或是参与演出、或是发表演讲，凡此种种都会扩大社会影响，更有效地吸引公众。

热点人物，是指那些在重大新闻事件中的主角人物。由于他们为新闻舆论所报道，为公众所关注，因此，热点人物也是汽车营销公关活动重点利用对象。借助热点人物的公关活动的一般方式有3种：一是邀请热点人物参加本企业的相关营销活动，从而可以使公关活动也成为社会的热点；二是通过访问热点人物，提高企业的知名度；三是评价热点人物，加深企业在公众中的印象。

7. 追踪体育比赛

现代体育比赛是营销公关活动的理想场所之一，尤其是世界性的体育比赛，它的内涵已超越了单纯的竞技比赛而升华成为了一种人类文化的表达和共享。它所包容的观众，是其他活动项目难以比拟的。所以，体育比赛对汽车营销公关活动而言，同样是难得的机会，有远见的国际性大公司都会在此进行第二场比赛——营销竞争。

案 例 分 析

案例 6-1　中国轿车的黑马—北京现代

来自中国汽车工业协会的统计表明，2003 年中国轿车产量首次突破 200 万辆，达到 201.89 万辆，销量达到 197.16 万辆，分别增长 83% 和 75%。十大主要轿车企业年产销量达到 159.43 万辆和 158.77 万辆，分别占全国轿车产销量的 78.8% 和 80.5%。而占中国轿车市场 80% 份额的十大轿车企业排名再次重新洗牌。后起之秀北京现代汽车有限公司，刚刚投产就跻身 10 大轿车厂家之列，名列第 10，可谓一匹气势如虹的黑马，其当年的产、销量分别是 55 113 辆和 52 128 辆。

北京现代汽车有限公司是 2002 年 10 月 16 日正式成立的。11 月 18 日，北京现代·索纳塔轿车生产启动。在 2003 年 12 月 23 日，第二款贺岁车—伊兰特也全面上市。为什么北京现代在短短一年的时间里就成绩斐然呢？除了汽车本身的质量和档次的因素，全面贴切多样的促销活动起了重要作用。

涉足世界第一球　体育营销树形象

2003 年 3 月 12 日，北京现代汽车有限公司与北京国安足球俱乐部正式签署合作协议。从 2003 赛季到 2005 赛季，北京现代独家买断国安俱乐部三年的冠名权及其他形象开发权，“北京国安”正式更名为“北京现代”。在中国甲 A 联赛的赛场上，人们看到的是全新形象的“北京现代汽车足球队”。

体育，尤其是足球运动是非常好的宣传载体，各大商家都希望借体育之东风，扬自己的美名。关健是二者的结合要巧妙、贴切，有很好的共融性。首先北京现代汽车有限公司与北京国安足球俱乐部均在我国的首都北京，有着扎实的地域基础。其次足球和汽车有极佳的关联性，形象非常吻合。足球场上拼体力、拼速度、拼技术，与汽车所倡导的动力、速度、技术不谋而合。再者北京国安是中国的甲 A 劲旅，北京现代是中国的轿车新贵，北京国安年轻、积极、向上的社会形象与北京现代创新、时尚、俊朗的形象定位相匹配。北京现代“追求卓越品质，创造幸福生活”的企业精神，与国安“永远争第一”的口号也一脉相承。这种强强联合无疑会取得双赢的效果。对于北京现代而言，冠名国安足球俱乐部是市场推广的有力平台，借助足球，北京现代可以更快、更深入、更直接的将企业和产品信息传递给广大的消费者和社会公众。

同时，这次的合作也是自甲 A 联赛创立以来国安俱乐部首次出售冠名权。国安俱乐部是十几支甲 A 队伍里惟一的从未更名的俱乐部。这也是一大卖点。国安作为北京足球的一面旗帜，在国内外有一定的影响力，他们之所以迟迟没有出售自己的冠名权，可以说是因为珍视自己的品牌，所以一定要寻找到相当的高质量的合作伙伴，而现代汽车作为世界性的品牌非常值得信赖，北京现代快速发展所创造的“现代速度”，与北京国安再贴切不过了。

冠名赞助《阿依达》　文化营销扬美名

北京现代汽车有限公司主要产品“SONATA”——索纳塔的意思是奏鸣曲，这一高雅音乐的名称为北京现代与音乐文化的融合提供了天衣无缝的营销契机。北京现代赞助了北京现代之夜——世界超大型户外景观歌剧《阿依达》在首都北京演出，其盛况空前，影响极大。

《阿依达》是北京市委和市政府推出的文化精品，在知名的北京工人体育场上演，这对北京乃至全国的文化市场都是非常有意义的，有着重大的影响力。北京现代汽车有限公司的索纳塔本身就是一个浪漫而富有诗意的音乐名字，在营销方面，《阿依达》与北京现代汽车可以完美地结合在一起，共同奏响了一部美妙的交响乐章。

北京现代索纳塔为《阿依达》组委会赞助的是索纳塔 2.7V6，并成为《阿依达》的艺术家指定用车，来自欧洲的世界著名男高音克里斯蒂安·约翰逊、世界著名女高音乔基娜·冯·奔察、世界著名男低音伯纳多·佳尤蒂乘坐北京现代汽车有限公司提供的新款索纳塔 2.7V6，在北京的街道穿行。在众多媒体的关注之下，各样大大小小的演出可以说是接连不断。为什么北京现代会看上《阿依达》呢？这是因为《阿依达》是一部超大型景观歌剧，它是非常时尚的、个性化的，它在舞台设计上标新立异，在立意上推出新，在场面上气势宏大，并且作为首届北京“国际戏剧演出季”的开幕式，无疑是文艺市场最闪亮的一幕，各界媒体最为关注的一场演出。除了索纳塔这一名字作为联系的纽带之外，北京现代汽车融合了现代简约美学和古典风格，在中高级轿车中正是以时尚性与个性化的形象而崭露其风采，这与《阿依达》的演出特色相得益彰。通过此次活动，进一步强化了北京现代汽车的个性定位，《阿依达》的确是完美的一个文化载体。

景观歌剧《阿依达》的超大型定位，它的几项世界之最的创造，也将与北京现代汽车公司超速发展的大公司形象和“北京现代速度”非常吻合。北京现代汽车通过此次活动，在目标消费群中努力倡导一种新的生活方式：健康时尚、激情、催人向上。

北京现代汽车的消费人群与景观歌剧、时尚音乐的爱好者、追随者属于同一个目标市场。权威调查机构曾对全国 7 大城市喜欢歌剧、舞剧、时尚音乐等艺术的人群进行调查得出：理解、接受和热衷高雅艺术的人士高度集中于中青年成熟者、高学历、管理人员、社会精英、白领职员等阶层。这也正是北京现代汽车的潜在消费者。所以，北京现代与《阿依达》有着同样的目标客户群，借此共同点，北京现代汽车依托《阿依达》，在目标消费者群体中树立起了良好的时尚性与个性化的形象，同时使自身在消费者中得以充分的渲染和强化。北京现代汽车有限公司特别对此次 9 万景观歌剧看者进行了市场调研，在现场设调研表回收箱，并为此次市场调研活动设置了丰厚的奖品。既从自己的目标消费者获取了真实可信的第一手资料，又向消费者传递了北京现代的产品信息，加强了买卖双方的联系。

《阿依达》是时尚的，《阿依达》是“现代”的。在广告宣传上，北京现代将二者紧密联系在一起，打造出了北京现代精品版的《阿依达》。《阿依达》在造型设计中，融合了古老埃及文明与现代宇宙星空的感觉，同时还运用了许多现代的高科技手段，动用上千吨钢材，半透明的高科技新型材料，并运用激光、帕尼灯、LED 等当今最新颖、最现代的灯光，搭建超过 40m 的世界上最高的演出金字塔和超过 6 000m^2 的巨型舞台，能承受数吨重的大象与雄狮猛虎列队而过。

索纳塔 2.7V6 尊贵舒适，适合商用，在同类型的车中具有很高的性价比。这也体现了北京现代汽车一贯所倡导的“衡量价值新典范”。也正如景观歌剧《阿依达》所倡导的，这是一场高雅与时尚相结合、给人以超值享受的盛会。通过这台规模空前的北京现代精品版的《阿依达》，展示中国汽车工业新星的巨大气势和豪情。

公益事业勤参与　情感营销见真诚

2003年上半年，一场浩劫侵袭大半个中国，恶性呼吸性传染病非典型性肺炎在迅速蔓延，北京成了重疫区。为了抗击“非典”，4月27日，北京现代向北京市委、市政府捐赠了10辆索纳塔轿车，以奖励在“非典”病毒科技攻关有突出贡献的科技人员。为社会各界，尤其是大型工业企业树立了良好的榜样。不仅如此，他们还凭借先进的科研技术，率先在市场上适时推出了带有空气循环系统的新款索纳塔轿车，为消费者在这一时期能够买到一款安全放心的轿车增加了新的选择。

6月17日，在北京现代的总装生产线上，40名来自“抗非”一线的白衣天使与北京现代生产一线的中韩员工共同见证了第20 000辆索纳塔轿车下线的历史时刻。在这一特殊时期，邀请这样普通而又特别的客人，无疑会给北京现代树立起良好的公众形象。

2003年的“六一”国际儿童节，北京现代向北京顺义区石园小学、东风小学、仁和中心小学的师生代表捐赠了60台总价值为30余万元最新配置的台式电脑。在捐赠仪式后，孩子们还兴致勃勃地参观了北京现代索纳塔轿车生产线，亲自乘坐并感受了刚刚下线的索纳塔轿车。

北京现代以“为中国人民的幸福生活创造一片美好蓝天”作为企业的最高价值，以关注社会焦点、热心公益事业、奉献诚挚爱心作为企业理念，为企业的快速发展，现代汽车的迅速占领市场打下了坚实的基础。

2003年12月23日，随着第二款贺岁车——伊兰特的全面上市，北京现代汽车有限公司再次成为公众注目的焦点。北京现代正在朝着自己的目标推进其“极速之旅”。

案例6-2　非常时刻　非常举措

汽车的营销环境是无时无刻不处于变化之中，这种变化有时有利，有时不利，有时甚至是处于危险之中。汽车的营销从业者要善于审时度势，趋利避害，在关键时刻要化险为夷。下面是特殊时期的几种比较成功的非常举措。

“非典”时期的促销手段

2003年上半年，非典型性肺炎在大半个中国迅速蔓延，在抗击“非典”的过程中，国内各大汽车厂家除了捐钱捐物，以此树立自身良好的公共形象之外，还开辟出各种营销途径，使社会效益与经济效益有机结合。“非典”时期对于汽车的销售有利有弊，有利的是促成了某些打算买车的人不再犹豫，迅速买上私家车以避免去乘坐公共交通工具；不利的是汽车展销厅也是公共卖场，这必然影响到客户因担心“非典”传染而停止选购。怎样在非常时期开展营销活动，趋利避害呢？

上汽奇瑞的做法是：您买车我接送。

在“非典”肆虐之时，为了打消消费者购车怕传染这一担忧，奇瑞公司从2003年5月初起在北京、广东、上海等地开展了“您买车，我接送”的活动。凡是想购买奇瑞车的人，只要拨通本市经销商的电话，就会有专门的“奇瑞清洁卫生服务车”将顾客接到奇瑞的销售店里进行选车。并且，不论顾客是否决定当天订购奇瑞车，公司都会根据顾客的要求将其安全地送回住处。公司通过广播、手机短信及电视广告等形式将活动的内容传达给消费者，并将接送名额限定在每天30～50名。这种用自己的车接送消费者的做法，既替自己做了广告，又赢得消费者的好感。这一举措最大限度地将“非典”的不利影响化解掉，虽然增加了一定的成本，但可以大大提高顾客的上门率，能够创造更多的利润。而且推广地区选择在销量较大的北京、广东、上海等地，辐射范围较大，影响较广。每天接送名额限定在30名~50名，并在活动开始之时确定根据情况调整截止日期，使得这一举措处处都留有余地。

北汽福田的做法是：买奥铃赠10万“非典”保险。

针对部分消费者对“非典”的恐慌心理，北汽福田为用户购买了专门针对“非典”设计的保险。在当年5月15日~6月25日期间购买奥铃汽车的用户将无偿获得中国泰康保险公司的10万元“非典”保险。

除了购买“非典”保险外，只要有用户来电咨询，公司就立即上门联系。即使用户还未决定购车，只是提出看车要求，公司也会立刻派专人送车上门让用户试车。同时，每一个上门销售的员工，都要在事前进行全面健康检查确认无恙后方可出发；对上门的奥铃汽车也先进行严格全面的消毒。在上门和陪用户试车过程中，奥铃工作人员必须按公司制度戴口罩、手套等防护措施。回到公司后，对汽车再次检查消毒。

北汽福田推出买奥铃，赠10万“非典”保险计划，花钱不多，但赢得了消费者的欢心。有消费者称，并非贪这10万元的保险才买奥铃车，实在是这份诚心让人难以拒绝。即使在“非典”一度严重的北京市场，奥铃当年4月份的销售量竟然是3月份的3倍，创造了奥铃在北京市场销售史上最好的销售成绩。特殊时期的非常营销不可没。

面对广告危机　丰田精明化解

在2003年第12期《汽车之友》杂志上，丰田汽车共刊登了3份汽车广告，分别为其三款新车“陆地巡洋舰”、“霸道”和“特锐”的广告。在“霸道”车的广告页上，两只狮居路侧，其中一只挺身伸出右爪向“霸道”车作行礼状，该广告的文案为“霸道，你不得不尊敬”。在“陆地巡洋舰”车的广告页上，陆地巡洋舰用一根绳索拖拉着一辆看起来很象“东风”的绿色大载货汽车。此广告一出，一石激起千重浪，引起了轩然大波。

由于石狮在一定意义上是我国民族传统文化的产物，蕴含着极其重要的象征意义。尤其最令人敏感的是1937年的“卢沟桥事变”，日本军国主义开始了全面侵华战争，而卢沟桥就是以其数不清的石狮子而闻名的。再者，“陆地巡洋舰”拖拉着“东风”大载货汽车，这种小车拉大车的构图很容易使人联想到是对后者的贬低，而“东风”可谓我国民族汽车工业的象征。丰田公司选择这样的画面为其做广告，有读者认为有辱民族尊严。12月4日，解放日报以“日本丰田汽车霸道广告有辱民族尊严”为题报道了该事件，同日几大门户网站及相当多的媒体进行了转载，引起了极大关注。一时间触动了国人敏感的民族情绪，引起轩然大波，群情激昂，声讨不断。

此时丰田汽车一下子陷入了广告危机之中，面对满城风雨，如何迅速摆脱危机，平息事端摆在公司决策者面前。此事不可小视，否则，如果激化矛盾，将使“丰田”汽车的营销环境恶化。所幸丰田公司出招及时，应对得力，从而转危为安，有惊无险。

丰田公司的决策者深知：星星之火，可以燎原。如果不在事态刚起来的时候立即采取果断行动，一旦愈烧愈烈，则势必失去控制。因此，丰田公司在危机发生后迅速反应，在第一时间与媒体沟通。在12月4日各媒体对此事件进行报道之后，丰田公司迅即召开由公司多位高层参加的媒体座谈会，并于当日发布道歉书。从而使关注此次事件的读者和媒体在最短时间内了解到了丰田公司的态度，平息了事态发展。在丰田汽车公司的致歉信中，没有为这次事件寻找任何开脱的理由，而是对此致以诚挚的歉意。而在谈及创作广告公司时，一汽丰田汽车销售有限公司总经理古谷俊男回答："出现这样的事情完全是我们的责任，应该由我们自己来承担。"整个座谈会中，不断听到日本代表的致歉，他们勇于承担责任，没有发生过激的言语和行为。丰田公司的诚恳态度得到了媒体的嘉许。当公众的激奋来临之时，丰田公司以非常谦和的软言细语出招，这就让人有出拳打在棉花上的感觉，有力使不上。设想如果丰田公司对外的发言有些许带刺的硬话，必将是火上加油，公众反应会更加强烈。

同时，在媒体座谈会上，丰田汽车多位高层列席，可见对事件的重视，态度的诚挚。丰田汽车中国事务所理事、总代表服部悦雄、代表杉之原克之、一汽丰田汽车销售有限公司总经理古谷俊男、副总经理董海洋、藤原启税等都出席了座谈会。正是由于丰田公司高层倾巢出动，使媒体和读者感受到了丰田公司解决问题的诚意。如果丰田公司由其公关部门例行公事地发言敷衍了事，其后果肯定是适得其反，让公众很难满意。

古谷俊男代表丰田公司通过新闻媒体向中国消费者道歉时说："虽然我们在投放广告之前没有任何意思，但由于我们表达的不妥，在中国消费者中引发了不愉快、不好的情绪，对此我们表示非常遗憾。公司在事件发生后首先停发了这两个广告，并在一些媒体发布致歉信，同时也在丰田网站上登出。为了防止类似事件发生，公司正在采取相应措施，以坚决杜绝类似事件的发生，我们希望在最短的时间取得消费者的谅解和信任，两则广告的创意其实都是中国人设计的，陆地巡洋舰广告上的绿色载货汽车也不是真的图片，而是手绘上去的。但无论如何，我们是广告主，我们要负全部责任。"古谷俊男用非常委婉低调的方式说明了事实真相，最大程度地表明了公司无辜的一面，而在此点到为止，不做过多纠缠，重点是表示出尽管丰田公司的广告是由广告公司制作，也是由中国人创意，但丰田公司没有以此来推脱，在表达歉意之时愿意承担全部责任，使媒体和公众在心理上不反感的前提下认可了事实真相，从而很快对丰田公司给予了谅解和信任。

为了避免节外生枝，祸从口出，尽快转移公众的视线，平息事态，在事件发生后，无论丰田公司本身，还是发表该广告的媒体，或是创作该广告的广告公司，都一致对外"表示诚恳的歉意"，而丰田公司则仅由一汽丰田汽车销售有限公司总经理古谷俊男对外发言，其他人如果被问及，则连连道歉，不发表其他讲话。口风很紧，让人抓不到话把儿，自然对事件的解决也起到重要的作用。

由于丰田公司面对危机应对得力，很快转危为安，公司一切运营转入了正轨。

盛夏里的奇瑞汽车夜市

炎炎夏日，虽然年年都要经过，似乎不是太特别，但这一时期自有它的特点，如何根据具体环境搞好汽车营销，其中大有学问。此时，人们自然不大愿意白天外出购物，而逛夜市纳凉却是大多数人的习惯。根据这样一种特点，上汽奇瑞 2003 年推出了大型夏季促销的"清凉活动"，在全国几百家奇瑞汽车特约销售服务店从 6 月 20 日起，同时推出为期三个月的"奇瑞汽车夜市"，为购车用户创造一个凉爽宜人的购车新环境。

"奇瑞汽车夜市"的主要内容包括两个部分：

一是请进来。全国 200 多家奇瑞汽车特许销售服务店每天将营业时间延长至晚上 21 时，增加了 3 个小时的营业时间，方便用户晚上选车、购车，各销售服务店要为前来购车的用户免费赠送清凉饮料等消夏用品，有条件的地方还要为用户提供购车接送服务。

二是走出去。在人口密集的小区、纳凉广场，奇瑞汽车特约销售服务店陆续举办夜间上门巡回展销活动，让广大的消费者在自己家门口纳凉的同时能够选车、试车。在活动中，配以游戏等互动节目，增加夏天人们纳凉时的乐趣。

通过这些适合实际的丰富多彩的营销方式，大大提高了奇瑞的知名度和销售量，2003年产销增幅有较大的提高，在中国10大轿车厂家中，跃升至第8位。

复习思考题

1. 什么是促销？促销有哪些方式？各有什么特点？
2. 什么叫人员推销？简述人员推销的步骤有哪些？
3. 何谓营业推广？进行汽车产品营业推广有何特点？
4. 什么叫公共关系？汽车公关促销的策略有哪些？
5. 讨论题：

案例一

(1) 北京现代公司采用哪些促销手段？评价一下这些促销活动的特点？

(2) 这些促销手段与广告促销有何区别？

(3) 如果北京现代要为第二款贺岁车——伊兰特开展促销，请你给公司提一些建议。

案例二

(4) 比较一下上汽奇瑞公司与北汽福田公司在“非典”时期的促销手段有何不同？属于哪一类促销方式？

(5) 面对广告造成的危机，丰田公司是如何化解的？公关危机的处理要把握哪些原则？

(6)“奇瑞汽车夜市”属于哪种促销方式？运用这种促销方式要遵循的原则是什么？

第七章　汽车服务营销

【学习目的】　通过学习，了解服务的特点，掌握服务营销与产品营销的差异，理解并掌握汽车服务营销的基本内容，了解汽车售后服务管理，了解汽车营销的创新。

第一节　服务的概念

一、什么叫服务

服务是一方向另一方提供的活动或行动，它在本质上是无形的，并且不会产生所有权问题。服务的生产可能与实际产品有关，也可能无关。最近几年，随着社会主义市场经济体制的逐步完善，市场上的一个主要趋势就是服务业高速发展。

服务通常是公司在市场上整体供应品的一部分。供应品的服务组合被分为如下5种：

1）纯粹的有形产品。

2）附带服务的有形产品。汽车经销商在销售汽车的同时将会提供合理、担保和其他服务等。

3）混合产品与服务。

4）附带很少的有形产品的服务。

5）纯粹的服务。

同汽车业在国民经济中的重要地位一样，汽车服务业也是当代服务业的重要组成部分。据相关统计资料显示，在一个完全成熟的国际化的汽车市场中，汽车的销售利润只占整个汽车业利润的20%，零部件供应利润占20%，而50%～60%的利润是从服务中产生的。根据通用和福特汽车金融公司的资料，仅汽车金融服务带来的营利就占这两大集团全部利润的36%。美国汽车售后服务业是仅次于金融业的第二大黄金产业，从业人员有350万人，年产值高达1400亿美元，汽车维修的利润率达到27%。

二、服务的特点

服务有4个对营销方案设计有重大影响的主要特点：无形性、不可分离性、差异性和不可存储性。

1. 无形性

与实体产品相反，在购买服务之前，他们是看不见、尝不到、摸不着、听不见的。例如修车的顾客在维修前是无法看到维修后的结果的。为了降低购买的不确定性，购买者会寻找一些可以作为评价服务质量依据的信号或证据。他们可以根据所看到的购买地点、人员、设备、材料、标志和价格等因素，对服务质量作出判断。产品营销者面临的挑战是增加抽象概念，而服务营销者面临的挑战是如何给无形的提供品添加有形的证据，并且通过想像力将无形产品有形化。由于出售的是无形或非实体化产品，因此服务提供者必须告知顾客这一服务的内容，也即告知服务的益处。服务依赖于有效地使他们的服务信息为大众所知晓，以此确保其服务和形象具有吸引力。因此，服务提供的任务就是“管理各种证据”，“将无形的产品有形化”，并且使其为顾客所熟知。

2. 不可分离性

一般来说，服务的生产和消费是同时进行的。这与实体产品的情况不同，后者是被制造出来的，然后成为存货，通过分销商进行销售，最后被最终消费者消费掉。对于服务来说，提供服务的人本身就是服务的一部分。而且由于服务在生产时，顾客已经存在了，因此提供者——顾客之间的互动关系是服务营销的一个特殊属性——提供者和顾客同时影响服务的结果。

通常情况下，服务的购买者有很强的供应者偏好，而这将影响服务的生产。避免这种情况可以通过以下几种战略进行：一是在该服务提供者的有限时间内提高服务的单位价格；另一种方法是让该服务的提供者同时为更多的顾客提供服务，或者是加快工作速度；第三种方法就是培训更多的服务提供者，并增强顾客的信心。

3. 差异性

由于服务的生产依赖于提供者以及提供的时间和地点，顾客主要关心的通常是服务提供者创造的时间和效用，也就是说是否可以在适当的地点适当的时间得到服务。因此服务是非常容易变化的。为克服这一缺点服务公司可以采取 3 个步骤开展服务质量培训。第一步应当招聘合适的员工并为这些员工提供良好的培训。第二步是在整个组织内建立标准化的服务流程。公司可以通过制作蓝图对服务的每个流程和事件进行描述，利用流程图，管理者可以发现可能存在失误的地方，制定并执行改进计划。第三步通过顾客建议和投诉系统，顾客调查以及对比顾客对购物满意度进行监控。任何一个机构必须寻找一种方法建立一种差异化的特色，并使其根植于公众的脑海里。差异要体现于服务提供者、服务内容、声誉和广告等诸多方面。

4. 不可存储性

服务不能被存储，当需求稳定时，服务的不可存储性也许不是问题，但是这一性质在需求波动时就会引起很多问题。例如，汽车租赁公司有固定的可出租数量，在需求正常时可以满足顾客的要求，但在节假日等需求量大的特殊时期就会出现车辆的短缺。对一些受经济活动水平波动影响较大的服务业而言，服务的不可存性是其营销活动中面临的最棘手问题之一。表 7-1 提示了服务区别于有形产品的特性。

表 7-1　服务区别于有形产品的特性表

有形产品的特征	服务产品特性
实体	非实体
形式相似	形式相似
生产、分销不与消费同时发生	生产、分销与消费同时发生
一种物品	一种行为或过程
核心价值在工厂里被生产出来	核心价值在买卖双方接触中产生
顾客一般不参与生产过程	顾客参与生产过程
可以存储	不可以存储
所有权转让	无所有权转让

三、服务市场营销与产品市场营销的差异性

服务的上述特征决定了服务市场营销同产品市场营销有着本质的不同。具体表现为以下几个方面：

1. 产品特点不同

有形产品是一个物体或一样东西，服务则表现为一种行为、绩效或努力。

2. 顾客对生产过程的参与

由于顾客直接参与生产过程，如何管理顾客，使得服务推广有效地进行成为市场营销管理的一个重要内容。

3. 人是产品的一部分

服务的过程是顾客同服务提供者广泛接触的过程，服务绩效的好坏不仅取决于服务提供者的素质，也与顾客的行为密切相关。

4. 质量控制问题

由于人是服务的一部分，服务的质量很难像有形产品那样用统一的质量标准来衡量，因而有时其缺点和不足也就不容易被发现和改进。

5. 产品无法存储

由于服务的无形性以及生产消费的同时进行，使得服务不具有可存储的特性。

6. 时间因素的重要性

在服务市场上，既然服务生产和消费过程是由顾客同服务提供者面对面进行的，服务的推广就必须及时、快捷，以缩短顾客等候服务的时间。

7. 生产、零售和消费同时发生

服务业不能像生产企业那样通过物流渠道把产品从工厂运送到经销商，再由经销商传递到顾客手里，而是把生产、零售和消费的地点连在一起推广产品。

第二节　汽车售后服务

由于现代机电产品结构的日益复杂，技术含量不断提高，一般的用户已经不能凭借直观观察或使用经验对产品进行透彻了解，用户只有依靠制造商的技术力量和相关设备，才能够对产品进行正确的安装、调试、应用和维护维修。而且越来越明显的趋势是，用户除使用产品外，至于产品的安装调试和维护维修由制造商负责到底，直至产品报废，甚至产品的正确使用也离不开厂商的指导和培训。加之，现代产品的价值相对较大，用户在购买这些产品时越来越看重厂商的售后服务质量。而且随着各个厂商在生产、技术、产品质量、成本价格等要素上竞争实力的接近，售后服务正在成为现代市场竞争的焦点，其作用变得越来越突出。

一、售后服务的概念及作用

1. 售后服务的概念

在现实生活中，汽车服务有多种概念或提法，如销售服务、技术服务、售后服务等。

销售服务泛指客户选购汽车产品时，销售部门帮助用户购买所做的各种非技术性服务工作。一般包括：1）产品介绍，即向客户宣传产品、推荐合适产品、帮助客户挑选产品；2）简化手续，即向客户通报银行账号，快捷确认和办理财务手续、有关单据等；3）提车和其他服务，如提车及办理行车手续、帮助用户出库的服务；为用户初期使用提供方便（如加

燃油，办理临时行车执照，指导用户检查车辆，采购技术资料、易损件、润滑油脂、冷却液、汽车美容用品及其他附件），乃至用户所需要的一切必要生活服务（如安排食宿）。销售服务工作多由销售人员或接待人员负责。

售后服务泛指销售部门为客户提供的所有技术性服务工作及销售部门自身的服务管理工作。就技术性服务工作而言，它可能在售前进行（如车辆整修、测试），也可能在售中进行（如车辆美容、按客户要求安装和检修附件、对客户进行的培训、技术资料发放等），但更多的是在车辆售出后进行的质量保修、维护、技术咨询及备件供应等一系列技术性工作。由此可见，售后服务并不是字面意义上的“销售以后的服务”，它并不只局限于汽车销售以后的用户使用环节，也可能是在售前环节或售中环节。此外，所有的技术性服务都属于售后服务的范畴，技术性服务是售后服务的主要工作。

2. 售后服务是非价格竞争强有力的手段

20 世纪 80 年代以来，国际上对“竞争”一词有了新的解释：产品实现自身价值是第一次竞争，售后服务被称为第二次竞争。随着市场竞争的加剧，两次竞争显得同样重要。产品的市场实现，售后服务举足轻重，产品质量再好，没有良好的售后服务，市场也难以扩大，质量不过关的产品，如售后服务跟不上，则会断绝第二次交易。

从国内市场看，谁更注重第二次竞争，谁的竞争潜力就大，谁就能在激烈的市场角逐中立于不败之地。企业如果只安于第一次竞争的现状，只顾短期利益，其竞争手段只能是打价格战。在长期效益势必被时代的潮流淘汰，在类似或相同的商品销售竞争条件下，售后服务常常成了客户决定取舍的重要因素。这是企业非价格竞争的强有力手段，具体说来，其主要意义有：

（1）售后服务是提高消费质量的基础和前提　广告是开拓市场的先锋，但要想占领市场和巩固市场，售后服务是关键。美国企业家罗杰斯说得好：“争取订单其实是最容易的一个步骤。售后服务才是真正的关键所在。”美国著名的汽车销售大师乔·吉拉德认为：“销售真正始于售后，并非在产品出售之前。”这也是产品经营者与商品经营者、资本经营者的区别之一。产品经营者认为售后服务是多余的，因为产品经营者的目的是为销售产品，既然产品已经售出，目的即已达到。而对商品经营者、资本经营者来说，售出既是旧的目的之结束，又是新的目的之开始。售后服务是提高消费质量的基础和前提。消费质量对于消费者具有最终的决定意义，好的消费质量直接创造了消费者重复消费的功能，同时作为具有极强影响力的口传信息，必然会在消费者之间相互传达，引起连锁反应，起到“一传十，十传百”的效果，反过来又促进产品的市场销售。

（2）售后服务是增值服务　在工业发达国家，由于生产社会化和服务化的水平极高，通常是制造厂商的技术服务部门来提供技术服务（售后服务），销售商和维修商具体实施。据测算，维修服务收入在营业额中占有相当比重。在美国，某些汽车的整车销售的利润只有 3% 左右，但售后服务得到的利润可高达 10% ~20%。

（3）售后服务蕴藏着开发新产品的源泉　美国麻省理工大学教授克登冯希贝尔对仪表元件制造业的研究结果表明：100% 的主要新产品的设想及 80% 的次要新产品的改进，都直接来自于用户。售后服务是企业联系用户的渠道，在技术服务过程中，销售部门将搜集到的产品可靠性数据、使用中的问题、维修保养中的问题、用户反映的改进意见等信息，及时准确地反馈到产品开发等有关部门，成为改进现有产品，开发新产品以及提高企业技术与管理水平的重要途径。

（4）售后服务是企业文化、企业精神和企业素质的重要体现 从消费者心理方面看，顾客购买商品，不仅仅是购买物质形态的商品本身，还希望得到良好的服务。消费者的需要，不仅包括物质享受，还包括精神享受。主动、热情、耐心、诚恳、周到的售后服务，是对消费者莫大的精神安慰。通过开展售后服务，可以融通生产经营者与消费者之间的感情。

二、汽车售后服务的工作内容

1. 技术培训

售后服务本身属于技术服务的范畴。由于汽车产品的高度技术密集、知识密集，汽车产品的售后服务工作必然包含着对用户的技术指导、技术咨询、技术示范，也包含市面上对企业的售后服务网络的技术培训、技术指导和技术咨询。通常的做法是，汽车企业的售后服务部门面向售后服务网络，而售后服务网络对用户进行上述工作。

同时，汽车制造企业还负责产品的更改、新产品投放时技术要点的宣传等等，凡是需要向社会、经销商、售后服务网络和用户宣传和交待的技术要领，均全部由售后服务部门去完成。而售后服务网络有责任向用户提供各种维修服务和技术维护服务，当然维修和维护技术则是由汽车制造企业提供。

2. 质量保修

质量保修（Warrant），又作质量保证、质量担保、质量赔偿等，我国俗称“三包”（包赔、包修、包换），其基本含义是指处理用户的质量索赔要求，并向厂商反馈质量信息。在我国的汽车行业内，质量保修工作的过程通常是由第一线的售后服务网络（服务站）受理用户的质量索赔要求，决定是否赔偿。厂商售后服务总部对服务站的赔偿进行赔偿鉴定，复核赔偿的准确性，并进行质量动态的综合分析，向生产和采购部门反馈质量信息。

质量保修具有极强的政策性和技术性。政策性强，是指保护用户权益的法律法规越来越多，保护力度越来越大，厂商的生产经营活动必须遵守有关政策和法律的规定，切实履行自己的义务。另外，社会舆论对保护用户权益的影响也越来越大，厂商也必须顾及自己的社会形象。为了适应这种形势需要，国际上各大汽车公司都建立了自己的车辆召回制度（有的国家还颁布了车辆召回法），对存在的质量隐患，承担全部相应的经济损失。近年来，在我国销售的一些进口汽车品牌屡屡被迫召回，闹得沸沸扬扬，舆论反响强烈。

技术性强，是指汽车产品有其特殊性，如结构复杂，零部件数量极多，生产配套厂家多，用户的使用条件千差万别，汽车故障千奇百怪。而汽车故障究竟是属于产品质量故障，还是用户使用不当故障，一般需要进行较为复杂的调查和鉴定，这些工作并不是简单依靠某个法律条文或某某机构就能解决的。通常情况下，汽车企业负责产品质量故障的调查和鉴定，在重大故障鉴定意见不能与用户达成共识时，就会请有关道路交通管理部门、技术监督部门或其他法定鉴定部门予以调查和鉴定。目前国内汽车大部分都声明保留最终技术仲裁权，并只对企业本身质量原因的直接损坏零件赔偿，不负担相关损失的赔偿，这些做法的合法性是不成立的（但在我国现实社会中这种现象却常常存在）。

质量保修工作的要点有三：一是“准确”，系指准确地做出质量故障鉴定，既要维护企业的利益，又要维护用户的利益；二是“快速”，系指对用户的求救要迅速处理，快速服务。国际上各大汽车公司都保证24h之内，把质量保修零件送到用户手中，并向全世界公布其服务热线电话；三是“厚待”，系指售后服务人员要善待用户，对用户的愤怒、怨恨、不满，应始终保持一种平和的心态，认真解决产品的质量故障。因为质量保修面对的是企业产品质量缺陷，如果售后服务人员用负疚的心情面对用户的损失，既可以缓解用户的不满，又可以维护企业的形象。

3. 备品供应

备品供应在售后服务中具有决定性作用，没有良好的备品供应就没有优质的售后服务。试设想一下，备品经常缺货，或者备品不能保证其质量，汽车售后服务工作怎能令用户满意呢？怎能解除用户的后顾之忧呢？所以有人说备品供应是售后服务工作的“脊梁”，表明的就是备品供应的重要性。

备品供应还是售后服务工作的重要利润源泉，这一点在国内外汽车企业的售后服务工作中得以证明。例如国外大汽车厂家利润的1/4～1/3来自于配件经营，日本日产公司的整体利润，配件最高曾达到过3/4的份额，因而每一个国际型的汽车企业均把备品工作置于十分重要的位置。我国的汽车企业，其配件经营额在企业经营额所占的份额外负担虽然不及上述国际汽车公司高，但也占到经营额的1/30～1/20。我国汽车备品经营的主要问题是汽车零部件知识产权保护落后，仿制、假冒及劣质汽车配件充斥市场，挤占了正宗汽车配件的市场份额，对这种状况急待采取经济的、行政的手段进行协调整治，以规范汽车配件市场。

4. 汽车召回

所谓汽车召回，是指已经投放市场的汽车，如果发现由于设计或制造方面的原因，存在缺陷或可能导致安全、环保问题，生产商就必须及时向国家有关部门报告产品存在的问题，并提出召回申请。一些企业为了树立和维护自己的形象，对于因质量缺陷而导致的质量隐患会积极主动地提出召回。

汽车召回作为制度最早出现在20世纪60年代的美国。目前实行汽车召回制度的国家除了美国，还有日本、加拿大、英国、澳大利亚等。美国高速公路交通安全局通报了2001年4月份在美国市场召回的汽车状况，其中，戴姆勒——克莱斯勒公司召回了161682辆，召回的是1999年推出的一些前座安全带的卷带设备未能满足美国联邦标准的车种；美国福特公司召回了159000辆；美国通用汽车公司召回107961辆；铃木召回了59888辆；在中国国内，神龙汽车公司于2001年6月12日宣布，紧急召回在重庆销售的2000年10月12月生产的所有款型富康车。

第三节　汽车售后服务的管理

服务管理是做好售后服务工作的前提保障。售后服务管理同样涉及较多内容，这里分别从服务理念、售后服务网络的规划与管理、服务站的建设管理售后服务的信息管理等方面进行讨论。

一、服务理念

服务理念是指汽车企业的经营观念或营销观念在服务工作上的具体化。先进的营销观念必须要有先进的服务理念予以支撑，否则落后或不合适的服务理念将会贬损企业的营销观念。要充分看到，企业具有先进的营销观念，未必有先进的管理理念。例如企业非常重视销售工作，非常注重产品开发和市场调查，也知道服务工作的重要性，但就是在具体的服务工作中总是差强人意。

先进的服务理念决不只是各种响亮的口号，服务理念必须转化到各种具体的服务工作之中。然而，要做到这一点并非易事，既需要“和尚念经”式的不断重复、强调、耐心地讲那些浅显易懂的道理，潜移默化地提升全体服务人员服务意识，又要制订严格的管理措施，将那些服务得好和服务得差的人员区分开来，奖罚分明。

当前，我国汽车企业的服务理念参差不齐，但总体上离广大汽车用户的期望尚有较大差距，与国内家电等行业的差距也很明显。汽车用户期待着汽车企业能够提供主动服务，并保持服务优质的一贯性。

二、售后服务网络的规划与管理

售后服务网络的规划与管理，系指汽车企业根据其营销战略和具体业务的需要，对其售后服务网点的布局、选建、撤并和优化的过程。

首先，汽车企业要根据其目标市场的营销需要，做好售后服务网点的布局规划，确定服务网点的规模（服务能力）、数量及其比例关系。对于传统目标市场，由于本企业的汽车保有数量较多，因而服务网点的数量要多一些，且要考虑不同规模网点的搭配，以便各司其职、相互协作、相互补充，而不是相互恶意竞争。随着汽车维修理念向着“立等修理”、“快修”、“零修”、“小修”、“换件修理”、“总成更换”等修理方式转变，售后服务网点的平均规模趋于缩小，网点数目趋于增加，要求售后服务网点尽量贴近市场、贴近用户。

对于企业拟开拓的新型目标市场，服务网点的建设必须先于产品的实际投放，以便支持市场开拓。但如何服务的业务量不大，网点的规模不宜太大，数量也不宜多。

其次，汽车企业要做好服务网点的选建工作。汽车企业对其售后服务网点体系进行规划之后，就要具体发展网点成员了，他们以各种规模的特约维修站为主。

汽车企业的售后服务管理部门在收到社会上的独立维修店（企业）的加盟申请后，先审查其是否符合自己的售后服务网络体系布局发展规划。若符合，派专人按照事先制定的考评规范，对其进行全面考察、考评，考评通过并经由主管领导批准后，汽车企业的售后服务管理部门与加盟者签订合同。合同生效后，独立维修店（企业）便成为汽车企业的特约维修站，双方将各自履行自己的义务，并享有相应的权利。

最后，汽车企业要做好服务网点的年度管理，即对全部售后服务网络成员进行年度审核。年审的结果将作为对网点成员进行奖惩、升降级、撤并的依据，以保证所有售后服务网点体系的不断优化。各个汽车企业年度考评的内容基本相同，见表7-2。

表7-2 汽车企业特约维修站年度考评内容

序号	项目内容	序号	项目内容	序号	项目内容
1	维修站组织机构	7	企业内部管理	9	配件管理
2	维修站外观/厂房/场地	7.1	业务接待	9.1	物料管理
3	工作环境	7.2	车间管理	9.2	配件经营管理
3.1	业务接待室	7.3	数据管理	9.3	仓库管理
3.2	修理车间	7.4	领导者管理水平	10	广告宣传
3.3	用户休息室	8	索赔工作	11	信息反馈
4	用户调查和访问	8.1	索赔处理	12	档案资料
5	优质服务	8.2	索赔件回收	13	环境保护
6	人员培训	8.3	信息反馈	14	其他

对于年度检查评比的先进服务站通常要进行表彰奖励，汽车企业既可以给予现金奖励，也可以给予物质奖励，如奖励计算机、录像机、复印机等物品，以实物方式奖励有助于帮助服务站改善办公条件。

三、服务站的建设管理

服务站产权独立，不属于汽车主机企业，但汽车主机企业对服务站具有业务规划、指导与管理职能。特别是大多数品牌轿车企业的特约维修站，业务还具有排他性，主机企业对其特约维修站从外观建筑、布置，到室内设计、设施配置和经营管理软件等，都有着非常具体的规定和统一的要求。

表7-3列出了某品牌轿车为其特约维修站制订的“建站模式规划手册”的主要内容。在每一项内容上，均提供了非常具体的规定，如对建筑物提供了立体彩色效果图、平面施工图等，对各种标识、箱牌等提供了具体尺寸、图案，对组织、人员及其培训也提供了具体的机构设计、素质要求、培训日程及学习内容。总之，特约维修站只要筹措资金和组织施工即可。

表7-3　某轿车特约维修站建站模式规划手册主要内容

序　号	项目内容	序　号	项目内容	序　号	项目内容
1	工程规划	2.4	标记牌	6	人员培训规划
1.1	总则	2.5	指路牌	6.1	培训须知
1.2	维修站规模功能	2.6	全国分布图	6.2	管理人员入学条件
1.3	工位定义	2.7	色谱	6.3	基础培训入学条件
1.4	场地选择	3	工程规划审批与验收	6.4	人员培训计划
1.5	总平面规划	3.1	厂房建设程序	6.5	课程日程安排
1.6	建筑设计要素	3.2	竣工验收	7	工具与设备规划
1.7	业务大厅	4	计算机系统管理规划	7.1	订货流程
1.8	二楼的设置	4.1	人员准备	7.2	必备工具与设备
1.9	修理车间	4.2	计算机硬件准备	7.3	选配与选购件
1.10	配件仓库	4.3	计算机软件准备	7.4	常用工具清单
1.11	拓图	4.4	其他准备	7.5	发动机专用工具
1.12	照明	4.5	培训	7.6	变速器专用工具
2	标记与标识	5	组织与人员规划	7.7	底盘专用工具
2.1	标识	5.1	人员与组织机构	7.8	本品牌专用工具
2.2	灯箱	5.2	组织机构	8	其他
2.3	蓝带墙	5.3	职位		附录

四、售后服务的信息管理

售后服务的各个工作环节都凝聚着大量信息，这些信息是企业的宝贵资源。售后服务的信息管理，除了前述的质量保修信息管理、备件经营的信息管理外，还有一个十分重要的领域，那就是车辆用户信息管理。

车辆用户信息管理系统，应当包括车辆用户档案系统、车辆用户服务跟踪系统、车辆用户分析研究系统等。档案系统是基础，为其他系统提供原始翔实的数据；服务跟踪系统记录着在用车辆及用户的服务信息，是企业推行“主动服务”不可或缺的助手；而分析研究系统可以帮助企业研究自己的客户群体是谁，客户使用产品和购买产品的特点如何，客户何时将产生新的需求等等，它是企业充分挖掘客户价值，不断发现新商机的秘密武器。

售后服务的信息管理，除了上述借助计算机进行管理外，还应包括更广泛的含义。例如，各种信息载体形式的规范问题，信息收集的固定机制问题，信息传递的畅通性问题，信息去伪存真的处理问题，信息价值的分析挖掘问题等等，都需要科学管理。

第四节　汽车营销的创新

营销大师杜拉克说：“企业管理的根本任务只有两条——创新、营销。”而从市场现实的角度来讲，一般的营销观念、营销战略、营销策略往往只能保持今天的市场，只有不断的创新才能开拓明天的市场。因此营销发展的根本在于创新、创新、再创新，全方位的创新是21世纪市场营销发展的必然。

一、关系营销

1. 关系营销的提出

关系营销，这是近年来提出的新营销观念。关系营销是对一般性的广告、促销及直接营销的组合，并创造更有效、更经济的方法来掌握消费者。其核心在于发展消费者与产品及服务间的一种连续性的关系。

21世纪是服务取胜的时代，这个时代企业活动的基本准则是使客户满意。企业要保持技术上的领先和劳动生产率的领先已越来越不易。客户成了企业竞争最重要的因素，靠服务的优越性来争取客户，已成为越来越多的优秀企业的共识。从某种意义上说，使客户满意的企业是不可战胜的。这样的企业甚至可以在价格高于竞争对手的情况下仍拥有忠诚的信服其品牌产品的客户。这样的企业往往能有更多的时间用技术和产品服务的变化去适应市场变化。

1991年底，日本一项有关产品、服务的“客户满意度”调查显示，在所有的行业中，满意度平均值超过50%的只有运用客户满意经营战略较早和较广泛的汽车业一个。1994年年底，美国质量控制协会等机构首次公布了客户满意度这一经济指标，显示40个不同行业质量改进措施与其投资收益的关系，结果，名列榜首的也是运用客户满意经营战略较多的汽车业。

关系营销产生的主要原因，首先是因为传统的营销方式所建立的品牌忠诚度，其成果无法让厂商满意。据资料显示，美国家庭的报纸渗透率已低于70%，美国收看电视的家庭，已由10年前的90%降至目前的70%，大众传播媒体衰落，使得传统营销手段的效果越来越不明显了。

其次，电脑信息系统和传播科技的进步，使企业拥有更有效的工具来联系消费者。其中最主要的新科技有UPC扫描系统，它设于超级市场，可追踪个人的购买习惯，这些超级市场给消费者提供具有磁性条码的购买卡，电脑系统就可以从中得知消费者购买哪一种商品；PM收视调查系统可准确地告诉媒体分析卡，哪个人正在收看哪台节目；选择性的传递系统可以传播不同的信息给不同的对象；电传科技如自动号识别及声音识别系统，使得厂商在提供免费咨询电话中，认出谁是广告的反应者。这些新科技系统，使得厂商能够个别的与其目标顾客沟通，因此，关系营销的可行性及潜力是无可限量的。

关系营销旨在建立消费者与厂商的长期关系，它可以用来为产品重新定位、抢走竞争者的顾客或协助新产品上市，但最终目标，还是创造长期的使用者，使顾客成为企业的伙伴，进而建立永久的伙伴关系。

2. 关系营销的内容

关系营销由3个主要项目所组成：

（1）营销资料库　确认并建立现在及潜在顾客的资料库。这个资料库包括的内容应相当完整，有个人及家庭的年龄、性别、收入、职业、教育程度等人口统计资料，还有生活形态（活动、兴趣、意见）及购买行为资料。

我国多数汽车销售商的模式，都是门市性质，销售人员等待客户来电话或上门。对一个客户的销售结束后，彼此往往不再发生关系。销售人员总是在问，为什么客户总是太少？

据统计，每10个购买的人里，可能只有一个真正来到你的商店，而每10个来店的人里，可能只有一个真正成交。企业应该把那些来过电话或登过门的人当成是你未来潜在的用户。这些未来潜在的用户很可能是成交用户的100倍以上。同时，生活在社会中的每一个人，至少有10位亲友，每个亲友又至少有10位亲友，一个用户接受了企业的服务，会影响他的10位亲友，以及亲友的亲友。他们同样可能成为企业未来潜在的用户。这些未来潜在用户肯定超过成交用户的100倍。

汽车进入我国家庭，还是刚刚起步，近年来的旺盛需求，已经让众多汽车销售商眉开眼笑了。然而在日本，汽车销售商平均要家访30次才能卖一辆汽车。在美国，最能纠缠用户依次是保险销售人员、汽车和房地产经纪人。

（2）传播不同的信息给不同的对象　根据资料库所显示的顾客特征及喜好，依其不同的需要，通过不同的传播渠道，分别传播营销方式。如许多发行量大的杂志，可以提供给广告客户两项新的服务、即选择性装订及喷墨式的印刷。运用这两项科技，一家汽车厂可以设计一则高级车种的广告给某些对象，设计另一则中级车的广告给其他对象。在同一本杂志上可分成不同的版本，发行给不同的对象。利用喷墨式印刷，能制作出如亲笔函件的广告，并列出该目标顾客附近的经营商。

（3）追踪产品与消费者、销售成果与成本的关系　运用关系营销可长期监控和评估每一个消费者购买本企业产品的情况，可明确了解花在他们身上的销售费用哪些有效。

衡量传统的广告效果，是以每千人次成本、视听人数、发行量来进行的，即根据“花了多少”来判断，而关系营销可以根据“花出后的结果”来判断，如目标对象的渗透率及销售成果。在新的营销环境下，衡量的基础将从“每千人次成本”转变到“一个目标市场的价值”。广告客户必须精确地算出维持一个长期顾客的成本及效果。

3. 关系营销的层次

关系营销理论认为在购销双方，即企业与客户之间关系可以分为依次递进的3个层次：

（1）财务层次　即在购销双方之间除了“银货两讫”的财务利益关系外，并无其他的特殊联系。在这一层次上客户对能提供所需产品（或服务）的企业选择主要取决于财务利益。因此，建立在这一层次上的关系营销策略便是以优惠价格、有奖销售、折扣、回扣等手段刺激顾客购买本企业的产品。时下满街都可以看到的“大拍卖”、“大出血”、“全市最低价”的招牌，以及各类企业的灵活财务手段等均属于这一层次的关系营销。

（2）关系层次，也称社交层次　指购销双方在财务层次的基础上，建立起相互了解、相互信任的社交联系，并达成互惠承诺的友好合作关系。例如，有些企业与老客户保持特殊的联系，举办各种形式的联谊活动，召开座谈会、茶话会，赠送贺卡、礼品，甚至上门访问等。在社交联谊进程中企业不断研究和了解客户的需要与愿望，关心他们的利益，表示友谊和合作态度；同时也不时发布信息，让客户了解信任自己，逐步成为“忠诚的客户”。

（3）结构层次　这是关系营销中的最高层次。指企业通过输出资本、技术、特殊的产品和服务等方式，与客户形成某种内在结构的联系，使竞争对手在一段时期内难以模仿和取代，从而建立起牢固的购销关系。在这种情况下客户自然是“忠诚的”。一个典型例子是日本厂商以低廉的价格向中国企业输出生产（组装）流水线，而后向他们出售特定的零部件和元器件。由于客户在一定时期内无法改变其技术结构，只能忠于购买日本商的零部件和元器件了。

结构层次的关系营销之所以能创造“忠诚的客户”，是因为它极大地增加了客户“跳槽”的成本与难度，或者增加了竞争对手取代的成本与难度。但它又必须使客户从中有利可图，或感到满意。根据这一特征可以设计适合发挥本企业优势的结构关系营销策略，包括使用特殊技术的成果和精心设计的服务体系，使对手难以仿效，使客户感到满意。

以上分析可见关系营销理论从一个新的视角研究了企业的营销关系及其层次性，指明企业为了扩大和维护长期的市场利益，不仅要发展新客户还要培养“忠诚者”。

二、汽车电子商务与网络营销

互联网是提升传统产业的重要途径，数字化、网络化、市场一体化，是21世纪商务发展的必然潮流。汽车产业作为传统经济中的支柱产业，与IT业的结合显得更为迫切。作为21世纪最大的电子商务市场之一与世界上最后一个汽车消费大市场的中国，我们必须积极地开拓汽车电子商务之路。

1. 互联网——新的商务途径

今天，没有人再会说互联网是一种新技术，它已经被各行各业所广泛利用。无论何时何地，只要权限允许，我们都可以在互联网上触摸到所需信息和各种业务。互联网遍及全球，不再有时空和地域的限制。

通过互联网不仅可以24h不间断地处理商务，而且将经营者与客户之间的距离拉近，以网络面对最终用户，实施最直接的服务。互联网正默默地却又坚决而快速地改变着整个世界的商务游戏规则，它所开创的新一代的电子商务已经成为在网络新经济模式下的一种崭新的商务途径。

汽车产业作为传统产业中的支柱与IT业的结合显得更为迫切。坚定地走电子商务之路，是中国汽车营销企业惟一正确的选择。

（1）电子商务的含义　电子商务是传统产业面临的新的经济环境、新的经营战略和新的动作方式。电子商务的目标是利用互联网技术，优化产品供应链及生产管理，优化用户服务体系，完成传统产业的提升与转化。

它包括以下内容：

1）企业应用现代信息技术——互联网。

2）通过优化生产及供应链来降低成本。

3）通过更加直接和广泛的客户服务来扩大市场覆盖面。

4）基于互联网经济的新兴公司的产生，以及利用互联网优化传统企业的运作方式，达到传统企业向新经济的转型。

5）电子商务的最终目标就是在新经济环境下，形成企业新的核心竞争力。

电子商务是一种新的商务活动形式，它采用现代信息技术手段，以通信网络和计算机装置替代传统交易过程中的纸介质信息载体的存储、传递、统计、发布等环节，从而实现企业管理和服务交易活动的全过程在线交易。电子商务不是单纯的技术概念，也不是单纯的商务概念，而是依靠互联网支撑的企业商务过程。

（2）电子商务的特点

1）书写电子化，传递数据化（这发生在企业与企业之间，以及企业内部）。

2）减少店面租金成本。

3）减少商品库存压力。

4）很低的行销成本。

5）经营规模不受场地限制。

6）支付手段高度电子化。

7）便于收集客户信息（数据库建设）。

8）特别适用于电子信息产品的销售。

把整个百货商店里的商品做成网页，然后让消费者点击进行购买，这就是电子商务。值得指出的是，电子商务绝不是把现实生活中的买卖一模一样地搬到网上。因为这样的电子商务并没有增加或者减少什么，好像它与传统商务的区别只是在于一个是信息的，另一个是实物的。传统商务基于工业社会，工业社会的商务属于迂回经济；电子商务基于信息社会，而信息社会的商务属于直接经济。由此，电子商务产生价值。把百货商店照搬到网上，只是把工业生产方式照搬到网上，本质上仍是传统商务，或者说只是迂回的电子商务。

依托电子商务可以提高企业的供应能力、订单的管理和处理能力，最大化地利用人力资源，从而增强商务的基础建设；增加业务收入市场份额，搜寻新的市场空间，增强区域和全球的合作伙伴关系；保持和取悦用户，提高客户及服务能力和水平，交叉和相关销售；降低内部成本，加速现金流动，削减中间环节，降低通信成本，保持竞争地位，满足业务伙伴的需求；保护市场份额，利用网络刺激市场。

2. 网络营销

网络营销——online marketing，cyber marketing 是一种基于互联网的通过对市场的循环营销传播，达到满足消费者需求和商家诉求的过程。

（1）网络营销的商务模式　网络营销已经成为不可回避的商业命题，它不仅仅是一种新的技术或手段，更是一种影响企业未来生存及长远目标的选择。网络营销是以互联网为营销环境，传递营销信息，沟通及消费者需求信息化的营销过程。根据企业对互联网作用的认识及应用能力的划分，网络营销可以划分为 5 个层次，即：企业上网、网上市场调研、网络分销联系、网上直接销售、网络营销集成。

1）企业上网。这是网络营销最基本的方式。互联网让企业拥有一个属于自己而又面向广大上网者受众的媒体，而且这一媒体的形成是高效率、低成本的，超越传统媒体的。企业网站信息由企业自己定制，没有传统媒体的时间、版面等限制，也可伴随企业的进步发展不断实时更新；企业网站可应用虚拟市场、虚拟供求等多种手段吸引受众与访问者双向交流，及时有效地传递并获取有关信息。企业上网是网络营销的起步和基础，也是目前大部分跨国企业网站的基本目标。

2）网上市场调研。调研市场信息，从中发现消费者需求动向，从而为企业细分市场提供依据，是企业开展市场营销的重要内容。网络首先是一个信息平台，为企业开展网上市场调研提供了极大的便利。

①借助 IPS 或专业网络市场研究公司的网站进行调研。对于名气不太大，或者小企业来说，这是一种有效的选择。企业制定调研内容及调研方式，将调研信息放入选定的网站，就可以实时地在委托商的网站获取调研数据及进展信息，而不仅仅是获得最终调研报告。

②企业在自己的网站进行市场调研。对知名企业而言，企业可以在自己的网站进行市场调研。其网站的常客多是一些对该企业有兴趣或与企业业务有一定关系的上网者，他们对企业有一定了解，会提供更准确、有效的信息，这为调研过程的及时双向交流提供了便利。

3）网络分销联系。以上我们说过，电子商务的实质是变传统的迂回经济为直接经济，但是让企业独自去面对消费者，处理营销、服务的一切过程，这种工作量是企业无法承担的。所以，合理地设置物流系统，分配分销模式，是网络营销的重点。

企业通过互联网构筑虚拟专用网络，将分销渠道的内部网融入其中，可以及时了解分销过程的商品流程和最终销售状况，这将为企业界及时调整产品结构、补充脱销产品，以至分析市场特征，实时调整市场策略等提供帮助，从而为企业降低库存，采用实时生产方式创造了条件。而对于商业分销渠道而言，网络分销也开辟了及时获取畅销商品信息、处理滞销商品的巨大空间。

4）网上直接销售。网上直接销售合并了全部中间销售环节，并提供更为详细的商品信息，买主能更快、更容易地比较商品特性及价格，从而在消费选择上居于主动地位，而且与众多销售商的联系更为便利。这种模式几乎不需销售成本，而且即时完成交易，其好处是显而易见的。

但从目前看，国内市场环境对之有较大制约，主要表现为：企业信用水平和个人信用水平能力较低；市场机制不健全，市场体系不完善；产品和服务质量难以保证；网络建设有待提高，配套的网络营销法规、银行、运输服务体系尚未确立；消费观念尚存差距；企业应用互联网的能力有待提高。

从网上直接销售的低成本优势看，由于大多数国内消费者对价格十分敏感，因此一般能够接受这一消费方式，但其发展的前提应尽快完善上述环节和克服众多制约因素。

5）网络营销集成。互联网络是一种新的市场环境，这一环境不只是针对企业的某一环节和过程，还将在企业组织、运作及管理观念上产生重大影响。一些企业已经迅速融入这一环境，依靠网络与原料商、制造商、消费者建立联系，并通过网络收集传递信息，从而根据消费需求，充分利用网络伙伴的生产能力，实现产品设计、制造及销售服务的全过程。

网络营销集成是对互联网络的综合应用，是互联网络对传统商业关系的整合，它使企业真正确立了市场营销的核心地位。企业的使命不是制造产品，而是根据消费者的需求，组合现有的外部资源，高效地输出一种满足这种需求的品牌产品，并提供服务保障。在这种模式下，各种类型的企业通过网络紧密联系，相互融合，并充分发挥各自的优势，形成共同进行市场竞争的伙伴关系。

（2）网络销售的基本流程

1）通过网络收集商业信息。

2）信息发布及客户支持服务，企业上网是这一环节的关键。

3）宣传与推广，树立起公司良好的商业形象是电子交易的基础。

4）签订合同。

5）在线交易，其中最重要是电子银行的参与，怎样进行流通和转换，是网络营销的关键。

6）商品运输与售后服务，完善的物流配送系统是保证网络销售得以最终实现的关键。通过网络特别是通过基于网络的CRM系统及时了解顾客用车情况，并提供迅速、及时、周到的售后服务，这是汽车网络营销的又一重要内容。

（3）两种汽车网络销售的模拟流程

1）直销流程

①消费者进入Internet，查看汽车企业和经销商的网页。

②在这样的网页上，消费者通过购物对话框填写购货信息，包括：个人信息、所购汽车的款式、颜色、数量、规格、价格等。

③消费者选择支付方式，如信用卡、电子货币、电子支票、借记卡等，或者办理有关贷款服务。

④汽车生产企业或经销商的客户服务器检查支付方服务器，确认汇款是否认可。

⑤汽车生产企业或经销商的客户服务器确认消费者付款后，通知销售部门送货上门。

⑥消费者的开户银行将支付款项传递到消费者的信用卡公司，信用卡公司负责发给消费者收费单。

这种交易方式不仅有利于减少交易环节，大幅度降低交易成本，从而降低商品的最终价格，而且可以减少售后服务的技术费用以及为消费者提供更快更方便的服务。但是亦存在不足：一是购买者只能从网络广告上判断汽车的型号、性能、样式和质量，对实物没有直接的接触，更没有“试车”的可能，也容易产生虚假广告；二是购买者利用信用卡或电子货币进行网络交易，不可避免地要将自己的密码输入计算机，安全性较小。

2）中介交易流程。假设有这样一个网络汽车交易中心，以Internet为基础，利用先进的通信技术和计算机软件技术，将汽车生产商、经销商甚至零部件生产商和银行紧密地联系起来，为客户提供市场信息、商品交易、仓储配送、货款结算等全方位的服务。

①买卖双方将各自的供应和需求信息通过网络告诉网络汽车交易中心，交易中心通过信息发布服务，向参与者提供大量详细的汽车交易数据和市场信息。

②买卖双方根据网络汽车交易中心提供的信息，选择自己的贸易伙伴。交易中心从中撮合，促使买卖双方签订合同。

③交易中心在各地配送部门将汽车送交买方。

3）中介交易流程的优点。采用这种交易方式，显然会增加一定的成本，似乎有悖于电子商务“直接经济”的特质，但是确可以降低买方和卖方的风险，从而减少交易费用，这依然是一个我们前面提到过的网络营销中合理设置物流系统的问题。

①这样的交易中心就好象的一个“汽车博览会”，汽车生产商和经销商以及零部件生产商遍及全国甚至全球各地，为供需双方提供了很大的交易市场，增加了许多交易机会，但是

双方都不需要付出太多。

②在双方签订合同之前，网络汽车交易中心可能协助买方对商品进行检验，只有符合条件的产品才可以入网，这相对程度的解决了商品的信誉问题。而且，交易中心会协助交易双方进行正常的电子交易，以确保双方的利益。

③网络汽车交易中心采取统一的结算模式，还可以加快交易速度。

案 例 分 析

案例 7-1　日本汽车的售后服务

日本汽车销售体系经历了几次变革，但系列化销售一直延续至今，形成了日本独特的销售体制——排他性系列销售体制。销售体系以代理商制度为主，销售体制中生产厂家占主导地位，生产厂家结合地方势力建立全国经销网络。经销网络由公司、地区分部、经销总店和分店组成。总店和分店负责销售汽车，地区分部负责全国合同执行过程的协调。每一地区建有车库和配件库存场所，统一存货，统一订货。每一分店均是三位一体，负责销售、维修和配件供应。

日本整车销售、维修服务、备件供应三位一体的销售模式被公认是一条行之有效的销售模式。它的汽车公司，基本上都是集整车销售、维修服务、备件供应于一体。汽车经销商都是围绕某一产品的专销、专修、备件专供的品牌专卖店，按产品在全国构成专业网，给用户提供了极大方便。

日本汽车行业的售后服务机构一般由经销商来设置，与生产企业没有直接关系。这与我国汽车产品售后服务网点一般均由生产企业直接设置和管理，且大多为特约或关系户的情况截然不同。

日本汽车售后服务的基本特点是：销售体制中生产厂家占主导地位，销售及售后服务工作由经销商来做，汽车制造公司只负责产品开发和生产；新车的销售具有排他性，而旧车则对所有厂家的车型都可以接受和销售；技术中心除负责全面为经销点培养维修技术人员外，还负责培训教材和维修服务手册的编写，以给各经销商和客户使用，同时为经销商提供工具设备，对管理的模式化和办公自动化等提供帮助；配件价格全国统一，其中主要部件自给，既保证了配件质量又降低了成本；有一支规范的、高素质的经销商队伍，对经销商有严格的考证制度。售后服务是竞争的重要手段，用户是市场战略的核心。

日本汽车生产企业把向客户提供优良服务当作参与竞争的一种重要手段，因此，投入大量人力与物力来培养人才，提高技术。每个公司都有自己相当规模的服务培训中心，为代理商及其服务网点培训人才、提供有力的技术支持。在日趋激烈的市场竞争中，产品性能使用户难以挑剔，而销售渠道的建设、灵活售车、全天候尽善尽美的服务则是竞争的重要手段，要做到最大限度地吸引用户。

以丰田公司为例。丰田产品的销售和服务工作全由经销商来做，经销商经常举行各种促销活动，组织用户试开新车，其费用均由经销商承担。丰田公司在日本国内共有5000多个经销商（维修站），分别属于33个销售中心。日本的维修站都销售汽车，销售是其主要功能。销售大厅面临大街，大厅内错落有序地停放着各种展车，休息洽谈区内布置简洁明快，墙上没有任何宣传画和广告，绝无豪华浮夸的装饰，给人一种温馨亲切的感觉。墙上的工作卡板将整个服务工作的情况清楚地显示在客户和管理人员的前面，其中约80%的客户是通过预约来确定时间，这一点目前在我国还无法做到。

满意的售后服务是最难做到的，丰田的宗旨是“做用户还没想到的”。为此，他们制定了服务行动“亲切、切实、快速、合理”四个标准，要求所有的经销商都按丰田的要求和标准去做。经销商（维修站）对每一位客户都制订了用户档案（以牌照号自动编排），在每次修理之后定期和用户联系，以获取各种信息。值得注意的是丰田公司对配件的做法。丰田公司设有5个零部件中心，负责丰田汽车40万种零部件国内外的供应。中心在接到定单后一天内可将配件送到国内各地，其供货率在95%以上。各个经销商、维修站每天都能订货4次。虽然丰田汽车零部件品种繁多，但维修站的仓库却小得不可思议。另外配件的货款可以在50天内支付，这对资金周转和减少库存都是极为有利的。配件价格全国统一，价格由厂方和经销商协商确定，避免了相互之间的恶性竞争。

丰田公司零件中心共5个，半径在30km范围内。除一个物流中心专门负责向全世界100多个国家和地区发送出口零部件外，其他4个都按不同品种进行分工，专门从配套的零件生产厂进货，向维修点和销售点发货。中心管理人员根据用户，主要是零件商、修理厂提出的要求迅速通知仓库备货、发货，同时汇总并向有关的零件生产厂家提出订货。生产厂家在接到零件中心订货后向零件中心发货，所有这些活动每天进行数次，选择最佳的批量以最大限度地减少库存，降低资金占用，做到决不让货单滞留。管理人员为使进货人库作业均衡化，特编制进货表和送货表标明在墙板上。零件的进货与发货都要看板，每天数十次进货发货的专用车都是按板上的预定时间、预定地点（货位）到达或发出，包括装卸货时间，精确度在一个小时内。仓库的自动化程度很高，无人驾驶的库内货运车到处可见。整个零件中心像一台自动化程度很高的机器，按照设计好的程序在按部就班有条不紊地正常运转。

案例7-2　SAAB的网上营销

SAAB以其卓越的性能赢得了全球的驾乘者，但是，拥有212个经销商网络和30个维修中心的SAAB美国汽车公司深知，客户需求远比现代化的汽车更重要。他们致力于为每一个客户提供一种只有在新下线汽车才能享受的服务水平。例如，为了对客户的查询作出快速准确的回应。SAAB的美国经销商期望能够即时地访问客户的全部采购历史信息，以及后端车辆定位装置、保修和培训应用。在维修任何一辆车时，SAAB维修中心的技师也期望能知道该车的维修记录和相关零部件记录信息。

数据库分散，资料不集中，反应速度慢，成为提高SAAB经销商访问保修、维修记录、客户历史和其他相关信息的能力的巨大障碍。有限的资金同样使SAAB愁眉不展。

SAAB有关维修、所有权、保修和零部件的记录分散在美国总部的3个数据库中。访问后端应用还是通过一个速度特别慢的绿屏仿真器对话的导航系统。由于客户通常需要快速、准确和详细的答复，因此，经销商常常无法答复客户的问题。这个系统还拖延了SAAB的信息反馈，其中包括销售数量、缺陷和保修，因此，它正在成为SAAB向以客户为中心的企业转型的障碍。为提高生产率，降低成本，SAAB希望经销商能够通过互联网和网络浏览器直接访问公司的信息和应用系统，另外，它还希望这个项目不要在旧的应用系统上重新编程而投入巨资。

IBM为SAAB设计并更新了的汽车制造商外部网零售商信息系统（IRIS），其无需将原有系统重新编程。IBM 建构的独特系统，达到了 SAAB 的要求。IBM 全球服务的专家小组对汽车制造商外部网零售商信息系统（IRIS）进行规划，并为其编写了基于 Java 技术的代码。SAAB 的 IRIS 是以 IBM iSeries 服务器为核心，运行 Lotus Domino 和 IBM DB2 通用数据库软件。为了开发基于 Java 技术的用户接口，IBM 全球服务还选择 IBM 位于乔治亚洲亚特兰大的商业伙伴 Jacada。IBM 全球服务还能使该系统共享 SAAB 现有的 Lotus Notes 数据库。美国 SAAB 汽车公司信息服务经理 Jerry Rode 指出："解决方案的试运营阶段效果非常好，在开通阶段，每个经销商都想第一个联网。"

IRIS 系统准备就绪后，SAAB 经销商和维修中心的生产率提高了 25%，客户查询的答复速度平均提高了 40%。此外，SAAB 经销商至 SAAB 美国总部的通话量降低了 80%，因为经销商在他们自己 PC 机中可以获得比以往更多的信息。该公司期望在两年内实现 100% 的 I-RIS 投资回报率，因为无需对 SAAB 已有的应用系统重新编程，IBM 已经为该公司节省了每年 15～20 人的人员成本。

在获得使用标准网络浏览器的授权后，SAAB 美国经销商或维修中心的任何一个授权员工都可以访问 SAAB 美国总部的 IBM iSeries 服务器上的企业应用系统。这个应用系统的 DB2 通用数据库整合了所有车辆、客户、保修、销售和维修信息。Rode 说："作为 IRIS 系统的数据管理解决方案，DB2 通用数据库被证实为具有极高的扩展性和可靠性。"

Lotus Domino 存在 AS/400 服务器上的另一个逻辑分区中，充当后端应用与前端网络接口的中间件。例如，一个客户需要一辆黑色车身、黄褐色真皮内饰的 SAAB9－3 车型时，销售代表可以登录 Domino 生成的 IRIS 菜单，然后开始查询。Domino 可以按地点、颜色和车型查询 DB2 数据库，然后将查询结果转换成一个 HTML 表格提交给经销商。当查到客户需要的汽车后，经销商可以点击另一个汽车销售应用系统，让人把汽车送到现场。

为提高关键信息到经销商的传输速度，IBM 全球服务在新系统中集成 SAAB 在 Microsoft (r) Windows NT (R) 服务器上已安装的 Lotus Notes 数据库。通过这个数据库，经销商可以访问技术服务快报、销售和市场营销信息，以及经销商运营所需的任何重要表格和文档。Notes 数据库被DB2 一天复制 5 次，并通过 IRIS 系统，定期传送给需要这些信息的经销商。

当经销商拥用了一个功能强大的前台工具后，维修技师就可以登录 IRIS 系统，查询在美国销售的 SAAB 汽车的维修历史。他们还可以与 SAAB 的零部件供应商和分销商互联。当一个技师想要订购一个零部件，跟踪一个订单的状况或检查库存时，SAAB 总部的 IBM iSeris 服务器就充当一个交换点，Domino 负责将这些查询传送到供应商后端的 IBM zSeres 并行企业服务器上，并将检索查询结果传出服务器，在维修中心和零部件销售商之间架起了桥梁，使 SAAB 技师能够以比过去更快的速度维修车辆，尽快将汽车交付客户使用。

SAAB 还正在设计一个全新的网络接口，更换业务逻辑和所有的数据结构。美国 SAAB 汽车公司信息服务经理 Jerry Rode 说："我们将来的设想是将 SAAB 和以客户为中心的网络战略整合到一起来。" 他说："SAAB 汽车分销到全球 50 余个国家，仅美国市场就占总销量的三分之一。SAAB 汽车瑞典母公司选择了 IRIS 作为公司标准的经销商信息系统。IBM 全球服务则担当起将美国版本全球范围推广的重任。"国际 IRIS 已经在欧洲全线开通，SAAB 全球经销网络的其余部分也已在 2001 年底之前全部投入运营。"

复习思考题

1. 服务的四个特点分别是什么？

2. 服务营销与产品营销的差异性表现在哪些方面？

3. 汽车售后服务包括哪些工作内容？

4. 怎样对具体的轿车车型，进行一次售后服务的全程跟踪以了解特定厂家售后服务的全部内容和工作流程？

5. 如何开展营销创新？

6. 电子商务有哪些特点？汽车售后市场发展电子商务应采取怎样的对策？

7. 什么是网络营销？

第八章　汽 车 营 销

【学习目的】　通过学习，使学生对汽车营销客户管理体系有一个较全面的了解；通过销售汽车的实例，掌握营销的方法和技巧。掌握汽车销售商务谈判的原则与程序、谈判的策略与技巧。掌握汽车销售合同的签订与执行的方法。了解产品技术支持与售后服务条款，初步掌握汽车营销的原则和步骤。了解二手车评估的基本知识和方法；初步掌握二手汽车的鉴定评估的基本技能。

第一节　网点与客户管理

一、客户管理的内容

1. 客户管理的定义

根据企业的业务特点确定企业的客户资源，并与这些客户建立、保持持久良好合作关系的一系列活动，称为客户管理。

2. 客户分类

1）卖主。

2）供应商。

3）合作伙伴。

4）战略联盟。

客户按其重要程度还可分为重点客户、普通客户和潜在客户，见表 8-1。

表 8-1　各种客户类型

客户的百分数	客户的类型	投入时间的百分数
10	重点客户	60
30	普通客户	30
60	潜在客户	10

另外，还可以从以下方面对客户进行分类：

（1）你对客户的吸引力程度。在客户心目中你与其他供应商的差异性：你的优势是否得到认同？客户是根据价值还是价格，还是二者兼有来做出购买决定？

（2）客户的偏好

1）客户愿意与你合作还是对你抱有偏见？

2）你接近客户方关键人物的机会有多大？

3）客户的采购政策是严格的还是灵活的？

（3）客户的经济潜力

1）销售量。

2）销售利润率。

（4）双方相互的关系

1）关系发展的潜力。

2）发展中的关系、倒退中的关系。

3）目前关系良好、非常稳固、相当有限。

3. 客户评估

（1）对客户的评估

1）目前的业务量有多大？能给我们带来的收入是多少？业务来往中能有多大的利润？

2）该客户对企业的重要性如何？该客户能否代表我们的一个目标产业？

3）该客户是否根据价值而非价格而进行购买，是否占我们很大的营业额？

4）该客户是否偏爱我们？我们是否将大量的机会都提供给对方？

5）在向该客户提供产品和服务时我们有多大的风险？

6）我们目前对该客户投入有多大？目前和未来得到的回报能否证明投入是值得的？

（2）投入客户资源评估

1）销售人员的时间和精力，技术人员花在撰写建议书、进行销售访问和谈判等的时间。

2）进行营销和销售的费用。

3）销售拜访、撰写建议书所花费的费用。

4）高级经理人员所花费的时间。

5）营销和销售宣传资料的制作费用。

6）样品或产品展示的费用。

7）其他机会成本。

4. 客户管理的原则

以令客户满意为目标，而不是仅仅向客户提供服务（给客户提供服务不是由客户自己决定的，而客户满意是由客户自己决定的），把工作的重点放在客户的需求上。

1）将客户放在企业的中心位置。

2）从客户的角度出发来管理企业。

3）在实施管理的过程中注重质量。

4）保持与客户关系的活力。

5）将客户满意转变成企业的利润。

6）对重要的事项做出权衡。

5. 客户管理体系的建立

（1）客户管理体系中的主要角色

1）客户经理及其团队。

2）行政支持者。

3）销售经理及其团队。

（2）某品牌汽车的客户管理体系，如图 8-1 所示。

6. 客户信息库的建立

（1）信息的分类及其来源

1）公开的信息：来自客户的年度报告、广告、宣传册、产品介绍、技术刊物、产品目录、新闻稿和网站等。公开的信息基本可免费获得或代价非常小，能够反映企业的真实情况，但不能全面、深入地了解顾客。

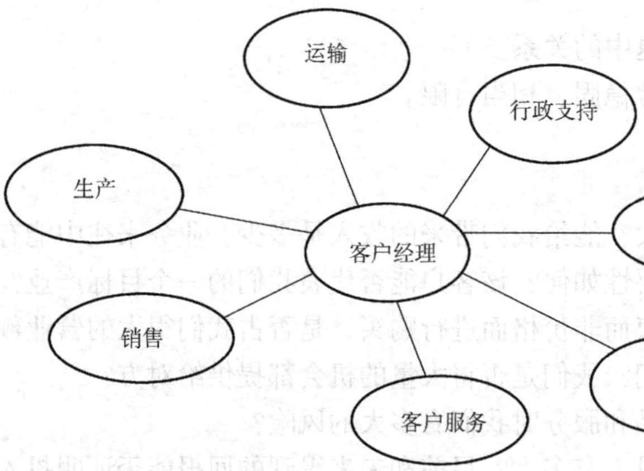

图 8-1　客户管理体系

2）基本公开的信息：来自行业刊物或报告、政府统计报告、互连网上提供的信息查询服务等。此类信息的特点是人人都有机会接触到它们，却相对不会引起人们注意，获得信息需用的时间较长，费用较高。此类信息往往很难揭示事物的全部真相。因此，下面的两类信息显得非常有用。

3）私密的信息：来自客户方的经理人员、技术人员；向客户提供服务的技术、维修人员、第三方供应商；了解该客户的行业专业人士；政府官员等。通过这些途径，可获得从公开途径无法得到的有关客户项目、需求、预算方面的信息，从而制订出自己的行动计划。

4）极度私密的信息：往往只能来自客户内部，这些内部渠道是你的支持者和捍卫者，他们信任你，希望你能赢得他们企业的业务。这类信息可能为知情者带来巨大的竞争优势，因此，拥有这些信息的合法性是有争议的问题。

（2）分析客户和制定策略。根据下列信息对客户进行一般分析：

1）行业与市场——市场进入障碍、竞争状况等。

2）业绩——经营业绩、财务业绩、核心能力、技术、营销手段等。

3）发展战略——使命与远期目标、机遇和威胁、战略联盟等。

4）对产品的需求——产品的历史、规划、对产品的使用、机会和优先权等。

5）结构与管理——所处位置与设施、关键任务、购买程序等。

结合对环境机会、对客户及竞争对手的 SWOT 分析和对己方企业的 SWOT 分析确定双方关系所处的阶段，并采取有针对性的策略。

二、SWOT 分析法简介

对公司业务进行 SWOT（优势、劣势、机会和威胁）分析，主要是对公司面临的市场环境（PEST）分析、对公司资源以及未来竞争的评估，见表 8-2。

SWOT 实质上是将前面环境分析、竞争分析及资源条件分析的结果放在一起，由此看出企业面临的战略环境，从而制定出正确的战略决策。

进行 SWOT 分析时，要注意以下几点：

（1）企业所具有的资源条件在某种情况下可能是优势，在另一种情况下可能又是劣势。同样，PEST 的一种变化趋势，既可能为企业带来机会，也可能成为企业的威胁。

表 8-2 SWOT 分析表

内部条件分析		外部环境分析	
S—优势 1. 2. 3. 4. 5.	W—劣势 1. 2. 3. 4. 5.	O－机会 1. 2. 3. 4. 5.	T－威胁 1. 2. 3. 4. 5.

（2）SWOT 分析应用的范围很广泛，在企业做战略分析时可用，在企业进入一个具体的市场时可用，在企业开发一件新产品时也可用。

（3）在进行 SWOT 分析时，应将正确的环境因素和企业内部资源条件因素放入 SWOT 分析表中正确的位置，保证分析结论的准确性。

（4）根据 SWOT 分析的结果还可以直接得出企业的战略思路：

1）SO 战略：发挥自身优势利用外部机会。

2）WO 战略：利用外部机会弥补自身劣势。

3）ST 战略：利用自身优势克服外部威胁。

4）WT 战略：减少自身劣势，回避外部威胁。

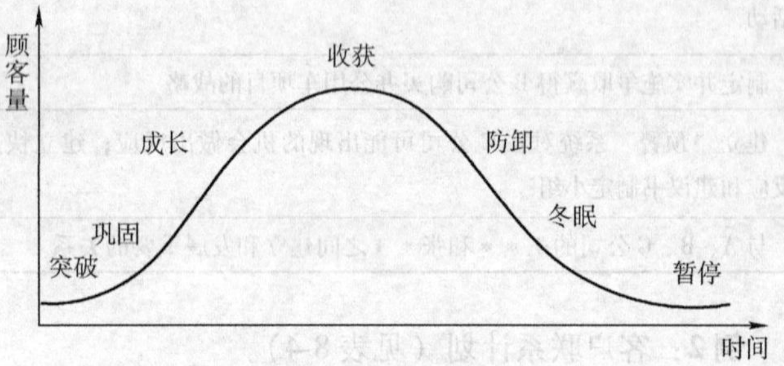

图 8-2 客户业务周期

顾客是理智的，大多数顾客对与供应商的关系十分现实，他们知道供应商受到资源、技术以及经营变化的制约。

在分析顾客对关系的看法时必须明白，顾客把自己看作与你存在某种关系的时间跨度是很大的。因此，在整个关系期间特别是在交易前后以及交易过程中都有机会加强与顾客的关系，见图 8-2 和图 8-3。

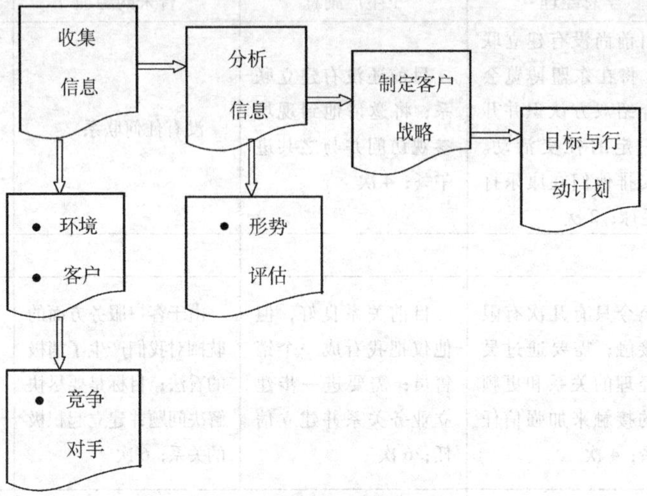

图 8-3 制订客户计划过程

三、客户管理实例

例1 基本的行动计划（见表8-3）。

表8-3 基本行动计划表

目标：通过争取赢得A、B、C公司超过400万元的购车项目，争取在两年内获得当地20%的客户份额，形成我们在＊＊＊地区的较固定的客户群

行动计划

行动内容	执行人	开始日期	结束日期	完成情况
与A公司的管理层一起开展一个帮助客户了解我们产品及服务项目的活动	李＊＊	03.11.02	04.01.20	√
制定并实施争取赢得B公司购买办公用车项目的战略	肖＊＊	03.11.25	03.12.25	√
建立“预警”系统对在C公司可能出现的机会做出反应；建立快速反应和建议书制定小组	陈＊＊	04.02.02	04.04.02	
与A、B、C公司的王＊＊和张＊＊之间建立和发展重要的关系	刘＊＊	04.03.01	04.06.01	

例2：客户联系计划（见表8-4）。

表8-4 客户联系计划表

目标：通过增加与客户接触、联系的次数，改善原本存在的某些问题的关系，利用我们在该企业中支持者的关系，扩大我们在客户企业中的关系网，以便在下一年订货开始时，与RE公司建立起被它们优先选择的供应商关系

联系计划

我方关键人员	客户方的关键人员			
	李总经理	王生产副总	曾采购经理	钱工厂经理
王总经理	目前尚没有建立联系；将在东盟博览会上介绍双方认识并开始一定的社交活动。将安排他们在康乐打羽毛球；2次	目前还没有建立联系；将邀请他到现场参观访问并与之共进午餐；4次	没有任何联系	没有任何联系
张营销经理				
江区域经理	至今只有几次有限的接触；需要通过吴总经理的关系和更频繁的接触来加强信任关系；4次	目前关系良好，但他仅把我看成一个销售员；需要进一步建立业务关系并建立信任；6次	由于客户服务方面的耽搁对我们产生了消极的看法；目标是要尽快解决问题并建立起积极的关系；6次	目前尚无联系；需要建立一些联系；将安排一些共同解决问题的会议；6次
业务代表甲				

例 3：收益计划（表 8-5）

表 8-5　收益计划表

目标：在下一年内，以平均 4% 的利润率从客户处取得 4,250,000 元的收入，从而让收入同比增加 13.9%，利润增长 0.3%

收入计划

产品	期望收入	获得率	预算收入	可能利润率	盈利额	备注
五菱之光	50000	70	35000	2.7%	945	50% 的订单已进来
五菱小货车	34000	90	30600	2.1%	642	全部在 * * 地区
五菱商务车	1700000	100	1700000	5.0%	85000	可超过 170 万元
五菱面包	560000	50	280000	4.5%	12600	某些订单可能会撤销
发动机总成	800000	90	720000	3.0%	12600	需求正在增加
转向控制装置	450000	75	337500	2.3%	7763	三个将很快关闭
座椅总成	78000	100	78000	1.8%	1404	订货待决
R204 型监视器	230000	80	184000	6.1%	11224	等待现场测试
	150000	80	1200000	4.9%	58800	最炙手可热
总计			45651000		199978	

本区域可能得到的预算收入将超过收入目标 7.5%，利润也应会超过预期目标，因为仅电源服务器和 SX－586 型芯片两种产品就占到了整个预算收入的一半以上，是两种利润率最高的产品。

措施：

虽然大多数的收入项目都是通过正常的，不断的销售努力取得的，但是我们仍需要采取下列措施：

四、以忠诚为基础的关系管理

1. 顾客关系管理

顾客关系管理（Customer Relationship Management）又称为 CRM 其的缘起有以下几个原因：

1）产品差异化降低，服务差异化取而代之。

2）网络时代信息应用的必然趋势。

3）顾客价值与忠诚度的重新体现。

4）开发新顾客与维系旧顾客的成本差异。

5）顾客终身价值的新观念。

6）顾客平等与差异化服务。

7）行销、销售、服务渠道的多元化。

8）速度、精确、成本、效益的多重竞争。

2. 顾客忠诚度的重要性

CRM 里面有一个非常重要的观点，叫做既有客户。CRM 认为与已有客户保持关系是企业最大的财富。

1）要吸引一位新顾客，所花成本要比留住一位原有顾客多出 5～7 倍。

2）要消除 1 个负面印象，需要 12 个正面印象才能弥补。

3）企业为补救服务品质欠佳的首次消费，往往要多花25%～50%的成本。

4）100位满意的顾客，可以衍生出15位新的顾客。

5）每一个抱怨顾客的背后，其实还有20个顾客也有同样的抱怨，而且会告诉更多同业。所以，忠诚顾客是公司最有价值的资产。忠诚顾客的特点，如图8-4所示。

(1) 什么是顾客忠诚。忠诚被界定为一种心态，一系列态度、信念、愿望等。你得益于客户的忠诚行为，而这种行为源于他们的心态。忠诚也是一种相对的心态，它排除对其他一些供应商的忠诚，但并不是排斥所有其他供应商，比如一名客户可以对一个以上、彼此竞争的供应商保持忠诚。

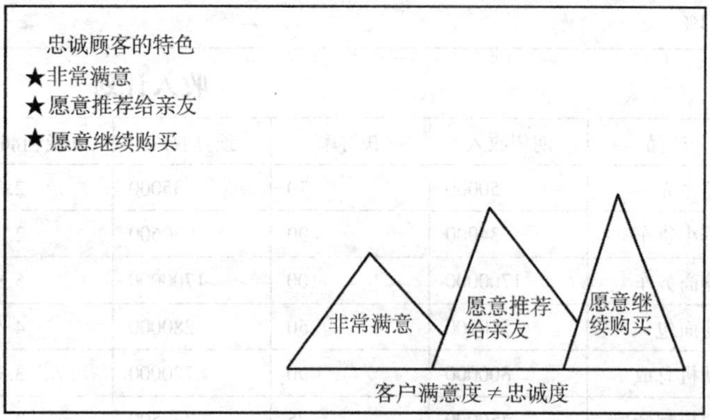

图8-4 忠诚顾客的特色

信息交流是保持忠诚的关键，而且在心态和行为之间架起一道重要桥梁。忠诚的顾客更有可能给你信息。（因为他们信任你，并期待你从他们的利益着眼慎重地使用这些信息。）忠诚顾客也希望从你那儿收到更多关于你的信息。因此，“有特权”的信息交流是忠诚方案的一个必不可少的要素。

(2) 树立顾客忠诚的基本原则。确定营销和服务组合中能最有效地（结合目标客户在忠诚方面的特点考虑）加强和建立客户忠诚的因素。

(3) 找出最有价值的增强器。找出产品/服务组合中顾客认知价值最高，但相对供给成本较低的因素。这似乎是一个不可思议的论点，然而它对很多长期有效的经营方案极为关键。

(4) 建立和维护信任关系

1）建立在满足需求基础上的信任关系。满足需求这一层面上的信任发生在买卖双方互动的最基本的层面上。这是必须通过的第一道关口。如果你成功了，你便可与之进一步建立更深的信任关系。如果不成功，你们之间将无法再开展更多的业务。

但是，仅仅建立在满足客户需求基础上的关系是难以为继的。你要由一个普通的商品供应商的地位，转变为与客户具有良好战略合作关系的伙伴。

2）建立和维护个人间的信任关系。个人之间的信任涉及到你在一个人与另一个人之间所建立的人际关系，并且，这种信任关系中只在客户对你产生信任感的时候才存在。如果你把客户当作你的目标并认为他们是一群被操纵的对象，那么你就不可能与对方建立起良好的个人关系，因为没有人会愿意受到别人这样的对待。如果双方是纯粹的买卖关系，是尔虞我诈的商场关系，也不可能建立个人信任关系。

建立个人间的信任的一个首要前提是你要关心别人而不是你自已——即关心你的客户。要长久维护与客户的个人关系，必须要做到的是：

① 这种关系必须是双向的并建立在相互尊重的基础上的。

② 你们必须具有或能够培养共同的兴趣。

③ 你们必须要有问题存在但又必须能够解决它们。

④ 这种关系必须是令人愉快和能够不断更新的。

⑤ 这种关系必须从一种状态发展到另一种状态。

⑥ 必须保持经常和定期的接触。

3）建立和维护企业间的信任关系

①企业间的信任关系是一种逐步显现的现象，要建立和发展企业间信任关系的主要原因是确保这种与客户间的相互信任能够普遍存在于你及你企业中的其他人，包括企业的总裁和客户企业中的某些相关人员之中。其目的就是不管双方人员如何变动都要建立起可持续的信任关系。如果双方的信任关系仅仅是建立在某个个人身上，那么一旦这个人离去了，这种关系就会同时失去。

②逐步调整你的系统，使之在满足客户独特需求上具有灵活性和适应性。维持企业间关系的最大挑战之一，便是与自满作斗争。你必须首先不断加强与对方建立一种牢固关系的紧迫感和责任感，并且必须使其成为公司包括从发货员到老总在内的全体人员的共同行动。将其他公司因自满而失去客户的事例作为宣传教育材料，帮助人们树立危机感。

a. 定期组织，尤其是要组织客户团队的成员参加"感受度"的情况介绍会或研讨会。

b. 与客户联合举办以解决问题或寻找机遇为主旨的研讨会，增加企业员工与客户直接合作的机会。

c. 在那些直接服务于客户的人中建立起一个虚拟的关系网络，并定期沟通。

d. 利用你自己的业绩考评标准并通过客户满意度调查来衡量你对客户不断变化的需求和所存在问题的敏感程度。

e. 经常对双方的关系状况进行自我检查。

(5)"拉链式"人际关系网的形成。我们能建立起上面所说的那些关系，在企业和客户企业的各级别的关键人员之间建立起一种至上而下、一一对应的重要联系，就是一种被称之为"拉链式"的人际网络关系。在这种关系的形成过程中，区域销售经理或者专门的客户经理，起着非常至关重要的作用。

第二节　汽车销售人员的培训与行为规范

一、汽车销售人员培训的内容

1. 销售技巧的培训

（1）销售人员的主要工作步骤：

1）寻找潜在客户鉴定他们的资格。

2）访问前的准备。

3）接近的方法。

4）讲解和示范。

5）处理异议。

6）发现购买信号。

7）事后跟踪和服务。

（2）销售准备工作的技能培训。销售人员真正和客户面对面的时间非常有限，所以，做好准备工作，能让您在销售前最全面地了解客户的状况和最迅速地掌握销售重点，节约宝贵的时间，有效的销售。

1）了解客户行业状况。不同的产品或服务有不同的适用行业，如果您是销售机电产品的销售人员，需要了解的是工厂的分布状况、规模及经营状况。通过对区域内的行业状况调查，您可以知道客户的重点分布区域。

2）了解客户使用状况。客户喜欢您的产品还是竞争对手的产品？客户为什么选择竞争产品？企业原有的客户状况如何？了解企业原有客户可以继续做好服务及发现新的商业机会。通过曾经对在这个区域做过的同事进行了解，您可以比较快的了解这个区域的客户使用状况。

3）了解竞争状况。区域竞争的品牌有哪些？代理商的选择如何？有多少个代理商？其服务对比您的服务有什么区别？价格的差异有多大？客户对竞争产品的口碑如何？竞争企业的人员数量如何？详细了解这些状况，有助于您准备您的说词，研究应对的策略。一个新的区域一般不可能在短时间了解详细，需要您不断地深入。浅尝辄止，不去研究区域内客户的变化，您的业绩也就不可能稳固和扩大。

4）把握区域潜力。前面我们初步了解了区域的特点，除了有助于我们了解竞争者之外，另外一个目的就是能把握您区域内的销售潜力。只要把握住市场潜力，才能准确地制定出销售目标。根据市场特点我们根据下列因素来评估您所经营区域的市场潜力：

① 市场饱和度。

② 区域内客户规模的大小及数量。

③ 区域内的竞争者强弱及市场份额的比例。

④ 区域内适合销售行业的多少，如学校、银行、报关业、事务所、机电生产厂等等。

⑤ 景气好的行业数目，通常景气好的企业需要扩充，且预算较宽裕，具有很好的销售机会。

5）潜在客户资料。潜在客户是有购买产品或服务的潜在可能性且有资格的人或组织。寻找潜在客户是销售的生命线。销售人员必须经常寻找新的潜在顾客。

① 找出潜在客户。对销售人员来说，寻找潜在客户是进行销售的第一步，由于行业和商品不同，寻找潜在客户的方法各不相同，找出销售区域内可能的销售对象有以下几种方法：

a. 推荐方法。向一个目标客户询问另一个目标客户的名称。

b. 社会关系。向朋友和熟人打听目标客户的名称。

c. 社会机构。从服务部门和商业协会寻找销售线索。

d. 无竞争关系的销售人员。

e. 结交有影响力的客户。

f. 公司内部其他部门。

g. 网上浏览、主办/参加贸易展览、销售研讨会。

② 潜在顾客的评估

a. 相容——销售的产品和目标客户的需求和需要之间。

b. 可接近——对目标客户。

c. 合适——关于地理位置和目标客户所从事的业务类型。

d. 权威——做出购买决策。

e. 获得——按照目标客户的购买意愿和支付能力以及预计的销售费用估计。

值得注意的是涉及评估标准问题很难在目标客户探寻阶段完全解答。例如考虑获利因素，销售人员可能无法估计将来的某一时候目标客户是否会带来利润。对于某一目标客户而言很有可能在将来成为一个无利可图的客户，进而不再是该销售机构的客户。但是，在目标客户寻找阶段并不是要求就目标客户的合适性做出最终的决定，而只是判断是否有充分的迹象表明该目标客户值得进行销售努力。

③ 调查潜在客户的资料。接触客户的关键人物是调查客户的基础。一般来讲关键人物是指有需要的、有权力决定的、有钱的人。

通过接触客户的关键人物，您可以获知到该客户的真实状况。有些销售人员容易陷入一种沟通陷阱，把时间浪费在感兴趣的人物身上，把对方当作关键人物对待，这是非常浪费时间又没有效果的销售方法。

真正的关键人物知道最需要的是什么产品，能否在现在或将来什么时候购买。所以通过对关键人物的调查您才能获知客户的需求信息和需求障碍。当您明确您的拜访对象之后，您需要调查潜在客户的下列信息：

a. 关键人物的职称。

b. 关键人物的个性。

c. 客户购买的决策途径。

d. 客户的规模和资金状况。

e. 客户的信誉状况。

f. 客户的发展状况。

④ 明确您的拜访目的。必须首先决定拜访客户的目的，才能准备接近客户时的适当说词及资料，让客户接受拜访的理由。第一次拜访客户的目的有：

a. 引起客户的兴趣。

b. 建立人际关系。

c. 了解客户目前的状况。

d. 提供产品的资料以及样品、报价单。

e. 介绍自己的企业。

f. 要求同意进行更进一步的调查工作，以制作建议书。

g. 要求客户参观展示。

拜访潜在客户前的准备是一个持续性的准备，每一个潜在客户都是未来开花结果的种子，您对潜在客户了解得越多，就越能增加您的信心。信心是会感染的，客户感受到您的信心，也会对您产生信心。

（3）拜访计划。销售是行动导向的科学，没有行动计划，必定没有业绩。如何提高行动的效率，前提是必须有一个好的销售计划。计划是行动的开始，行动的结果是否能够达到目标，是计划检核的基本点。

销售人员在作计划前要考虑 3 个要素：

1）接触客户时间的最大化。

2）目标。

3）达成目标所需的资源。

销售活动是与客户之间进行互动的过程，客户的时间不是您所能够控制的，所以您最好提早安排，销售计划必须保证充分的弹性。在执行计划的过程中，您必须以严谨的态度对自己的计划负责，计划中要设定严格的检核要点，随时评估计划的可行性，促使自己全力控制计划的进度，以达成计划的目标。

1）时间计划。对销售人员来说，如何提高接触客户的时间是非常有价值的，我们前面提到过，销售人员真正和客户面对面的时间是非常有限的，接触时间的延长有助于客户更详细了解您和您的产品。要确认您和客户的接触是有效的，商谈的对象是正确的，商谈的事务是有助于您的客户了解产品和了解您自己的。

2）目标。目标分终极目标和阶段目标，有很多业务不是一次性成交的，需要几个回合的接触，借助各种销售手段才能达成。阶段性目标是检查销售计划执行状况的重要标志，对于区域销售计划则尤为重要。

目标是企业和您共同确认能够达成的任务。目标除了销售数量和销售金额外，还涉及到销售费用。下列项目也是销售人员行动过程中企业所要求的目标。

① 更充分了解产品的销售区域。

② 订出区域分管或客户分管的拜访率。

③ 维持一定潜在客户的数量。

④ 每月新拜访客户及再拜访客户的数量。

⑤ 参加专业训练的次数。

3）资源计划。要达成拜访目标，需要充分了解所拥有的资源及其优劣点。下列项目可协助检查拥有的资源：

① 产品知识。

② 价格的权限范围。

③ 现有客户的关系。

④ 潜在客户的资料量和细致程度。

⑤ 销售区域。

⑥ 销售辅助器材。

4）销售计划和备选方案。一份好的销售计划，要求在销售区域里更快地找到合适的潜在客户，并明确拜访客户的步骤，以达成销售目标。

依据计划行事是专业销售人员必备的素质，需要销售人员不断摸索计划的有效性。“计划不如变化”，但专业的销售人员在计划中却能够充分体现这种变化。刚开始从事业务销售工作的业务新手，不要急于对计划提出过高的要求，按照一定的步骤进行训练，将计划和行程作详细的比较，当您具备了一定经验时，您的销售计划同样可以完美无缺，您的时间的使用效率自然会大大提高，您的业绩也会不断提升。

2. 客户关系技巧的培训

与客户建立关系，即通过建立关系进行销售，要求在客户和销售人员之间进行自由、坦诚的思想和情感交流。如果不能形成一种积极的交流氛围，就不可能在销售人员和客户之间建立关系，就会在销售人员和客户间形成交流屏障。敷衍、答非所问、拒绝等常见的不良迹象将使销售人员难以继续其推销活动。

在销售过程中，最大的问题是销售人员没有足够的时间处理或回避这些不良迹象。据权威数据显示，销售人员用于树立良好形象的时间是10s至几分钟。在这短短的时间内，客户会立即形成对销售人员的印象，判断其是否值得进一步了解。

销售人员怎样正确、迅速地建立良好形象呢？大量的实践经验证明，恰当地传递非语言信息，如外表、姿势、目光、微笑、握手等可以在短时间内赢得客户的认可。

（1）姿势：身体正直、头和肩稍向后，传达出销售人员自信、能干、热情和兴趣；站立时，双脚与肩同宽，膝盖微屈；不要晃动、摇摆或抖动身体。同时，注意头部的动作。

（2）外表：服装、名片、样品、记事本、公文包等都会影响客户对销售人员的印象。

（3）目光：目光接触是与客户建立良好感情的第一因素。初次见面时，目光接触每次以3s为宜，注视的位置是双眼以下的三角区域。

（4）保持愉快的面部表情。销售拜访中，过分热情或不当使用幽默会带给客户反客为主的感觉。

（5）握手：销售过程中，销售人员最好不要主动和客户握手（无论对方是男士或女士）。让客户决定什么时候握手是礼貌和品位的象征（因为握手代表两人之间的个性化交流，盲目主动握手不适合接触阶段，尤其是初次会面）。握手时，手掌与手掌接触，力度适中，时间适宜，手掌不能有汗。

（6）闲聊：闲聊是销售人员与客户初次见面时缓解紧张的有效方法，以讨论一些与销售无关的话题开始会谈是许多资深销售员的做法。闲聊的话题有：

1）顾客或家人的个人爱好。

2）对潜在客户所在工厂、产品、办公室或他们开展活动的真诚、具体、不夸张的赞扬。

3）一些对行业发展有影响的消息。

（7）使人放松的方法：使人放松是增强亲和力的基础。

1）让人听到你有声音，不要只是点头。

2）不要谈得过多或过少。

3）谈论自己时，多使用“我”。

4）寻找一些你可以赞扬的事情。

5）要会讲故事。

6）面部表情真实、诚恳。

7）进行目光接触。

3. 抓住客户注意力的技巧

在建立了融洽的沟通气氛后，销售人员的任务是抓住潜在客户的注意力。较为有效的方式是提问。因为提问是向对方请教，是邀请对方参与到问题的解决之中的方法，能激起对方的兴趣。下面介绍6种常用的引起对方注意策略。

（1）介绍式策略

1）使用频率最高，效果最差的方式。

2）销售人员介绍自己及其代表的公司。

3）无法保证销售成功。

4）通常辅之以另外一种方式。

（2）评估式策略

1）潜在顾客对产品的需求没有得到完全量化时使用。

2）销售人员询问信息或得到允许去调查公司的问题。

3）作为一种咨询，销售人员为一个完整和介绍提供开场说明。

（3）产品式策略

1）当产品很独特或顾客一见即产生兴趣时，该方法很有效。

2）把产品（模型或宣传资料）展示给顾客。

3）当顾客没有需求时，销售人员将迅速被告知。

（4）利益式策略

1）销售人员选择可能被客户接受的利益。

2）在客户对公司情况了解的基础上选择利益。

3）强调产品带给客户的利益。

（5）推荐式策略

1）销售人员得到过去/当前客户的许可，使用他们的名称作为推荐。

2）满意顾客的简短介绍（信件或电话）可能使销售人员成功地将潜在客户转化为现实的使用者。

3）可能提供联络方式。

（6）顾问式策略

1）销售人员不是作为卖方，而是作为一个问题解决专家出现。

2）通过鼓励客户谈判他们在某一领域的困难来打开销路。

3）使用销售人员的产品知识。

4. 处理客户异议的方法培训

从接近客户、产品介绍、示范展示、提出建议到签订合同的每一个销售步骤，客户都有可能提出异议。愈是懂得异议处理的技巧，愈能冷静、坦然地化解客户的异议，每化解一个异议，就摒除与客户的一个障碍，就愈接近客户一步。请牢记——销售是从客户的拒绝开始。

（1）什么是客户异议。客户异议是在销售过程中客户呈现的不赞同、质疑或拒绝。

多年来，销售人员一直接受客户异议不好的教育，认为客户异议是对产品或服务的否定，是对公司形象的损害，是销售人员没有很好地解释产品的结果，会减慢或阻碍销售进程。

这些观念近年来已经发生了根本改变，“异议”现在已经被看成是销售机会，因为：

1）从客户提出的异议，能判断客户是否有需要。

2）从客户提出的异议，能了解客户对销售建议的接受程度，从而迅速修正建议并能获得更多的信息。

销售人员应该感谢异议，且应该总是以积极的心态来处理异议。通过处理异议，购买者获得了更多的产品或服务信息，销售人员了解了购买者对自己提供的信息是否关心。目标顾客不问价格、服务、担保和送货等问题，那意味着他可能对产品或服务根本不感兴趣。

虽然许多销售人员害怕来自目标顾客的异议，但这应该被看成是销售过程的正常部分，因为，至少目标顾客参与进来了。销售人员可以确定客户的兴趣，把握购买者对问题的理解。最后，如果异议得到正确的处理，其结果就是客户的接受和重购。“异议”的这层意义，是“销售是从客户的拒绝开始”的最好印证。

(2) 异议种类

1) 真实的异议。即，客户明确表达目前没有需要或对产品不满意或对产品抱有偏见。面对真实的异议，销售人员必须正视问题，采取立刻处理或延后处理的策略。

① 立刻处理的情形

a. 当客户提出的异议是属于他关心的重要事项时。

b. 您必须处理后才能继续进行销售的说明时。

c. 当您处理异议后，能立刻要求订单时。

② 延后处理的情形。对您权限外或您确实不确定的事情，您要承认您无法立刻回答，但您保证您会迅速找到答案并告诉他。

a. 当客户在还没有完全了解产品的特性及利益前，提出价格问题时，您最好将这个异议延后处理。

b. 当客户提出的一些异议，在后面能够更清楚证明时。

2) 假的异议。客户用借口、敷衍的方式应付销售人员，目的是不想诚意地和销售人员会谈，不想真心介入销售活动。

3) 隐藏的异议。客户提出各种真的异议或假的异议来掩饰其真实意图，目的是借此假象达成异议解决的有利环境，如客户希望降价时，却提出其他如品质、外观、颜色等异议，以降低产品的价值，从而达成降价的目的。

销售人员正确的态度，是用正确的方法保证把事情做好。面对客户提出的异议，销售人员应秉持下列态度：

① 异议是宣泄客户内心想法的最好指标。

② 异议经由处理能缩短订单的距离，经由争论会扩大订单的距离。

③ 没有异议的客户才是最难处理的客户。

④ 异议表示您给他的利益目前仍然不能满足他的需求。

⑤ 注意聆听客户说的话，区分真的异议、假的异议及隐藏的异议。

⑥ 不可用夸大不实的话来处理异议，当您不知道客户问题的答案时，坦诚地告诉客户您不知道；告诉他，您会尽快找出答案，并确实做到。

⑦ 将异议视为客户希望获得更多的讯息。

⑧ 异议表示客户仍有求于您。

(3) 异议产生的原因。异议有时因客户而产生，有的因销售人员而产生。

1) 因客户产生的异议

① 客户拒绝改变现有的配置或产品类型。

② 客户情绪处于低潮时，没有心情进行商谈，容易提出异议。

③ 客户的意愿没有被激发出来，没有能引起他的注意及兴趣。

④ 客户的需要不能被充分满足，因而无法认同您提供的商品。

⑤ 客户预算不足会产生价格上的异议。

⑥ 客户不想花时间会谈。

⑦ 客户抱有隐藏异议时，会提出各式各样的异议。

2）因销售人员产生的异议

① 销售人员的举止态度让客户产生反感。

② 销售人员为了说服客户，以不实之辞哄骗客户，带来更多异议。

③ 销售人员说明产品时，使用高深的专门知识，会让客户觉得自己无法胜任使用，而提出异议。

④ 销售人员引用不正确的调查资料，引起客户的异议。

⑤ 说得太多或听得太少，无法确实把握住客户的问题点，而产生许多的异议。

⑥ 展示失败会立刻遭到客户的质疑。

⑦ 销售人员处处说赢客户，让客户感觉不愉快，提出许多主观的异议。

销售人员了解异议产生的各种可能原因后，冷静地针对原因处理，才能化解异议。

（4）处理异议的原则

1）事前做好准备。“不打无准备之仗”，是销售人员战胜客户异议应遵循的一个基本原则。销售人员在走出公司大门之前应将客户可能会提出的各种拒绝列出来，然后考虑一个完善的答复。具体程序是：

① 把销售人员每天遇到的客户异议写下来。

② 进行分类统计，依照每一异议出现的次数多少排列出顺序，出现频率最高的异议排在前面。

③ 以集体讨论方式编制适当的应答语，并编写整理成文章。

④ 大家都要熟记。

⑤ 由老销售人员扮演客户，大家轮流练习标准应答语。

⑥ 对练习过程中发现的不足，通过讨论进行修改和提高。

⑦ 对修改过的应答语进行再练习，并最后定稿备用。最好是印成小册子发给销售人员，以供随时翻阅，达到运用自如、脱口而出的程度。

2）选择恰当的时机。优秀的销售人员对客户提出的异议不仅能给予一个比较圆满的答复，而且能选择恰当的时机进行答复。懂得在何时回答客户异议的销售人员会取得更大的成绩。销售人员对客户异议答复的时机选择有 4 种情况：

① 客户异议尚未提出之前，主动提出并予以解释。

② 绝大多数异议需要立即回答。这样，既可以促使客户购买，又是对客户的尊重。

③ 暂时保持沉默。面对模棱两可、含糊其词的异议或涉及较深专业知识的异议，明智的选择是保持沉默，仔细思考合适的处理方法。

④ 不回答。对于奇谈怪论、容易造成争论的话题或明知故问的发难等异议，销售人员可采取沉默、装作没听见、答非所问等技巧予以回避。

争辩是销售和处理异议的第一大忌。不管客户如何批评我们，销售人员永远不要与客户争辩，因为，争辩不是说服客户的好方法，与客户争辩，失败的永远是销售人员。一句销售行话是：“占争论的便宜越多，吃销售的亏越大”。

给客户留“面子”是销售人员正确处理异议的法则。销售人员要尊重客户的意见。客户的意见无论是对是错、是深刻还是幼稚，销售人员都不能表现出轻视的样子。销售人员不能语气生硬地对客户说：“您错了”、“连这您也不懂”；也不能显得比客户知道的更多：“让我给您解释一下……”、“您没搞懂我说的意思，我是说……”。这些说法明显地抬高了自己，贬低了客户，会挫伤客户的自尊心。

(5) 客户异议处理技巧

1）忽视法。忽视法是当客户提出一些并不真的想要获得解决或讨论的反对意见时，如果这些意见和眼前的交易没有直接的关系，面带笑容地同意是最好的选择。

对于一些“为反对而反对”或“只是想表现自己的看法高人一等”的客户意见，若是您认真地处理，不但费时，还有旁生枝节的可能，因此，您只要让客户满足了表达的欲望，就可采用忽视法，迅速地引开话题。

① 微笑点头，表示“同意”或表示“听了您的话”。

②“您真幽默”！

③“嗯！真是高见！”

2）补偿法。当客户提出的异议，有事实依据时，销售人员应该承认并欣然接受。否认事实是不智之举。谨记，处理这类异议是给客户一些补偿，让他取得心理的平衡，也就是让他产生2种感觉：

① 产品的价格与售价一致的感觉。

② 产品的优点对客户是重要的，产品没有的优点对客户而言是较不重要的。

世上没有十全十美的产品。当然产品的优点愈多愈好，但真正影响客户购买与否的关键点其实不多，补偿法能有效地弥补产品本身的弱点。

3）太极法。太极法的核心是借力使力。用于销售的基本做法是当客户提出某些不购买的异议时，销售人员能立刻回复说：“这正是我认为您要购买的理由！”也就是销售人员能立即将客户的反对意见，直接转换成为什么他必须购买的理由。

太极法能处理的异议多半是客户通常并不十分坚持的异议，特别是客户的一些借口。太极法最大的目的，是让销售人员能借处理异议而迅速地陈述他能带给客户的利益，以引起客户的注意。

4）询问法

① 通过询问，把握客户真正的异议点。

② 通过询问，直接化解客户的反对意见。

5）“是的……如果”法。人的通性是不管有理没理，当自己的意见被别人直接反驳时，内心总是不痛快，甚至会被激怒。屡次正面反驳客户，会让客户恼羞成怒，就算您说得都对，也没有恶意，还是会引起客户的反感，因此，销售人员最好不要开门见山地直接提出反对的意见。

在表达不同意见时，尽量利用“是的……如果”的句法，软化不同意见的口语。用“是的”同意客户部分的意见，用“如果”表达在另外一种状况是否这样比较好。

请比较下面的两种说法：

A：“您根本没了解我的意见，因为状况是这样的……”

B：“平心而论，在一般的状况下，您说的都非常正确，如果状况变成这样，您看我们是不是应该……”

A：“您的想法不正确，因为……”

B：“您有这样的想法，一点也没错，当我第一次听到时，我的想法和您完全一样，可是如果我们做进一步的了解后……”

养成用 B 的方式表达您不同的意见，您将受益无穷。

“是的……如果……”，是源自“是的……但是……”的句法，因为“但是”的字眼在转折时过于强烈，很容易让客户感觉到您说的“是的”并没有多大诚意，您强调的是“但是”后面的诉求，因此，若您使用“但是”时，要多加留意，以免失去了处理客户异议的原意。

6）直接反驳法。直接反驳客户容易陷于与客户的争辩中。但以下情况必须直接反驳以导正客户不正确的观点。

① 客户对企业的服务、诚信有所怀疑时。

② 客户引用的资料不正确时。

因为客户若对销售人员所在企业的服务、诚信有所怀疑，拿到订单的机会几乎可以说是零。如果客户引用的资料不正确，销售人员能以正确的资料佐证，客户会很容易接受，反而会更信任销售人员。

使用直接反驳技巧时，在遣词用语方面要特别的留意，态度要诚恳、对事不对人，切勿伤害了客户的自尊心，要让客户感受到您的专业与敬业。

技巧能帮助销售人员提高效率，但对异议秉持正确的态度，才能使您面对客户异议时冷静、沉稳。能冷静、沉稳才能辨别异议的真伪、才能从异议中发觉客户的需求、才能把异议转换成每一个销售机会。因此，销售人员训练自己处理异议的技巧的同时，也要培养面对客户异议的正确态度。

5. 结束的技巧

优秀的销售人员为每个销售访问作好准备。他们花时间来通过观察，提出聪明的问题并且热切地倾听顾客讲话，从而确定潜在顾客的需求。要想成功，销售员应知道他们的 ABC。ABC 代表时刻准备成交（Always Be Closing）。对购买信号要高度警觉，在潜在顾客准备购买时达成交易。

完成一次销售，通常需要做一系列的工作，经过若干次的洽谈才能达到目的。那么，每一次会谈都面临一个如何结束的问题。好的结束可以巩固双方的关系，为下一次的洽谈打下良好的基础。相反，一个不好的结束会把你费尽心思建立起的顾客对你的信任和好感摧毁殆尽，使下一次的洽谈从头开始，让你痛心疾首，后悔莫及。

常用的结束法有以下几种：

(1) 认可结束法：确认一些有用的信息，为下次的洽谈留下伏笔。

(2) 选项结束法：比如：“在这一系列的产品中，您是倾向于哪一种，产品 A，产品 B 还是产品 C?

(3) 让步结束法：有关送货期的问题：“如果您现在不能做决定，我们就留待下次讨论，您看怎么样?”

(4) 孤立结束法：“看来其他的问题都解决了，只剩下一个送货的问题，是吗? 我回去会与相关的部门进行协商，看有没有办法找到一个双方都能接受的方案。”“如果这个问题解决了，我们之间就没有问题了，对吗?”

(5) 假定结束法：用假定结束法时，销售员假定潜在顾客将会购买。可以这样说：“我今晚让人把你的订货送过来”，如果潜在顾客什么也没说，那么可以认为提议的订货已经被接受了。在很多时候，销售员对顾客进行了长时间的访问后，填好表格，把它递给顾客说：

"我认为这月你需要这个东西。"许多销售人员取得顾客的信任，在这种情况下假定结束法尤其奏效。

（6）总结利益结束法：在销售访问中记住引起潜在顾客兴趣的主要特点，优势和利益，并在结束过程中成功地运用它们。以一种积极的态度来总结这些益处，使潜在顾客同意你的看法，然后结束。

二、汽车销售人员的行为规范

1. 销售员应具备的基本素质和职责

（1）销售员应具有的基本素质

1）热爱本职工作。

2）不辞劳苦。

3）成功的欲望。

4）遇事态度乐观。

5）熟悉本职工作。

6）有效的利用时间。

7）会巧妙地向顾客提出问题并认真倾听顾客的心声。

8）为顾客服务。

9）为生活和工作做好生理和心理上的准备。

10）沉着自信。

（2）销售员个人素质为何重要。在以顾客为导向的现代企业（图8-5）中，与顾客直接打交道的人是关键人物。

销售员首先推销的是自己，因为他代表着本公司的形象。顾客对你公司的产品是否认同，往往以对销售员的认同为前提。

除此之外，顾客越来越关注与产品相关的服务及其他的附加利益。如果他对销售员没有信心的话，他怎么能够相信你和你公司提供的服务是优良的呢？

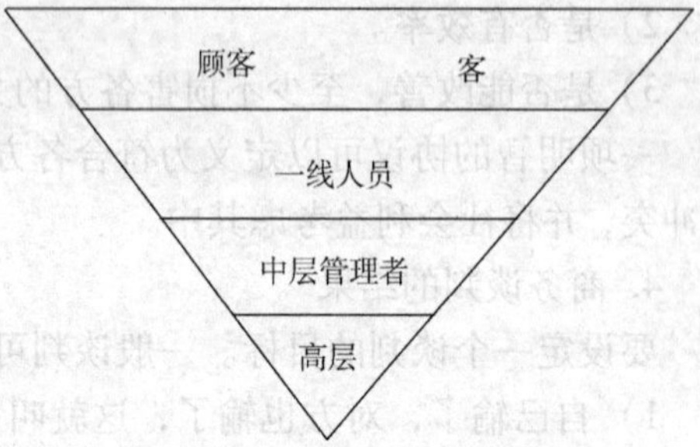

图8-5　顾客导向的企业结构

（3）销售人员的职责。销售人员的责任或活动随所在的公司的不同而不同，这取决于销售活动涉及的是产品还是服务、公司的市场特点和顾客的分布情况。销售人员大体有以下职能：

1）"教育"顾客。

2）开发新顾客。

3）向现有顾客销售更多的产品。

4）与顾客建立长期、友好的关系。

5）为顾客提供解决问题的方法。

6）为顾客提供服务。

7）帮助顾客向他们的顾客转售产品。

8）售出产品后帮助顾客使用产品。

9）为公司提供市场信息。

第三节　汽车销售商务谈判

一、汽车销售谈判的原则与程序

1. 谈判的定义

谈判是一种以获取经济利益为目的，以价格磋商为核心，以经济效益为衡量标准的谈话过程。商务谈判是个人或企业为满足自身一定的需求而进行的谈判，谈判的目的是为了赢利。

2. 谈判的要素

谈判是双方通过沟通，达成协议并实现各自利益的过程。一般而言，谈判存在以下条件。

1）谈判涉及两方或多方，商务谈判中多方参与的情况存在。

2）谈判各方均能从谈判中有所获、有所失。

3）谈判各方要有在适当时候做出让步的心理准备。

4）谈判各方都应具有相应的决策权力。

5）谈判各方应有达成协议的强烈愿望。

3. 衡量谈判的标准

最普遍的谈判形式都是一系列的“取”与“舍”的过程。任何谈判方式最终都有达成协议的可能。但是谈判方式是否公平可以用以下3种标准判断：

1）是否能达成明智的协议。

2）是否有效率。

3）是否能改善，至少不损害各方的关系。

一项明智的协议可以定义为符合各方可能有的合法利益，相当公平且持久地解决了各方的冲突，并将社会利益考虑其中。

4. 商务谈判的结果

要设定一个谈判的目标。一般谈判可能会出现4种结果：

1）自己输了，对方也输了，这就叫谈判破裂，或谈判不成功。

2）对方输了，自己赢了。

3）对方赢了，自己输了。

4）双赢的谈判，非常成功的谈判。

实际上每一场谈判，都是追求双赢的目的。从这个目的出发，双方就要设定一个比较适合自己的谈判目标。

5. 商务谈判的流程

“事预则立，不预则废”，因此，我们在谈判前应做好准备工作，制订谈判准备核查表，见表8-6。

谈判最简单的流程如下：

1）准备。

2）调查和收集信息。

3）探究。

4）记录和回顾。

表 8-6　谈判准备核查表

谈判前的准备工作	要　点	行动计划
知己——了解自己	信息与资料的研究 制订目标方案 方案比较与选择 谈判人员的选定	
知彼——了解对方	了解对方信息 了解对方企业总体能力： ● 承受债务的能力 ● 预测能力 ● 适应能力 ● 投资能力 ● 自我控制能力 ● 销售及管理能力 了解对方企业经济活动： ● 企业的概况 ● 企业的资本属性、规模 ● 对方企业生产、出售的产品 ● 对方企业的工业设施 ● 对方企业的贸易活动、商情统计 ● 对方企业的经营管理水平 了解对方企业财务状况： ● 企业偿债能力指标 ● 资金周转情况的比率 ● 反映企业资产结构指标 ● 反映企业获利能力的指标	
	了解途径： 官方渠道 非官方渠道	

6. 制订谈判方案

（1）谈判方案的内容

1）谈判主题与目标。

2）时间期限：谈判时间期限是指期限未到，或者是期限已到而没有取得谈判结果的时间期限。

3）议程：谈判限制的设定。

（2）备谈判限制的设定。即，设定哪些内容纳入谈判议程，哪些内容不用纳入谈判议程。比如说只谈产品和售后服务，而产品的功能不能修改，就不将其纳入议程。还有，任何事情都可以谈，但是货款必须一次到位，一次付清，这是原则，因此，必须将其纳入议程。也就是说在谈判前，哪些是可以纳入谈判议程的，哪些是不能纳入谈判议程的，这些都必须非常明确。

(3) 谈判的报盘。报盘的基本原则既要寻求本身的最高利益，同时必须兼顾对方的接受能力。前提是要全面详细掌握双方有关信息。

作为买方，第一次报盘价应该是最低的价格；如果是卖方，第一次报盘应该是最高的价格，这是一个基本原则。谈判前要设计好报盘结构，谈判中，要选好报盘的时机和报盘的数额。

(4) 准备多种战术，灵活运用。谈判前要准备很多种战术，做到心中有数，谈判中要根据双方的对比情况进行有效选择，灵活运用。

1) 强硬型：坚持原则，不肯让步。这是拥有较大优势或性格等原因造成的。

2) 进攻型：以攻为守。气势汹汹的背后往往底气不足，用气势压倒对方。

3) 逼迫型：利用期限和拖延战术，甚至无中生有，强迫对方就范。

4) 圈套型：设置种种圈套。

5) 防守型：后发制人，寻机反攻。

7. 谈判的原则

(1) 认同原则。在谈判当中要体现出对对方公司企业文化价值观的认同，同时要尽量让对方认同你的观点。具体做法有：

1) 交往中表现你的理性和职业化。

2) 真诚地取得谈判对手的合作与尊敬。

3) 不要过高评价和表现你的职权。

4) 多表现你与对方看法的一致。

5) 多谈对方的需要。

6) 努力帮对方解决问题。

(2) 制造竞争原则。如果谈判中只有一个买家，或者只有一个卖家，没有可选性，那么谈判很难取得成功。如果想引导谈判向你希望的方向发展，最好引入竞争，为自己创造一个可供选择的情形。

1) 作为卖主，为销售产品制造竞争，让买主们自相残杀，哄抬物价。

2) 作为买主，为购买产品制造竞争，让卖主自相争斗，压低物价。

【案例】

制造竞争——苏联奥运会转播权

1980 年，前苏联要举办奥运会，有三家公司竞争奥运会转播权，这三家公司是：美国国家广播公司、美国广播公司和哥伦比亚广播公司。苏方第一次开价是亿美元。美方代表非常惊讶，为什么？因为上一届的奥运会转播权是万美元，今年等于提高了将近10 倍，这三家公司都表示不能接受。但随后苏方在媒体上公布，说现在已经有一家我们不便透露名字的美国广播公司，已经和我们签订了一个初步的协议，他们要购买转播权。消息一发布，这三家广播公司全都急了，因为他们毕竟还是希望能够得到这个转播权。于是又重新谈判，经过反复地讨价还价，最终以 8600 万美元出售了奥运会转播权。而苏方原本的目标下限是 6000 万美元。实际结果超出了苏方的目标范围。

通过这个例子可以看出，要制造竞争，给自己留有余地，这样会更利于谈判的进行。

(3) 截止期原则。谈判的第三条原则是截止期原则。通过前苏联奥运会转播权的例子，可以看出，转播权对于买方来讲必须很快确定下来，苏联代表就是很好利用了截止期限原则，使谈判得以成功。

1）截止期是你自己拟订的，是灵活的。

2）自问：如果超过截止期会产生什么后果、风险。

3）永远不要暴露你的截止期。

4）对方表现得再平静、冷淡也是有截止期的。

5）决议都是在截止期附近发生的，要有足够的耐心。

（4）理解和尊重原则。必须体现出对对方的理解和尊重，不要无端猜疑，或者无端指责对方。要建立一个良好的合作关系，谈判达成协议就意味着双方合作的开始。

1）针对问题而不针对个人。

2）不要胡乱猜疑指责对方。

3）谈论自己而不是对方。

4）建立合作关系。

（5）让步原则

1）起初寸步不让，关键时刻一步到位。让步不能一步到位，而是一步一步地退让。一步就达到你的目标底线，并不一定是好的谈判结果。

2）分步退让

3）先高后低退让

4）随机应变退让。随机应变退让是指退让没有规律可循，而是根据实际情况随机进退。例如，商家掌握了消费心理并观察购买者的反应，随机进行报价。如果购买者属于高层消费，那么他会报个高价，以迎合消费者的心理需求。

8. 谈判的基本程序

谈判的基本程序可以分成以下几个阶段：

（1）营造气氛。谈判之初，要营造气氛。营造一个宽松、和谐的气氛。当然不要一概而论，当某方面占优势时，可以创造出一种逼迫的气氛，这样可能会对整个谈判进程有好处。

（2）初始阶段。谈判的初始阶段是双方试探的阶段，目的是为了收集更多的信息。

（3）交锋阶段。这个阶段是实力角逐和谈判技巧运用的阶段。

（4）妥协阶段。双方讨价还价后，都开始让步，进入到妥协阶段。

（5）签订协议。谈判最后一个环节是签署协议，签订协议后谈判才真正地成功。

二、汽车销售谈判的策略与技巧

1. 谈判基本技巧

（1）聆听和发问的技巧

1）聆听技巧：了解对方真意，充分表达自我。

2）发问技巧：发问可以用开放式的问题或封闭式的问题发问，也可以将封闭式的问题和开放式的问题合理地结合在一起发问。有时还可以采用迂回的方式发问，发问时旁敲侧击，不直接切入主题。

（2）谈判的语言技巧。在运用语言方面要特别地注意：

1）语言、语气要得体，掌握什么应该先说，什么该后说（吊胃口）。

2）聊天的妙处。

3）恰当的比喻。

4）数字的威力。

5）自嘲。

6）暗示。

7）懂得说“不”，及时结束谈话。

（3）使用肢体语言和道具。谈判中需要合理运用肢体语言以及道具，来准确形象地表达出你的意图。

1）肢体语言：是用一串有目的的手势、姿态及动作，来强调或展示你要说的话。

2）道具：包括报告、照片、图表及录影带等。

（4）谈判的节奏和期限。在谈判中千万不要使自己陷入最后的期限中，要给自己留有一定的余地。

（5）先苦后甜的策略。这是一种让对方乐于接受的做法。谈判的时候，先给对方报一个高价格，如果有可谈的余地，这样可以使对方按照你所设定的方向发展。

【案例】

某一天乘坐飞机，刚坐下，乘务员告诉大家，由于操作技术的问题，飞机要晚一个小时起飞。可想而知，大家心里非常生气。可过了几分钟，乘务员又通知大家，只需要半个小时就可以起飞了。又过了一会儿，乘务员很高兴地告诉大家，几分钟之后就可以起飞了。这是一种先苦后甜的策略技巧。

（6）其他谈判技巧。比如说先让对方报价，这样回旋余地会更大。又比如说，在适当的时候，谈判中可以运用激将法，迫使对方同意你所制订的目标。

2. 谈判的策略

（1）区分人和事。谈判易于被遗忘的基本事实是：你的谈判对手不是抽象的“公司代表”，而是实实在在的“人”。他们生活在不同的文化环境中，形成了根深蒂固的价值观，有各自的背景和处事原则，这些主观因素难以预测，却对谈判进程产生重要影响。谈判中，及时觉察对方人性层面的反应并妥善处理，是谈判按正常渠道进行的保证。

1）换个角度考虑问题。

2）不要主观臆断对方的意图。

3）不轻易责备他人。

4）讨论各自的问题。

5）寻找机会，通过行动让他们理解你的想法。

6）说明利害关系，将对方拉入解决问题的过程，确保对方分得一杯羹。

7）保留颜面，使你的建议与他们的价值观保持一致。

（2）重视利益，忽略立场。明智的解决办法是协调利益，而非立场。谈判中的很多问题是谈判各方立场的冲突。由于各方的目标是在立场上取得协议的，所以不由自主地想到立场，坚持立场而不惜将谈判带入僵局。如果谈判者能注意到隐藏在立场后的利益，并将立场和利益分开，解决问题则易于反掌。

1）寻找“双赢”的解决方案。谈判中，创造性的解决方案是打破僵局，取得协议的关键。有能力想出选择性方案，是谈判者最有用的资产。寻求方案的具体流程，如图 8-6 所示。

2）扩大你的选择方案。即使有最好的创意，要寻找一个“最佳”解决方案依然有如大海捞针。然而在谈判的这一阶段，谈判者不应该将主要精力放在寻找最佳解决方法上，而应该拓展进行谈判的空间。该空间显然需要多个创意来支撑，供谈判者选择。明智选择的关键是在大量不同的方案中做出选择。头脑风暴法可以为人们提供无拘无束的创造性思考空间。

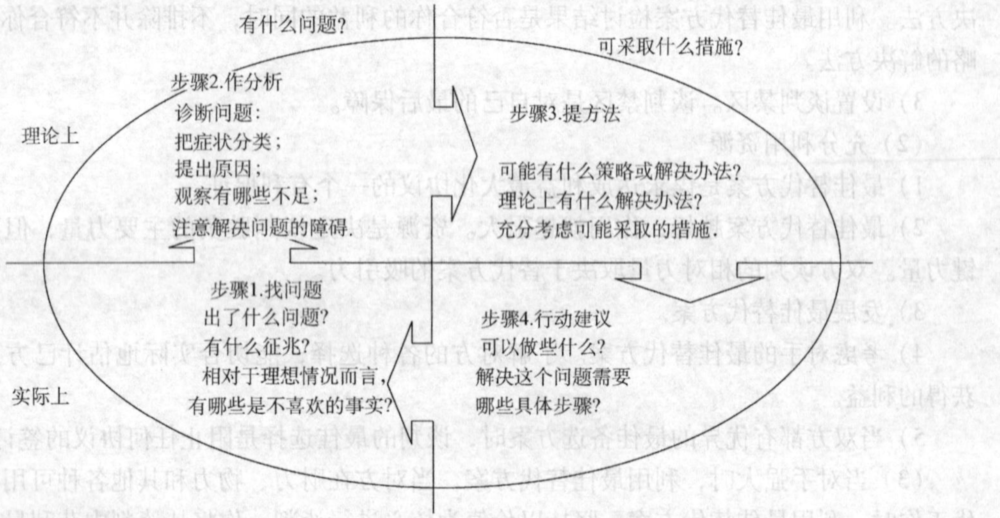

图 8-6　寻求方案流程图

（3）坚持客观标准。谈判中，你完全了解对方的利益，你利用巧妙的方法找到了双方利益的结合点，你时刻牢记维持双方的持久关系。即使如此，你也难以回避面对双方利益冲突的窘境，口头上的“双赢”并不能完全解决这些问题。

3. 应对强硬对手的方法

当谈判对手不认可原则性谈判或他们的态度很强硬时，任何谈判技能都显得苍白无力。此时你能达成的目标有两个：避免达成一项你应该拒绝的协议；使你的本钱发挥最大效益，达成最能满足你的利益的协议。实现这两个目标，你应该如何处理呢？

（1）保护自己，防止不利协议。谈判中患得患失的心理会将你推向危险的处境。如果担心费尽心机的交易会流产，谈判者就会千方百计地迁就对方，进而达成自己都难以满意的协议。处于此种困境时，最好的选择是放弃。

1）使用底线的代价。谈判者普遍会在谈判之前设定自己能接受的最差结果——底价。底价是谈判者愿意接受的最高或最低条件。谈判中，设定底价可以防止做出后悔的事；可以限制代理人的权限；可以防止己方被对手各个击破等。但是利用底价策略保护自己的同时，也会涉及不菲的成本。

① 底价是不能改变的立场，会扼杀许多互惠互利的解决方案。

② 底价会使交易流产。

底价策略在防止你接受一项不好协议的同时也关闭了接受更具创意的巧妙解决方案的大门。

2）清楚自己的最佳替代方案。通过谈判解决问题的前提是达成的结果应该优于不谈判的结果。采用底价策略可以得到基本满意的结果，尤其在对方十分强大时。那么有无更好的选择呢？答案是肯定的。谈判前准备多种选择方案，并将它们排序，确定第一后备方案。这个备选方案是底价策略的最佳替代品。它不一定会用于谈判，但可以用作衡量各种建议的标准。这个标准保证你不接受不利条件，防止你拒绝符合利益的有利条件。

最佳替代方案既是一种较佳的衡量工具，又可以使你有充分的弹性去探究富有创意的解决方法。利用最佳替代方案检讨结果是否符合你的利益的同时，不排除并不符合你的底价策略的解决方法。

3）设置谈判禁区。谈判禁区是对自己的最后保障。

（2）充分利用资源

1）最佳替代方案是谋求达成利益最大化协议的一个有利保证。

2）最佳替代方案越好，作用就越强大。资源是决定谈判胜负的主要力量，但决不是关键力量。双方谈判的相对力量取决于替代方案的吸引力。

3）发展最佳替代方案。

4）考虑对手的最佳替代方案。了解对方的各种选择，能切合实际地估计已方从谈判中获得的利益。

5）当双方都有优异的最佳备选方案时，谈判的最佳选择是阻止任何协议的签订。

（3）当对手强大时，利用最佳替代方案。当对方在财力、物力和其他各种可用资源上远优于你时，利用最佳替代方案，坚持以价值为核心进行谈判，你将从谈判中获利最丰。

优异的最佳替代方案可以协助你根据价值进行谈判。你可以凭借发展和改变你的最佳替代方案，将你拥有的各种资源转化为有效的谈判力量。运用你的知识、时间、金钱、价值、人才、关系和机智，设计一套不受对方影响的解决方法，保证谈判结果符合你的利益。

4. 如何应对诡计

（1）应对诡计的方法

1）将人和事区分开。

2）强调利益而非立场。

3）挖掘共同利益。

4）坚持客观标准。

（2）常见的诡计

1）刻意欺瞒，即睁眼说瞎话。

① 假事实。

② 暧昧的职权关系。

③ 可疑的意图。

④ 不详实与欺诈是两码事。

2）心理战

① 紧张气氛。

② 人身攻击。

③ 红脸/黑脸。

④ 威胁。

3）立场性压迫

① 拒绝磋商。

② 过分要求。

③ 得寸进尺。

④ 破釜沉舟。

⑤ 爱莫能助。

⑥ 蓄意拖延。

⑦ “取舍由你”。

总之，原则谈判法是一种广泛适用的策略。一般的谈判策略如果被人识破，就很难继续下去。原则谈判法完全相反，如果对方懂得此法，则更容易进行谈判。

1）谈判不是攻击对方。

2）销售是帮助你的顾客买到他想要的东西。

3）记住顾客总是要向上级和他们自己证实他购买是对的。

4）经常是在同意购买之后很久时间还可以证明购买的正确。

5）在销售过程中谈判有着重要的心理影响。

6）购买者想尽可能少的付钱或者起码低于销售员的报价。

7）销售很少以价格定成败。

8）销售员需要证明自己的产品物有所值。

第四节　汽车销售合同的签订与履行

一、汽车销售合同的原则和主要内容

1. 原则

1）必须符合国家的法律、法规和政策的规定。

2）坚持平等自愿和协商一致的原则。

3）要书面或口头形式明确规定双方的责任、义务和权利。合法原则一经签订，就受到法律的保护，任何一方都不得擅自变更和解除，双方必须严格遵守。

2. 主要内容

（1）合同的前文。也叫做约首，包括序言、名称、缔约日期，以及签约地址等等。

（2）合同的正文。双方有关权利和义务的约定，通常包括基本条款和一般条款。

1）合同的基本条款。包括品质、数量、包装、价格、运货以及支付等条款。

2）合同的一般条款。一般包括检验、保险、法律、索赔、仲裁以及合同解除等条款。

（3）合同的结尾。又称尾约，主要包括合同使用的语言文字、签约的日期、合同及正本副本份数、合同的生效日期以及双方的签字。

二、汽车销售合同的执行与管理

由上海市工商行政管理局、上海市汽车销售行业协会共同制定的《上海市汽车买卖合同》经过四易其稿正式向全市推广。业内专家评价认为，这一合同文本的诞生，使汽车买卖进入市场经济20多年来有了一个真正规范的符合法律要求的合同文本，改变了多年来汽车销售中不规范操作的局面。这一合同文本既保护汽车消费者的合法权益，也维护销售商的正当利益，最终将有效地促进汽车销售市场的健康发展，提升上海国际大都市汽车市场发展

与国际接轨的形象。

那么，四易其稿、反复酝酿制定的合同示范文本，比起以往经销商自己拟定的合同又有哪些不同，具有哪些优点呢?

首先，这个合同听取了起草民间合同的7个律师的意见，并广泛听取厂商、消费者、经销商的意见，通过网络大范围征求社会意见，可以说集中了社会各方面的智慧，具有一定的代表性。其次，行业协会有其对行业情况非常熟悉的优势，对汽车销售非常了解，协会收集了大量的案例及法律资料，充分考虑合同双方的平等权利，从保护双方利益出发，既保护了消费者的权益，又符合经销商的利益，具有很强的合理性和操作性。最后，上海市工商行政管理局是制定本市合同示范文本的权威部门，该局根据行业特点，目前已与行业主管单位及行业协会联合制定了30多个合同示范文本。这份汽车买卖合同由行政与行业协会互相合作而成，具有较高的权威性。

该文本的起草者一致认为，这一合同示范文本有以下几个特点：与经销商自己拟定的合同相比，《示范文本》内容更详尽、更公正。12条条款，分别对购买标准、付款方式、质量标准、交付方式、违约责任、管辖地等作出了详细的规定，并单列出车辆交接清单、车辆验收备忘录和委托服务协议的相关内容。并且，在广征博采之后，《示范文本》也在多处有所突破。比如，它将销售合同与服务合同分列，进一步细分责任，避免了购车过程中常出现的“服务费是一笔乱帐”的情况；率先加入“召回”内容，充分体现超前性和与国际接轨的高瞻远瞩；完善车辆交接手续，在《示范文本》附件中附加《车辆交接单》、《车辆验收备忘录》；参考国外惯例，出现第三种分期付款的付款方式，适应市场的新需求；《示范文本》明确规定提供中文说明书是生产厂家的义务，避免没有中文说明书而产生翻译上的歧义。

第五节　二手汽车的鉴定与评估

一、二手汽车的鉴定评估方法

1. 汽车评估的定义

汽车评估是指评估机构或专业评估人员根据特定的目的，遵循客观经济规律和公正的原则，按照法定的标准和程序，运用科学的方法，对汽车的现时价格进行评定和估算。

2. 汽车评估的目的

汽车评估具体目的主要包括以下几种：

(1) 转让汽车所有权。在汽车交易过程中，买卖双方对交易价格的期望值是不同的。为了维护交易双方的权益，确定合理的价格，就需要对汽车进行评估，并以评估价格作为买卖双方的参考底价。

(2) 变动企业产权。企业发生产权变动时，必须进行资产评估。在资产中如包括车辆的话，应按照有关规定，对车辆的价格进行评估。

(3) 抵押贷款。贷款人以汽车作为贷款抵押物时，银行为了确保贷款安全，要对汽车的价格进行评估。

(4) 诉讼咨询服务。当事人遇到涉及车辆的诉讼时，往往需要委托专业评估人员对车辆进行评估。评估结果有助于当事人把握事实真相，又为法院判决提供现时价值依据。

(5) 拍卖汽车。对企业破产清算的车辆、执法机关的罚没车辆、抵押车辆、海关获得的抵税和放弃车辆等，都需进行价格评估，从而为拍卖提供参考底价。

（6）税收。按照国家的有关规定，以税收为目的，对汽车的交易价格进行评估。

3. 汽车评估的主客体

（1）汽车评估的主体。汽车评估主体是指从事汽车评估的机构及专业评估人员。汽车专业评估人员必须掌握一定的资产评估业务理论，熟悉并掌握资产评估的基本原理和方法；具有一定的政策水平，熟悉并掌握国家颁布的与汽车交易有关的政策、法规、行业管理制度及有关的技术标准；具有一定的汽车专业知识和实际的检测技能，能够借助必要的检测工具，对汽车的技术状况进行准确的判断和鉴定；具有较高的收集、分析和运用信息资料的能力及一定的评估技巧；具备经济预测、财务会计、市场、金融、物价、法律等多方面的知识；具有良好的职业道德，遵纪守法、公正廉明，保证汽车评估质量。由于汽车评估直接关系到能否保证旧机动车公平、公正交易，维护消费者权益，防止税收和国有资产流失。为此国家规定汽车评估行业实行旧机动车鉴定估价师职业资格和就业准入制度，从事旧机动车鉴定评估工作的人员，必须取得劳动保障部颁发的旧机动车鉴定估价师职业资格证书。没有取得职业资格证书的人员，不得从事旧机动车鉴定评估工作。

（2）汽车评估的客体。汽车评估的客体是指被评估的车辆。汽车评估的主要目的就是在汽车的交易过程中，准确地确定汽车价格，并以此作为买卖成交的参考底价。根据国内贸易部于1998年3月发布的《旧机动车交易管理办法》的规定，以下车辆不允许进行交易：

1）已经办理报废手续的各类机动车。

2）虽未办理报废手续，但已达到报废标准或在一年时间内（含一年）即将报废的各类机动车。

3）未经安全检测和质量检测的各类旧机动车。

4）没有办理必备证件和手续，或者证件手续不齐全的各类旧机动车。

5）各种盗窃车、走私车。

6）各种非法拼、组装车。

7）国产、进口和进口件组装的各类新机动车。

8）右转向盘的旧机动车。

9）国家法律、法规禁止进入经营的其他各种机动车。

此外，车辆上市交易前，必须先到公安交通管理机关申请临时检验，经检验合格，在其行驶证上签注检验合格记录后，方可进行交易。检验被交易车辆的车架号码和发动机号码的符号、数字及各种外文字母的全部拓印，发现不一致或改动、凿痕、锉痕、重新打刻等人为改变或毁坏的，对车辆一律扣留审查。

4. 汽车评估的特点

（1）以单辆为对象。由于汽车数量多、价格高、型号复杂、情况各异，所以汽车评估以单辆为对象。

（2）以技术鉴定为基础。由于汽车的技术含量高，因此对汽车的评估需以技术鉴定为基础，判断车辆的损耗程度。

（3）汽车的价值特点。

5. 汽车评估的原则

汽车评估原则分为两大类：工作原则和经济原则。

(1) 汽车评估的工作原则。汽车评估的工作原则是指评估机构和评估人员在评估工作中应当遵循的原则。工作原则有：独立性原则、客观公正性原则、科学性原则、专业性原则。

1) 独立性原则。独立性原则是指汽车评估人员应始终坚持第三者立场，不为当事人的利益所影响。评估机构应是独立的社会公正性机构，不能为评估业务中的任何一方所拥有，也不隶属于任何一方。遵循这一原则，可从组织上保证评估不受有关利益方的干扰和委托者意图的影响。

2) 客观公正性原则。客观公正性原则要求评估结果应以充分的事实为依据。这就要求评估者在评估过程中以公正、客观的态度收集有关数据与资料，并要求评估过程中的预测、推算等主观判断建立在市场与现实的基础之上。此外，为了保证评估的公正、客观性，按照国际惯例，评估机构收取的劳务费用应只与工作量相关，不与被评估车辆的价值挂钩，并应受到公众的监督。

3) 科学性原则。科学性原则是指在汽车评估过程中，必须根据特定目的，选择适用的标准和科学的方法，制定科学的评估方案，使汽车评估结果准确、合理。科学性原则要求评估标准的选择以特定的评估目的为依据，尽管实现标准的评估方法有多种，但是不能以技术方法的多样性和可替代性，来模糊评估标准的惟一性，影响评估结果的科学性；科学性原则要求评估方法的选择与运用既要受评估标准的约束，又要根据可资利用的条件、数据以及被评估车辆的技术状态，选择最能达到评估标准的方法；科学性原则要求汽车评估程序科学合理。在实际的汽车评估过程中，应根据评估的自身规律和国家的有关规定，结合具体评估业务的实际情况，确定科学的评估程序。这样，就会降低评估成本，提高评估效率。

4) 专业性原则。专业性原则是指汽车评估人员必须具有良好的教育背景、专业知识、实践经验和职业道德。汽车评估人员的专业技术水平是保证汽车评估方法正确，评估结果公正的技术基础。

(2) 汽车评估的经济原则。汽车评估的经济原则是指在汽车评估过程中，进行具体技术处理的原则。经济原则有：预期收益原则、替代原则、最佳效用原则。

1) 预期收益原则。预期收益原则是指在对营运性车辆评估时，车辆的价值可以不按照其过去形成的成本或购置价格决定，但必须充分考虑它在未来可能为投资者带来的经济效益。车辆的市场价格，主要取决于其未来的有用性或获利能力。未来效用越大，评估值越高。预期收益原则要求在进行评估时，必须合理预测车辆的未来获利能力及取得获利能力的有效期限。

2) 替代原则。替代原则是商品交换的普遍规律，即价格最低的同质商品对其他同质商品具有替代性。据此原理，汽车评估的替代原则是指在评估中，面对几个相同或相似车辆的不同价格时，应取较低者为评估值，或者说评估值不应高于替代物的价格。这一原则要求评估人员从购买者角度进行汽车评估，因为评估值应是车辆潜在购买者愿意支付的价格。

3) 最佳效用原则。最佳效用原则是指若一辆汽车同时具有多种用途，在公开市场条件下进行评估时，应按照其最佳用途来评估车辆价值。这样既可保证车辆出售方的利益，又有利于车辆的合理使用。

6. 汽车评估的基本程序

汽车评估作为一个重要的专业评估领域，情况复杂、作业量大。在进行汽车评估时，应分步骤、分阶段地实施相应的工作。从专业评估角度而言，汽车评估大致要经历以下几个阶段：

(1) 搜集和整理有关资料。在进行评估时，主要应搜集整理以下几方面的资料：

1) 反映待评车辆情况的资料：车辆的原价、折旧、净值、预计使用年限、已使用年限、车辆的型号、完好率等。

2) 证明待评车辆合法性的有关资料：车辆的购车发票、行驶证、号牌、运输证、准运证以及各种车辆税费、杂费的缴纳凭证等。

(2) 设计评估方案。设计评估方案是对车辆评估的实施所进行的周密计划、有序安排的过程，主要包括以下内容：

1) 整理委托方提供的有关资料，向委托方了解车辆的有关情况。

2) 根据车主要求的评估目的，确定计价标准和评估方法。拟定具体的工作步骤和作业进度，确定评估基准日和具体的日程安排。

3) 设计并印制评估所需要的各类表格。

(3) 对车辆进行现场检查和技术鉴定。由汽车评估人员和专业技术人员对汽车的技术性能、结构状况、运行维护、负荷状况和完好程序等进行鉴定，结合功能性损耗、经济性损耗等因素，据此做出技术鉴定。评估人员应根据汽车的技术鉴定，尽可能在工作现场对被评估车辆做出成新率的判断。因为完成对车辆成新率的鉴定工作，是完成车辆现场检查工作的一个重要标志。

(4) 评定与估算。整理所收集的数据资料，根据已确定的评估价格标准和评估计算方法，对车辆进行评估，确定评估结果。

(5) 核对评估值，撰写评估报告。对汽车评估的各主要参数及计算过程进行核对。在确认评估结果准确无误的基础上，填写评估报表，撰写评估报告。

7. 汽车鉴定评估的基本方法

(1) 核查与确认汽车的合法性

1) 汽车号牌的核查与确认。汽车号牌是由公安车辆管理机关依法对机动车辆进行注册登记核发的号牌。它和机动车行驶证一同核发，其号牌字码与行驶证字码应该一致。各类汽车号牌的规格、颜色、适用范围见表 8-7。

表 8-7　汽车号牌的规格、颜色及适用范围

分类	外廓尺寸/mm	颜　色	适用范围
大型汽车	前：440×140 后：440×220	黄底黑字黑框线	总质量 4.5t（含），乘座人数 20 人（含）和车长 6m（含）以上的汽车、无轨电车及有轨电车
小型汽车	440×140	蓝底白字白框线	除大型汽车以外的各种汽车

核查汽车号牌时，不仅应注意号牌上的字码是否与行驶证上的字码是否一致，而且还应注意号牌上的字迹是否清楚，颜色、规格是否符合要求，以确认汽车号牌是否可靠。

2) 车辆识别代号（VIN）编码及车型标牌等的核查与确认。核查车辆识别代号（VIN）编码及车型标牌所表示的内容与车辆实物是否一致；核查机动车行驶证上的发动机号、车架号码与车辆实物是否一致。如发现不一致或发动机、车架上的号码有改动、凿痕、锉痕、重新打刻、垫支金属块等人为改变或毁坏的，应及时向公安机关报告，扣车审查。

3）汽车主要总成及部件的核查与确认。观察车身外表面是否平滑、流畅，有无加工痕迹，是否重新喷过油漆；观察车辆内部装饰材料是否平整，有无再装配时所留下的压痕或手印；观察电气线路及各种油、真空、气压等管路布置是否有条理，车辆各部分总成、部件等有无不匹配的现象等。通过上述检查，进一步确认车辆是否存在非法拼装、组装情况。

（2）汽车技术状况的静态直观检查

1）发动机外部状况的检查。观察发动机的外观是否整洁，如果发动机上堆满灰尘，说明该车的日常维护不够；发动机表面特别干净，也可能是车主在此前对发动机进行了特别的清洗，不能由此断定车辆状况一定很好。观察发动机前部的传动与连接，观察发动机传动带的磨损情况，有无裂纹、油迹，松紧度是否合适；发动机上的各连接件、紧固件及节气门拉索、喷油泵供油拉杆等是否有松动、脱落或卡滞等现象。检查“三漏”现象，检查发动机的水箱、水泵、气缸体、气缸盖及冷却系统的其他连接部位，各处均不得有漏水现象。观察发动机燃油系统、润滑系统的油路及各连接部位，各处均不得有漏油现象。观察蓄电池壳体上部有无溢出的电解液或白色粉末，蓄电池壳体有无裂纹，加液孔盖的通气孔是否堵塞，两极桩上的电缆连接是否可靠。观察起动机、发电机等处的电气线路连接是否可靠，分电盖上有无裂纹，各缸分火线有无破损，连接是否可靠等。

2）发动机冷却液及润滑油的检查。打开水箱盖，对冷却液进行检查。如果冷却液中掺有锈水，则应注意检查冷却系统是否有渗漏部位。检查发动机润滑油量，拿出油尺，检查润滑油液面高度。如润滑油液面过高，且油液混浊，很可能是气缸垫破裂，水箱内的冷却液进入油底壳与润滑油结合形成乳浊液；润滑油液面过低，则可能是缸套与活塞环之间密封不严，发动机运转过程中润滑油窜入燃烧室。用手试机油的黏性，观察有无沙砾，以确定是否需要更换。

3）传动系的检查。检查离合器踏板的自由行程是否符合整车技术条件的有关规定；离合器摩擦片是否装反、油污或被烧焦、铆钉是否松动；个别压力弹簧是否疲劳折断；膜片弹簧是否疲劳开裂；分离拨叉支点是否磨损；分离轴承是否磨损等。对于采用液压操纵机构的离合器，还应注意液压系统是否存在泄漏。检查变速器有无明显漏油痕迹；换挡控制机构是否调整不良、连接处是否磨损等。检查传动轴、中间轴及万向节等处有无裂纹和松动；传动轴是否弯曲、传动轴轴管是否凹陷；万向节轴承是否因磨损而松旷，万向节凸缘盘连接螺栓是否松动等。检查驱动桥桥壳是否有铸造缺陷或裂纹；驱动桥是否可见明显的漏油痕迹，通气孔是否堵塞等。检查飞轮、离合器、变速器、传动轴及驱动桥等处的固定螺栓是否松动。

4）转向系的检查。检查转向系各部分的连接部位是否松旷、是否配合过紧或缺润滑油；检查转向轴是否弯曲，其套管是否凹瘪。对于动力转向系统，还应检查动力转向泵驱动带是否松动；转向油泵安装螺栓是否松动；动力转向系统油管及管插头处是否存在损伤或松动等。

5）行驶系的检查。检查行驶系各部分是否有弯、扭、裂、断、锈蚀等损伤；车架上的螺栓、铆钉是否齐全、紧固。检查同一轴上的轮胎型号和花纹是否相同；轮胎型号是否符合规定要求。检查轮胎的磨损情况。轿车轮胎胎冠上的花纹深度不得小于1.6mm；其他车辆转向轮的胎冠花纹深度不得小于3.2mm，其余轮胎胎冠花纹深度不得小于1.6mm。检查车轮的横向和径向摆动量。

6）制动系的检查。检查制动踏板的自由行程是否符合有关技术条件的规定。检查液压制动系统的总泵、分泵、管路或管路插头处是否漏油；油管是否凹瘪。检查制动液是否变质。检查真空助力装置的真空管有无损伤。检查气压制动系的储气筒气压是否达到规定气压；气压制动管路是否凹瘪。检查驻车制动系统的缆线有无卡滞、锈蚀等。

7）车身的外部检查。检查车身是否发生碰撞损伤。站在车辆前部观察各接缝，如出现不直、缝隙大小不一、线条弯曲、装饰条有脱落或新旧不一，说明车身曾经修理过。检查发动机罩、车门等开闭的灵活性和锁止机构功能。检查车身金属的锈蚀程度，主要应检查的部位有车窗、水槽底板、各接缝处等，如锈蚀严重，说明该车较旧。检查车身油漆的脱落情况。查看排气管、镶条、车窗等处是否有多余的油漆，如果有，说明该车做过喷漆处理。用手敲击车身，如敲击发脆，说明此处在喷漆之前没有补过腻子；如敲击发闷，则说明在喷漆之前此处补过腻子。也可用磁铁沿车身表面移动，如遇到磁力突然减少的位置，即说明此处局部补过腻子。车身表面补腻子处，往往有凹坑、焊缝或擦伤等缺陷，腻子过厚处，较易出现“卷皮”现象。

8）车厢内部的检查。检查车厢内部装饰物的新旧程度。观察车厢内的座椅是否破旧下凹，其调整机构是否正常，座椅安全带是否正常、可靠。检查车厢内的地毯或胶板是否破旧。揭开地毯或胶板，查看车厢底板是否潮湿、锈蚀。检查车厢内的仪表板是否为原装的。仪表板及各种开关上的标志是否清晰。检查刮水器、洗涤器、音响装置、玻璃升降器、电动后视镜及转向柱倾斜、升降机构等工作是否正常。

9）电路线束及照明、信号、仪表装置的检查。检查汽车电路线束有无烧焦或破损。检查电路线束的连接和固定是否可靠；各线束插接器是否脏污、氧化，接触是否可靠。检查电路线束是否碰到过热、转动部件或有无被发动机排出的废气吹到的可能。检查线束是否有足够的伸缩余地；穿过金属板孔时，是否有护套保护。检查照明、信号、仪表装置是否齐全，型号、规格是否符合要求。依次接通上述各装置的控制开关，检查上述装置能否正常工作。

（3）汽车技术状况的动态直观检查

1）发动机的动力性能。出现汽车行驶时动力不足、加速不灵、转速不能提高到应有的范围，爬坡时功率不足任何一种故障现象，均说明汽车功率不足。产生上述现象的主要原因是发动机功率下降，但离合器打滑、制动拖滞等传动、制动系统的故障，往往也是造成汽车功率不足的原因。

2）发动机怠速运转情况。怠速工况下，发动机应在规定的转速范围内稳定地运转。如果怠速转速过高或运转不稳定，说明发动机怠速不良。对于汽油发动机，怠速不良的原因主要有点火正时、气门间隙、配气正时或怠速调整不当、真空漏气等。对于柴油发动机，怠速不良的原因主要有供油正时、气门间隙、配气正时或怠速调整不当等。

3）润滑油压力。润滑油压力正常是保证发动机正常润滑的重要条件。发动机运转过程中，驾驶员可通过机油压力表观察润滑油压力的变化。一般地说，在发动机怠速运转时，润滑油压力应不低于 98kPa（$1kgf/cm^2$）；中速运转时，润滑油压力应在 196 ~ 392kPa（2 ~ $4kgf/cm^2$）范围内。润滑系工作正常，而润滑油压力不足，是由于曲轴主轴承或连杆轴承磨损的缘故。

4）发动机运转时的排气烟色。发动机技术状况良好、气缸内可燃混合气燃烧正常时，排气管排出的废气一般呈淡灰色。若发动机气缸密封性不良或空滤器堵塞，汽油发动机点火不正时或混合气过浓，柴油发动机供油不正时或喷油量过多、喷雾质量差时，均会导致气缸内混合气燃烧不完全，使一部分未燃完的燃油形成游离碳，悬浮在燃气中，随废气一起排出，形成黑烟。当润滑油油面过高或粘度过稀、活塞环或缸套磨损过多、活塞环弹力过小或装反、进气门与其导管松旷等，均可能导致气缸窜润滑油，使排气呈蓝色。当燃油中有水、发动机缸套裂纹或缸垫破损，使冷却液进入气缸时，水蒸气随废气排出，呈白色。气缸工作温度太低时，气缸内的少量燃油经过雾化、蒸发，却未能着火燃烧，蒸发的燃油随废气排出，也会形成白色的烟雾。

5）发动机运转时的声响。技术状况良好的发动机，运转过程中仅能听到均匀的排气声和轻微的噪声，这是正常的声响。如果在发动机运转过程中，伴随有其他声响（如间歇发出金属敲击声、连续的发出金属敲击声或摩擦声等），即表明发动机运转异常。所伴随的声响，即为异响。异响标志发动机某一机构的技术状况已发生变化，其中某些异响尚可预示发动机可能即将发生事故性损伤。

6）发动机的起动性能。正常情况下，用起动机起动发动机时，应在三次内起动成功。起动时，每次时间不超过5s，再次起动时间要间隔15s以上。若发动机不能正常起动，说明发动机的起动性能不好。如果由于发动机曲轴不能转动而导致发动机无法起动，其原因主要可能是蓄电池电量不足或起动机工作不良，也可能是发动机运转阻力过大。如果起动时曲轴能正常转动，但发动机起动仍很困难，对于汽油发动机，其原因主要可能是点火系统点火不正时、火花塞火弱或无火。燃油系统工作不良，使混合气过稀或过浓。气缸压缩压力过低等。对于柴油发动机，除气缸压缩压力过低外，燃油中有水或空气，输油泵、喷油泵、喷油器工作不良，燃油系统管路堵塞等，都可能导致发动机起动困难。

7）发动机运转过程中有无“回火”、“放炮”现象。汽油发动机混合气在气缸内燃烧，使发动机作功，产生动力。但是，这种燃烧的火焰如果溢出气缸外，就会成为一种很危险的火源，有可能引起失火。发动机的各种“回火”现象就属于这一类型。“回火”的产生，主要是由点火不正时或混合气配比不当所引起的。排气管的回火现象（俗称排气管“放炮”），主要是由于点火过迟和混合气过浓所引起的。点火过迟和混合气过浓都会造成汽油过剩，并使它们积聚在排气管内。当下一个排气行程开始时，这部分混合气或过剩积聚在排气管内的汽油就会在排气管内重新被点燃。这种燃烧往往使排气管喷出火焰并发出“放炮”声，严重时还可能引起消声器爆炸。

8）传动系的检查。检查离合器分离是否彻底、接合是否平稳，离合器是否打滑，离合器分离或接合时有无异响；变速器运转过程中有无异响、跳挡、乱挡现象；万向传动装置工作过程中有无异响；驱动桥是否过热、有异响。

9）转向系和行驶系的检查。检查前轮轮胎磨损情况是否正常；检查转向是否灵敏、轻便；检查汽车行驶中是否自动跑偏；检查前轮有无摆振现象。

10）制动系的检查。检查制动系统是否失效；检查制动效能是否正常；检查制动系统是否存在制动拖滞现象；检查制动是否跑偏；检查驻车制动效能是否正常。

（4）汽车技术状态的仪表检查。利用直观检查，可以对汽车的技术状态进行定性的判断，既初步判定车辆的运行情况是否正常、车辆各部分有无故障及故障的可能原因、车辆各总成及部件的新旧程度等。当对车辆各项技术性能几个总成、部件的技术状况进行定量、客观的评价时，通常需借助一些专用仪器和设备进行。

使用仪表检查的内容有：

1）发动机功率。
2）气缸密封性。
3）汽车燃油消耗量的检测。
4）驱动车轮输出功率或驱动力。
5）前轮定位。
6）转向盘自由行程和转向力。
7）制动性能。
8）汽车前照灯技术状况。
9）汽车排放污染物。

（5）汽车价格评估的基本方法。汽车价格评估同其他资产评估一样，也应按照《国有资产评估管理办法》的规定，采用重置成本法、收益现值法、现行市价法和清算价格法等4种基本方法进行评估。

1）重置成本法。重置成本法是指在车辆能够继续使用的前提下，从重新购置一辆全新状态的被评估车辆所需的全部成本中，减去累积应计损耗后，所求及的一个价值指标的方法。其计算公式为

$$被评估车辆的评估值 = 重置成本 - 累积应计损耗$$

从上述公式中可以看出，运用重置成本法估算车辆的评估值时，其准确性主要取决于确定车辆的重置成本和累积应计损耗。

重置成本可分为复原重置成本和更新重置成本。在进行重置成本计算时，如果同时可以取得复原重置成本和更新重置成本，通常选用更新重置成本。因为使用了新工艺、新设计等，更新重置成本通常比复原重置成本更便宜。市场经济下，没有一个理性的购买者会出高价而不出低价来购买相同功能的车辆。基于这样的认识，便宜是选择复原重置成本或更新重置成本作为估算重置成本的依据。考虑到使用了新工艺、新设计等，可以提高车辆的使用性能，减少成本耗用，故评估时一般选择更新重置成本。

在对重置成本的判断和价值选择有了一定的依据之后，接下来便是累积应计损耗的问题。这里的“损耗”与会计所述的损耗在概念上是不同的。会计上所述的损耗，是依照会计惯例和准则来反映的折扣；而汽车评估中所讨论的损耗是一种市场概念，既需要反映物理损耗，又需要反映由于功能和经济因素所造成的贬值。所以在进行汽车评估时，不能用会计账面上的价格作为评估的依据，需要进行重新判断和估算。

2）收益现值法。收益现值法是通过估算被评估车辆的未来预期收益，并折算成现值，借此来确定车辆价值的一种评估方法。也就是说，现值在这里被视为车辆的评估值，而且现值的确定依赖于未来预期收益。

从投资的角度看，投资者是以牺牲货币的固定收益为代价，换取车辆未来的预期收益，至于是否值得便是评估的观点。汽车评估的意义在于，根据未来现金的流入量，判断是否有必要花费如此代价购置车辆。而判断的原则是既定的买主购置车辆所付出的代价，不应高于他购买具有同样风险因素的资产所付出的代价。否则，投资者就会放弃选择。

运用收益现值来评估车辆的价值反映了这样一层含义：即收益现值法把车辆所有者期望的收益转换成现值，这一现值就是购买者未来能得到好处的价值体现。其计算公式为

$$\text{被评估车辆的评估值} = \sum_{t=1}^{n} \frac{\text{各期未来预期收益}}{(1+\text{折现率})^t}$$

式中 t——收益期，一般以年计。

3）现行市价法。现行市价法是以现实市场上同类车辆的现行市场价格为基础，借此确定车辆价值的一种评估方法。

从理论上讲，市场价值是假定在一个公开和竞争的市场上的协商价格，是买卖双方在某一时间都认可的价格。买卖双方都有了解其他市场的机会，也都有时间为鉴定做准备。因此，市场价值能够被认可。然而，当市场价值运用于汽车评估时，还必须作进一步的规范。如市场化程度的高低，必然影响价格资料的准确性。即使在市场化程度极高的前提下，对所收集资料仍须作充分分析。尽管理论上认为市场价格具有一致性，但现实中由于种种因素，市场价格的准确性还需要评估人员做出判断。此外，当获得了较有效的资料后，鉴于资料的时间性、地域性等，评估人员仍须完成必要的修正。只有当这一系列事项完成之后，才可以相信评估值反映了市场价值，并且能够被买卖双方所接受。

4）清算价格法。清算价格法是以清算价格为标准，对车辆进行价格评估的方法。清算价格法在原理上与现行市价法基本相同，所不同的是出售者是在非自愿或被迫情况下出售车辆，而且要求在一定的期限内必须将车辆变现。从清算的角度来评估车辆的价格，需注意一些特殊条件，比如企业由于种种原因被迫停业或破产，那么作为评估人员必须具有法律效应的破产处理文件，以及在现实市场中快速出售的要求。此外，还需注意到所卖收人是否足以补偿因出售车辆而附加的支出总额，否则清算将无法实现。

（6）重置成本法在汽车价格评估中的应用

1）重置成本法计算公式的选用。根据重置成本法的原理，其基本计算公式为

$$\text{车辆评估值} = \text{重置成本} - \text{有形损耗} - \text{功能性损耗} - \text{经济性损耗}$$

上述公式还可以进一步写成

$$\text{车辆评估值} = \text{重置成本} \times (1-\text{有形损耗率}) \times (1-\text{功能性损耗率}) \times (1-\text{经济性损耗率})$$

在实际评估操作时，很多情况下，车辆的营运性损耗及经济性损耗的确定有相当困难，估计值也不易很准确。这时，只是对营运性功能损耗和经济性损耗对车辆价值的影响酌情考虑，并以调整系数的方式对车辆的评估值进行修正，其公式可以写成

$$\text{车辆评估值} = \text{重置成本} \times \text{成新率} \times \text{调整系数}$$

式中 成新率 = 1 − 有形损耗率。

2）车辆重置成本的估算。重置成本也称为重置全价，是指与被评估车辆相同或相似的全新车辆的取得成本。具体包括：车辆的重置费、运输费、税费等。在评估实践中，重置全价的估算方法主要有重置核算法、指数调整法和类比法。下面介绍最常用的方法重置核算法。

重置核算法也称为细节分析法或直接法。它是指以现行市价核算被评估车辆重置成本的一种方法。其计算公式为

$$\text{重置成本} = \text{直接成本} + \text{间接成本}$$

在上述公式中，直接成本是指购置全新车辆时，所花费的直接计人购置成本中的那部分成本，如车辆按现行市价计算的买价，加上运输费、人工费、消费税等。间接成本则是购置全新车辆时，所花费的不能直接计人购置成本中的那部分成本，如购置车辆时所花费的管理

费、注册登记费等。

3）车辆有形损耗及成新率的估算。车辆的有形损耗也称车辆的实体性贬值，它是由于使用磨损和自然损耗形成的。有形损耗率与成新率是同一事物的两方面，有形损耗用相对数表示，它的余数就是成新率，即

$$\text{成新率} = 1 - \text{有形损耗率}$$

估测车辆的成新率通常使用以下几种方法：

①使用年限法。该方法假设：车辆在整个使用寿命期间，有形损耗与时间呈线性递增关系。使用年限法的公式表示为

$$\text{成新率} = \left(1 - \frac{\text{车辆已使用年限}}{\text{车辆总使用年限}}\right) \times 100\%$$

从上述公式可知，运用使用年限法估算车辆的成新率，必须首先确定以下两个参数：车辆总使用年限、车辆已使用年限。

车辆的总使用年限也就是车辆的使用寿命。对于正常使用的车辆，当采用使用年限法估算其成新率时，应以车辆的规定使用期限作为其总使用年限。我国汽车的规定使用年限是：微型载货车、带拖挂的载货汽车、矿山作业专用车及各类出租汽车的使用期限为 8 年，其他车辆的使用期限为 10 年。此外，当车辆燃油消耗和行驶里程超标、车型淘汰和技术状况无法达标时，均应提前予以报废。

车辆的已使用年限是指车辆从开始使用到评估基准日所经历的时间。这种计量的前提条件是车辆的正常使用条件和正常使用强度下。在实际评估中，运用已使用年限指标时，应特别注意车辆的实际使用情况，而不是简单的日历天数。例如，对于某些以双班制运行的车辆，其实际使用时间为正常使用时间的两倍，因此该车辆的已使用年限，应是车辆从开始使用到评估基准日所经历时间的两倍。

采用使用年限法估算车辆的成新率时应注意，车辆的已使用年限与会计折旧中的会计提折旧年限不同，车辆的规定使用年限不等于车辆的会计折旧年限。因此，不能直接用会计中的折旧年限取代使用年限。

使用年限法方法简单、易操作，一般用于车辆成新率的粗估或价值不高的车辆评估。

②部件鉴定法。部件鉴定法是对车辆进行评估时，按车辆各组成部分对整车的重要性和价值量的大小来加权评分，最后确定成新率的一种方法。

部件鉴定法的关键是确定各部件的权重，不同种类、档次的车辆上，各组成部分对整车的重要性及其价值占整车的比重各不相同，有些类型车辆之间相差还很大，在实际评估时，应根据车辆各部分价值量占整车价值的比重，确定各部分的权重。

③整车观测法。整车观测法，是通过评估人员的现场观察和技术检测，对被评估车辆的技术状况进行鉴定、分级，以确定车辆成新率的一种方法。

运用整车观测法应观察、检测或搜集的技术指标主要包括：车辆的现时技术状态；车辆的使用时间及行驶里程；车辆的主要故障经历及大修情况；车辆的外观和完整性等。

整车观测法的判断结果没有部件鉴定法准确，一般用于中、低价值车辆成新率的初步估算。

④综合分析法。综合分析法是以使用年限法为基础，综合考虑车辆的实际技术状况、维护保养情况、原车制造质量、工作条件及工作性质等因素的影响，确定综合调整系数后，确

定成新率的一种方法。其计算公式为

$$成新率=\left(1-\frac{车辆已使用年限}{车辆总使用年限}\right)\times 综合调整系数\times 100\%$$

在上述公式中，车辆已使用年限和车辆的总使用年限，确定方法与使用年限法中所述的方法相同，综合调整系数与车辆的技术状况、维护情况、制造质量、工作性质和工作条件等因素以及这些因素的权重设置有关。

4）车辆功能性损耗的估算。由于技术的发展，不仅购置全新车辆比车辆的复原重置成本便宜，而且新车的性能更高、营运费用更低。因此，原有车辆将出现功能性损耗（贬值）。车辆的功能性损耗的具体表现形式有两种：一种是由超额投资成本所致的功能性损耗，也称为一次性功能贬值；另一种是由超额营运成本所致的功能性损耗，也称为营运性功能贬值。

①由超额投资成本所致的功能性损耗。从理论上讲，车辆的超额投资成本是该车辆的复原重置成本与其更新重置成本的差额，即

车辆超额投资成本 = 车辆复原重置成本 - 车辆更新重置成本

在实际评估中，车辆的复原重置成本往往难以直接获得。从以上公式可知，车辆的重置成本若直接使用车辆的更新重置成本，其实已经将被评估车辆中所包含的超额投资成本部分剔除掉了，因而不必再去刻意寻求车辆的复原重置成本，然后再减去车辆的更新重置成本，以得到车辆的超额投资成本。

在实际评估中还可能遇到这样的情况，即待评估的车辆是已停产或自然淘汰的车型。这样就没有实际的市场价，评估时只能参照其替代型号车辆的价格来类比估算。这些替代型号车辆的性能通常比原车型有所改进，其价格通常比被评估车辆高。在这种情形下，不应机械地搬用超额投资成本的计算公式来估测车辆的超额投资成本，而应根据参照物的价格，采用类比法估测被评估车辆的更新重置成本。

②由超额营运成本所致的功能性损耗。估算超额营运成本引起的功能性损耗时，可按照以下步骤进行：

a. 选择参照物，并将被评估车辆的年营运成本与参照物的年营运成本进行比较，计算两者之间的差额（即年超额营运成本额）。

b. 估测被评估车辆的剩余寿命。按相应的所得税率计算被评估车辆因超额营运成本而抵减的所得税额，从而得到被评估车辆的年超额营运成本净额。

c. 确定折现率，将被评估车辆在剩余使用年限中的每年超额营运成本净额（超额营运成本扣除所得税因素）折现累加，从而求得被评估车辆的功能性损耗。

5）车辆经济性损耗的估算。汽车评估中所涉及的经济性损耗（贬值）也是无形损耗的一种，是由车辆以外的各种因素所造成的损耗（贬值）。这样的例子可以举出很多，如由于汽车排放标准要求的提高，同一车辆的排放水平在过去可能被认为是可以接受的，但现在却无法满足现行排放标准的要求。这一标准对车辆的所有者来讲就是制约，除非达到规定的要求，否则汽车就无法继续使用。因此，对车辆的所有者而言，不管是采取措施力求达到标准，还是使车辆被迫停用，都需花费成本，这一成本从评估的角度上看便是经济损耗。诸如此类，概括地讲，外部因素不论多少，对车辆价值的影响要么是造成营运成本上升，要么是导致车辆闲置。

对于营运性车辆来讲，通常采用以下两种方式计量其经济性损耗：一种是利用车辆年收益损失额折现累加计算；另一种是通过车辆利用率的变化来估算。

①利用年收益损失额折现累加计算

如果由于外界因素变化，导致车辆营运收益的减少额或投入成本的增加额，能够估算出来，可直接按车辆继续使用期间每年的收益损失额折现累加，以求得车辆的经济性损耗。用数学式表示为

$$车辆的经济性损耗 = 车辆年收益损失额 \times (1 - 所得税率) \times (P/A, I, n)$$

式中 $(P/A, I, n)$——车辆的年金现值系数。

使用上述公式应注意，年收益损失额只能根据外界因素来计量，不能把因技术落后等自身因素所造成的收益损失额归入此类。

②通过车辆利用率的变化估算经济性损耗

如果由于外部因素的影响，导致车辆的利用率下降，可按照以下公式估算车辆的经济性损耗率

$$车辆经济性损耗率 = \left[1 - \left(\frac{车辆的实际工作量}{车辆的正常工作量}\right)^x\right] \times 100\%$$

在上式中，x 为规模效益指数（$0 < x < 1$）。其调整计算的结果，说明车辆的运输量与投入成本之间并非呈线性关系。当车辆的运输量降至正常运输量的一半时，其投入成本却不会也降至正常投入成本的一半。x 一般在 0.6～0.7 之间。

在确定了车辆的经济性损耗率后，可按照以下公式计算车辆的经济性损耗：

$$车辆的经济性损耗 = (重置成本 - 有形损耗 - 功能性损耗) \times 经济性损耗率$$

6）二手汽车交易市场上的汽车估价简易方法。将新车使用 10 年报废视为 100 分，提 15% 作为不折旧的固定部分残值。85% 为浮动折旧值。车的使用佳期一般为中早期，表现为两头小、中间大、分三段，按 3 年、4 年、3 年三段来折旧。折旧率分别为 11%、10%、9%。前三年每一年折旧 11%，总折 33%，中间四年每年折旧 10%，总折 40%，后三年每一年折旧 9%，总折 27%。10 年将浮动的 85% 折完，然后加残值，构成了折旧值，计算为

$$\begin{aligned}评估价 = 市场现行新车售价 \times [&提 15\% 为不动残值\\ &+ 85\% 为浮动值（分阶段折旧率）] + 评估值\end{aligned}$$

评估值。同一年份同一车型的车由于车主的使用技术，保养维护造成差别。有的跑几十万公里还是好车，有的跑十几万公里车况就很差了，评估就是针对因使用不同造成差异，将车分一、二、三类车。三种类型的二手车的评估值粗略估计为原车价的 5%、3% 和 0。应以《交易车辆评定类别等级技术标准》为依据，对车进行现场评估，评出类别，合成价值，成为“评估值”，构成此公式的组成因素之一。

在实际工作中只要掌握两个数据：当地市场新车售价和使用年限即可。

如某辆车 1997 年上户车到 2001 年已使用四年还剩六年。该车当地新车售价为 11.3 万元，折旧率为 43%，即前三年折旧 33%，加中间一年折旧 10%。现场评估出类别为一类车，需加新车价的 5%（等于 0.56 万元）。评估价为

$$11.3 \times [15\% + 85\%(1 - 43\%)] + 0.56 = 7.73 万元。$$

二、二手汽车鉴定评估实例

评估车型：捷达 GTX，登记日期：2000 年 9 月，行情评估价格：7.3 万元，表征行驶里

程：86000km。

该车配置：此车装备的发动机是直列四缸 20 气门发动机，变速器采用手动 5 速，ABS 防抱死、宽铝合金轮毂、电动门窗、中控锁、电动反光镜、四幅转向盘、转向助力、空调音响、银灰色金属漆。

评估说明：这次评估的捷达王 GTX 是捷达王系列中最常见的一款，属于早期的新型捷达王系列，现在已经不生产了。这辆车采用的是新型外壳，内部饰物还是老款车，音响只有卡座。这辆车的最大亮点是直列四缸 20 气门发动机，与现在的宝来 1.6 发动机相同，动力性能十分良好，对于男性喜爱捷达的消费者这款车是首选。

静态检查：车辆的外观基本上属于正常，只不过在车门两侧和后备箱底部均有约 5～10cm 的轻微划痕，车后部保险杠的间隙过大，并且有少许的凹凸痕迹，证明此车受到过车辆的追尾，但是碰撞程度很轻微，不会对车辆的机械性能造成影响。打开发动机盖，发动机舱内没有任何的碰撞痕迹，有些部分有轻微的锈蚀，这种情况属于正常损耗，发动机外部机油和灰尘混合成了污垢难以清除。机油量正常并且润滑性能和黏度良好，蓄电池已经到期需要更换。车辆的内部检测没有发现大问题，各电气部件工作正常，各连接部件严实可靠，只有音响有些许杂音。底盘检查没有发现弯、扭、裂、断等重大损伤，车辆的悬架、转向、变速器底盘部分都没有碰撞痕迹，只有少许刮痕。

动态检查：启动引擎，发动机怠速良好，没有异常的杂音和抖动，随着时间增加，水温上升有些不正常（正常情况下该车水温在 90°C 左右），造成这种情况的可能是水箱堵塞或者节温器失效，因此需要对车辆的冷却系统进行维护和保养。车辆的尾气排放十分正常，白色水雾证明汽油燃烧雾化良好，发动机工作十分正常。路面测试车辆发现离合器和变速器配合良好，结合平稳迅速，动力传递有效而且反馈有力。车辆行驶中的转向调试合理，制动配合 ABS 测试有效地控制了车辆减速性。但是行驶一段时间换挡有些异响，变速器内某部分机油润滑不到位，需要调整。

维修建议：该车车辆状况良好，机械性能非常出色，在二手捷达王车辆中应该属于二类车。因为原车主对车辆的爱惜和保养不够，购买这辆车的消费者最好对车辆的外观进行美容，对车辆的发动机、变速器进行清理，这样能够更加发挥车辆的“潜能”。

$$评估价为:11\times[15\%+85\%(1-43\%)]+0.33=7.3\ 万元$$

其中，该车当地新车售价为 11 万元，到 2004 年的该车的折旧率为：33% +10% = 43%，评估值为：11 万元 ×3% =0.33 万元。

案 例 分 析

案例 8-1　深圳市东湖存储技术有限公司产品技术支持与售后服务条款

追求品质卓越、同步世界潮流、提供客户满意的产品和服务，是深圳市东湖存储技术有限公司的产品质量宗旨和追求。

深圳市东湖存储技术有限公司郑重承诺：本公司技术支持中心对本公司销售的任何存储产品提供完善的 7×24 技术支持与服务。

客户可以通过以下三种方式获得技术支持和售后服务：

1）客户可通过登录深圳市东湖存储技术有限公司的网站 http：//www.elake.com.cn 来

查阅东湖存储产品技术知识库、产品文档、进行产品故障报修、驱动程序升级，以及产品售后培训和获得系列存储产品解决方案。

2）客户可通过拨打东湖存储技术支持和产品售后服务专线电话获得所需的技术支持和售后服务。如果是产品出现故障，东湖存储承诺24h内予以排除故障，直至更换。

3）深圳市实行公司系列存储产品硬件一年包换、三年保修，软件优惠升级的售后服务政策。

深圳市根据市场需求，不定期请全球和国内著名存储技术专家向用户举行公司系列存储产品的全国巡展、技术讲座和最新存储技术的发展介绍。

深圳市东湖存储技术有限公司根据市场需求，开展对服务器生产厂商、行业大客户、主要系统集成商和授权经销商的产品技术培训工作。

技术支持中心电话：

传真：

E－mail：

案例8-2　奥迪汽车SPIN销售实例（成交者凭什么是他?）

一个阳光明媚的下午，上海奥迪授权的经销商的车行中，车行内来访的客户并不多，三三两两，有的在看着样车，有的在办公桌前与销售人员商谈着，还有的在前台仔细阅读着车款、车型、新特色等的介绍手册。此时，两位男士偕同一位女士款款走进了车行。

徐承先在奥迪车行工作两个多月，销售业绩一般，共销售8台奥迪汽车。作为一个大学毕业、工作经验尚浅的小伙子，这个业绩属于比较初级的水平。看着走进车行的两男一女，他开始了基本的判断。

两位男士，都不是西装革履，但穿着都比较讲究，属于休闲类型的装扮，在这个刚入秋的时节，这个装束还是比较贴切的，尤其是与他们的年龄相匹配。其中一人手里拿着比较流行的一款手机，另外一位夹着一个考究的小皮包。再看这个女士，不过30出头，着淡妆，上衣属于白领的办公套装，配布料长裙，看上去很有气质，也带了一个女士皮包。徐承先初步判断，这是一个不错的潜在客户，他看到他们停留在了最新款的天蓝色奥迪A4的前面。他走了过去。

徐："各位好！怎么样，这么好的天，来看看车?"

拿手机的男士："对呀，这款是新到的吧?"

徐："是的，最近走得不错，而且全新上…。

案例8-3　处理销售中的价格问题

当销售员周女士把车开到住宅设备高级经销商的停车场时，周女士想起仅仅是两年以前他们是如何购买她的首次开放式订单的。去年，他们的销售额翻了一番，今年陈女士想卖给他们超过100000元的产品。

在周女士等候期间，接待员告诉周女士自从你上次访问以来，你的买主李先生被解雇了，另一个买主王先生接替了他的位置。周女士和李先生在过去的两年里成了朋友，周女士不愿看到李先生离去。

当周女士走进新买主的办公室，王先生请周女士坐下然后说："我要告诉你一个坏消息。我打算更换供货商，你的价格太高了。"

在这种情况下你该怎么办？你将对买主说什么？推销人员通常面临挑战，一个专业销售员如何处理可能出现的困境？

价格问题一直是贸易中的一个敏感问题。

首要的一点是，你在销售拜访之前，就应该对顾客的背景，如资信、需求、购买力有基本的了解。这跟价格有关系吗？当然有。如果你的产品定位与顾客的购买力相去甚远，即使质量再好，价格问题都必然是一只拦路虎！结果双方都浪费了时间和精力。这就是选择目标顾客的问题。

其次，任何人都知道，一种产品的价格由其成本及合理的利润构成，同类产品质量档次不同，价格也必然有差异。这一点顾客也应能理解。关键是要说清楚，你的产品物有所值。价格还跟购买数量、送货期及送货方式、付款方式、配套服务等多种因素有关。把这些因素与价格问题结合起来，构建成你为顾客提供的多种解决方案，如果他有购买的诚意的话，总有一种方案是能够满足他的。

还有一个重要的技巧问题：价格问题应放在什么阶段谈？有的销售员开门见山就说，"我的价格是最低的，质量是最好的"，结果顾客揪住价格问题不放，大家谈了半个小时，销售员连顾客要什么都没搞清楚。合理的逻辑是，销售员了解顾客的问题，提出针对问题的解决方案：特定的产品、服务等，最后给出一个相应的价格。价格只有与产品的质量、性能结合时，才会有说服力，这时我们可以称之为"价值"。

也就是说，价格应放到最后。销售员对会谈的引导和控制能力，也体现在这一点上。

案例 8-4　处理销售中的常见问题

在你的销售过程中可能遇到很多问题，在此我们讨论以下几个问题：

一、如何处理谈话中断的问题

在销售访问中谈话被打断是经常发生的事。秘书进来和电话铃响都会分散潜在顾客产注意力。在这种情况下你该怎么办？

首选，确定客户的谈话是私人的还是保密的。如何是这样，你可以用手势或声音示意离开房间，潜在顾客常常会比较欣赏。其次，等待时，重新组织一下思路，你可以：

1）静静地耐心等待，直到你重新完全得到潜在客户的注意。

2）简略重述让潜在客户感兴趣的产品销售点。

3）做一些提高潜在客户参与积极性的事。

4）如果重新引起了兴趣进行下一步的谈话。

二、如何谈论竞争者

竞争是所有销售员每天都必须与之做斗争的事情：如果你销售产品，你必须与其他人卖的类似产品相竞争。你应该怎样处理竞争？

1）除非绝对必要否则不要提及竞争者。

2）只是简单地介绍竞争者。

3）把你的产品与竞争产品作一详细比较。

三、回款问题

现在有些企业在搞 100% 回款考核。销售员的压力是很大的。但是，这应该说是一种进步。在回款压力下，企业/个人的信用问题越来越受到重视。当所有的企业都重视信用的时候，中国的市场就将成熟起来。而这一天的到来，不会很遥远。

举例：据调查，武汉只有19家企业使用汇票结算，而且都是用银行汇票；上海现有300多家企业使用汇票结算，且多用商业汇票。为什么？

总的来讲，回款的问题一旦发生了，就是一个难题，没有什么解决的灵丹妙药。解决问题的根本是防患于未然。做好顾客的资信调查，并努力与客户建立长期可靠的合作关系，并制定好“游戏规则”，防止类似“杀熟”的情况发生。这需要企业相关部门的支持，如财务、客户服务等部门，甚至上层领导的支持，而不仅是销售员的职责。

案例8-5　请评估下列汽车的价值：

切诺基BJ7250EL，登记日期为2000年9月，行驶里程为9.5万km。

该车配置：2.5L排量直列四缸多点电子喷射发动机、手动挡、转向助力、布织面座椅、全车电动门窗、手动遥控后外视镜、铝合金轮辋、调频立体收音机、R134a制冷剂环保冷暖空调、高位制动组合灯、新型车身防撞擦条、三辐式转向盘、可调节倾角转向管柱、后窗刮水器、前门一体化玻璃、后门儿童保护锁、前后排可调节座椅头枕、全场地板通道罩、防炫目内后视镜、中控门锁。

静态检查：没有发现车辆外观受到过损伤，没有明显的补漆痕迹，只是原车配备的四条轮胎有中等程度的磨损，如果新车主能够更换4条越野用宽轮胎应该能够让这辆车更加焕发出“越野精神”。此车由于是单位办公车辆，所以没有经过太多的坎坷，底盘保护得相当好。打开发动机舱盖，发动机略微的有渗油痕迹，前翼子板内外侧均没有异常现象。进入车厢内进行观察，内部的座椅织面非常干净，车内的地板也有一种很新的感觉。在测试转向盘的时候，我们发现车辆的转向助力系统压力正常，只不过前悬架系统如果进行越野则需要精心调校，正常行驶没有什么太大的影响。变速器挡位清晰，节气门、制动、离合器踏板回馈有力，没有沉重的感觉，此车行驶性能应该相当好。车厢内唯一损坏的是左前侧电动门窗升降器，其他电器部件保养完好。

动态检查：启动之后发动机有所抖动，噪声比较明显，但是属于正常损耗所造成，在经过5min热车之后发动机的“吼叫和颤抖”有了明显的下降，在发动机工作期间尾气的颜色为无色水汽状烟雾，证明汽油的气化和燃烧非常正常，发动机工作良好。

复习思考题

1. 试述客户管理的原则。
2. 简述顾客忠诚度的重要性。
3. 销售人员应进行那些方面的培训来增强自己的销售技巧。销售人员的行为规范是什么？
4. 如何提高汽车销售合同的执行与管理力度？
5. 怎样用重置成本法评估旧机动车？
6. 汽车技术状况的检查有哪些内容？
7. 没有报废的合法车辆是否可以进行交易？
8. 没有取得职业资格证书的人员，可不可以从事旧机动车鉴定评估工作？

第九章　汽车市场营销管理

【学习目的】　通过学习，了解汽车市场营销管理过程，掌握汽车市场营销管理过程的步骤，理解并掌握汽车市场营销管理的组织、实施、计划与控制的基本内容和方法。

第一节　汽车市场营销管理过程

为了使企业的营销活动与复杂多变的市场营销环境相适应，确保企业实现预定战略目标，必须实施有效的市场营销管理。

一、市场营销管理过程

市场营销管理过程，是指以实现企业战略规划为目标，识别、分析、选择和发掘市场营销机会，创造、建立和保持与目标市场之间的互利关系而进行的分析、计划、执行与控制的管理过程。这个过程大体上包括以下 4 个步骤：

1. 分析市场机会

市场机会就是指市场上存在尚未被满足的需要。由于受企业内外部各种条件的制约，并非所有的市场机会都能为企业所用，只有企业可以占领的市场机会才构成企业机会。作为营销管理人员，不但要善于发现市场机会，而且也要善于识别企业内部条件限制及环境威胁（即企业市场营销的不利因素），只有如此，才能正确分析、评估市场机会，找到企业机会。

例如：有关部门对未来几年内中国轿车市场的需求研究后认为，随着中国汽车市场对外开放，国内汽车产品价格将趋于国际水平，中国消费者潜在的汽车消费需求将转化为有效需求。尽管轿车市场高端产品的需求仍将定位在：价格 1～2 万美元，发动机排量在 1.3～1.8L，符合国际标准的普及型、经济型轿车。但国内外专家预计上述产品市场是未来中国汽车市场发展潜力最大、竞争最激烈的细分市场。市场需求将向多元化方向发展。符合个性追求，象征生活品位，代表轻松休闲，达到国际环保、安全要求的汽车产品将不断进入市场。通用、大众、本田、日产等生产高端产品的汽车制造商为适应市场结构变化，纷纷投资，规划在近年内完成多品种生产线的改造任务，使合资企业具有“宽带”制造能力，满足市场需求。

2. 选择目标市场

企业在找到企业机会后，还要分析和测算市场容量，以市场进行细分研究，找出企业能提供最佳服务的细分市场，并实行市场定位。

3. 确定市场进入策略

企业进入市场的方式有：（1）独立进入。企业依靠自身的力量，自己开发产品或服务，独立进行市场营销。这种方式需要企业具有必要的技术、资源、信誉及营销经验，它可以壮大企业的实力。（2）联合进入。企业依靠与合作者合作，共同开发市场，减轻独立进入市场的风险。这种方式要求合作者能够优势互补，各取所长。（3）并购进入。企业通过并购方式，兼并或者控制股份，掌握相关企业的控制权，借被并购企业的原有资源进入市场。这种方式是大型企业拓展新业务的常见方式，如上汽汽车集团就是通过这种方式进入微型汽车市场的。

4. 实施市场活动

实施市场营销活动包括施行以下几个相互关联的行动：（1）确立市场营销组合，即决定采用哪些可控手段，如何进行搭配才能实现最优的效果；（2）做好市场营销预算，即将营销经费如何在不同的业务或产品上进行分配，以及在各种营销手段之间进行分配；（3）做好市场营计划，对营销过程实施监督和控制。

二、市场营销组合

市场营销组合（Marketing mix），是现代市场营销理论中的一个重要概念，受到学术界和企业界的普遍重视与运用。所谓市场营销组合策略，是指企业为了满足目标市场的需求，有计划地对各种可控的市场营销因素加以优化组合并综合运用，以取得最佳经济效益并兼顾社会效益的组合策略。

企业的各种可以控制的营销因素很多，美国营销专家尤金·麦卡锡把它们概括为四类基本变量或策略子系统，即产品（Product）、价格（ Price）、分销地点（Place）、促销（Promotion）。因为这四个词的英文单词开头均为“P”，再加策略（Strategy），故又简称“4PS”。市场营销组合，也就是这4个“P”的适当组合。它体现了现代市场营销的整体营销观念。

需要说明的是，市场营销组合是多层次的，每类基本变量或策略子系统又是一个亚组合。如产品组合包括质量、特色、品牌、包装、规格、型号、服务、保证、退货等因素。价格组合则包括基本价格、折扣、津贴、付款方式、信贷条件等因素。地点组合则包括分销渠道、实体分配、储存、运输等因素。促销组合则包括广告、人员推销、营业推广、公共关系、质量保修等因素。

市场营销组合不仅要对4个“P”进行适当搭配，而且要安排好每个“P”的内部搭配（亚组合），使所有这些因素得到灵活运用。值得注意的是，市场营销组合中的这4个“P”及各个“P”的亚因素都是动态变化的，每个因素的变动都可能引起整个营销组合的变动，从而形成一个新的市场营销组合。

菲利普·科特勒认为，营销组合除了传统的“4PS”外，还应补充“权力”（Power）和“公共关系”（Public Relations），将“4PS”变为“6PS”。他提出的“大市场营销”概念认为，企业管理者应积极影响并优化外部营销环境（如政府和公众），而不只是单纯地依顺和适应它。显然至少那些实力强、社会声誉高、影响力大的的企业，在影响外部环境方面是有所作为的。企业市场营销的目标也并不仅仅是满足现有目标顾客的需要，还可包含创造或改变目标顾客的需要。公共关系手段是可以在挖掘顾客需求方面做出贡献的。菲利普·科特勒还提出市场营销战略的“ 4PS”：探查（ Probing），即深入检查、调查、分析与研究市场；分割（Partitioning），即根据人们的需求特征，进行市场细分；优先（Prioritizing），即选定企业优先服务的对象；定位（Positioning），即进行市场定位，在顾客心中确立企业及其产品的良好形象。菲利普·科特勒将市场营销战略的“4PS”与市场营销组合策略的“6PS”结合起来考虑，就把企业复杂的市场营销活动提炼总结成10个基本要素，即“10PS”，这对企业的市场营销实践具有重大的借鉴意义。

整合营销等新型营销观念，在上述现代营销观念的基础上，更为强调"顾客中心"的思想，将企业所有活动都与满足顾客需要联系起来，并从顾客的角度，将企业的营销组合重新划分为" 4CS"，即（1）消费者（Consumer），指消费者的需要和欲望（The needs and wants of consumer），强调创造消费者比开发产品更重要，满足消费者的需要和欲望比产品功能更重要。（2）成本（Cost），指消费者满意的总消费成本和价值（Cost and value to satisfy Consumer needs and wants），不仅包括消费者购买产品的初置成本，还应包括在产品使用寿命内的全部使用成本，这些总成本是否与消费者获得的价值相适应。（3）便利（Convenience），指购买的方便性（Convenience to buy），比传统的销售渠道更注重服务环节，尽量让顾客方便地得到产品。（4）沟通（Communication），指与顾客沟通（Communication with consumer），强调注重与顾客的双向交流，努力增进相互理解，培养忠诚的顾客。显然，"4CS"是对"4PS"的继承和创新，对汽车营销具有特别重要的意义。

第二节　汽车市场营销管理的组织、计划与控制

一、市场营销计划

市场营销计划是企业整体战略规划在营销领域的具体化。它是在营销调研基础上制订的，通常按年度编制。目前，我国许多汽车企业汽车产品系列宽、品牌多、市场广，这些企业的营销计划一般按产品系列、品牌系列或市场系列分别进行编制。

市场营销计划还是企业其他工作计划的起点，其制定的科学与否对于企业的经营有着极为重要的影响。市场营销计划所包含的内容随企业管理者想从中得到多少详细细节而异，但通常都包括下列基本内容和形式：

（1）内容提要。它是对主要营销目标和措施所做的简要概括说明。内容提要之后便是计划内容的目录表。

（2）当前营销状况。一般应简要而明确地说明目前市场情况（目标市场、过去几年的销售量等）、产品情况（各产品的价格、销售额、利润率等）、竞争情况（竞争者辩认、竞争者的营销策略、市场份额及发展趋势等）、分销渠道情况（各个分销渠道上的销售数量及变化、分销商力量变化、激发分销商所必要的价格和贸易条件等）等主要问题。

（3）机会与威胁分析。它是对企业面临的营销机会和可能受到的威胁的说明，是年度计划的依据。

（4）目标与差距。它是市场营销计划的核心内容之一。营销目标包括市场占有率、销售量或销售收入、利润率、投资收益率等财务目标和营销目标；差距是要达到计划目标所应解决的主要问题。根据计划目标和现存差距，营销计划中还应拟定出消除差距的具体措施。

（5）营销策略。它是达到营销目标的途径和手段，包括选择目标市场和市场定位、确定营销组合、营销费用预算等。

（6）营销活动方案。它是营销活动的具体实施步骤。一般应详细编制，以便执行和检查。

（7）营销预算，即盈亏分析报告。它是对销售收入及对生产、运输或营销成本的预算。

（8）营销控制。它是营销计划执行的控制原则和方法，其典型情况是将计划目标和预

算按月或按季度分解，以便于检查、监督和及时调整。

市场营销计划一般由企业的计划部门汇同各营销职能部门共同制订，一旦经营销最高主管领导（甚至企业总经理）审批后，就成为企业整个营销系统的年度行动纲领。

二、市场营销的实施

市场营销计划的组织实施必须有相关的各级人员和各个职能部门的参与和支持。只有通过整个企业全员的共同合作和协调行动，才能使营销计划有效地实施。

市场营销的实施过程包括以下5个相互关联的方面：

（1）制定详细的行动方案。明确指出实施营销计划的关键决策和任务，并将这些任务落实到具体的责任人、责任单位；同时，制定出具体的时间表。

（2）建立合理有效的组织结构。组织结构应具有两大基本功能，即合理分工，明确各自的责任、权利；建立畅通的沟通渠道。还要注意增加组织结构的营销弹性，使营销系统能对外部环境变化做出迅速而准确的反应。

（3）确立合理的、激励性强的报酬制度。制度中应明确业绩的衡量和评价标准、报酬的计算（一般应与业绩挂钩）和支付等内容。

（4）开发并合理调配人力资源。主要涉及员工的招募、考核、选拔、培训、安置和激励等问题。企业不仅要通过招募、考核、选拔、培训找到最适用的营销人才，还要通过合理地安置和激励，做到人尽其才，并发挥其最大的潜力。在人才的使用上，还应考虑营销战略的特点，不同的营销战略需要不同个性特点和能力的人才。“开拓型”战略需要具有创业精神、有魄力的人才；“维持型”战略需要具有较强的组织管理能力的人才；“紧缩型”战略则需要擅长精打细算的人才。

（5）营造企业文化和管理风格。企业文化是指企业的员工共同持有的价值观念、信念和行为准则。优良的企业文化能使企业的全体员工团结一致，构成一个充满活力的有机整体。企业模范人物是企业员工共有价值观念的人格化，企业应通过各种手段大力宣传企业模范人物。

管理风格是指企业管理者在工作中为人处世的方式和方法。典型的管理风格主要有“集权型”（指管理者独揽大权，喜欢发号施令，对下属控制严格，不允许采用非正式的沟通渠道）和“参与型”（指管理者愿意授权给下属，鼓励下属主动参与管理，并采用非正式的沟通渠道）。有的管理者兼具这两种管理风格的特点，只不过侧重点有所不同。这两种管理风格各有利弊，企业应根据其所要实施的营销战略、组织结构、员工素质和营销环境加以选择。需要说明的是，企业文化和管理风格往往较难改变，企业通常要配合自已的企业文化来制定营销战略。当战略与企业文化相互冲突时，往往是通过改变战略而非企业文化来使其相互适应的。当然这也不能一概而论。企业注意在平时的日常工作中有意识地培养对企业有利的企业文化和管理风格。

同企业战略规划的实施一样，市场营销计划在实施过程中，也应密切注意市场监督、信息反馈、适时审查、及时修订和调整等市场营销的控制问题。

三、市场营销的控制

市场营销控制是指通过对营销战略和计划的效果进行衡量与评估，及时采取修正措施，以确保营销目标的实现。有三种主要的营销控制形式（见9-1表）。

表 9-1 营销控制类型

控制类型	控制目的	方法
年度计划控制	检查计划目标是否实现	销售分析;市场份额分析;销售费用率分析;财务分析;顾客态度分析
盈利控制	检查企业在哪些地方赚钱,哪些地方亏损	产品、地区、顾客群、销售渠道、订单大小等盈利情况
战略控制	检查公司是否在市场、产品和渠道方面正在寻找最佳机会	营销效益等级评核;营销审计

1. 年度计划控制

年度计划控的主要任务是对销售额（量）、市场占有率、营销费用率、顾客态度等进行控制，以确保年度营销计划中规定的目标得以实现。其具体控制过程如下：

确定目标	评估成绩	分析原因	采取措施
要实现什么目标？	→取得了什么结果？	→取得此结果的原因是什么？	→应该采取什么措施？

年度计划控制主要有以下方法可供使用：

（1）销售分析。销售分析就是衡量并评估实际销售额与计划销售额之间的差距。通常分为销售差距分析、产品和地区销售量分析两种。

1）销售差距分析。这种方法用于评估不同因素对销售差距的影响程度。如某汽车生产企业2004年第三季度计划销售额为6000万元，计划价格为20万元，销售量为300台，第三季度末实际完成4500万元，实际销售价格为18万元，只销了250台，销售绩效差异为1500万元，只完成了计划的75%。现在计算：

价格下降所造成的销售差额 = (20 − 18) × 250 = 500 万元

对销售差额的影响率 = 500/(6000 − 4500) × 100% = 33.33%

销售量下降的造成的销售差额 = (300 − 250) × 20 = 1000 万元

对销售差额的影响率 = 1000/(6000 − 4500) × 100% = 66.67%

可见，销售额下降的33.33%是由价格降低引起的，66.67%是由销售量下降引起的。

2）产品和地区销售量分析。这种方法是用来审核导致销售差距的具体产品和地区。如上例中的汽车生产企业有三个销售地区，计划第三季度在三个地区的销售量分别为：50台、150台、100台，三个地区实际销量为别为：60台、130台、60台。三个地区的营销差距为：地区1高于计划20%，地区2低于计划13.33%，地区3低于计划40%。可见，地区3是造成销量下降的主要原因，应进一步查明问题所在。

（2）市场占有率分析。营销管理者要密切注视本企业在各种产品和各个地区市场上占有率的变化情况。如果占有率上升，表明营销绩效在提高，在市场竞争中处于优势；反之，则表明在竞争中处于不利地位，从而必须针对此类产品或地区改善营销活动。在市场占有率分析中，企业可以采用不同的市场占有率指标对其销售状况和市场竞争地位进行分析评估。

（3）营销费用率分析。这种方法用来审核营销费用对销售额之比，以保证企业的营销费用率保持在合理的水平上。营销费用通常应按项目列出，例如人员推销费、广告费、营业推广费、营业调研费、营销行政管理费等。管理者可以在营销费用率控制图表上对各营销费率各时期的变化进行追踪监控，并对各项费率加以分析，将其控制在计划限度内。如果超出计划，就应认真分析，制定相应的对策。

（4）顾客态度分析。有远见的企业在进行以上控制的同时，还随时了解和掌握顾客、中间商及其他有关人员态度的变化。这里介绍几种主要的顾客态度追踪制度：

1）意见和建议制度。指企业提供各种建议卡给顾客，鼓励顾客反馈意见，并将顾客的各种口头和书面意见汇编成册，尽力在顾客意见最集中的地方寻找原因和解决措施。

2）顾客固定样本调查小组。指企业将顾客组成固定样本调查小组，这些顾客同意定期通过电话或邮寄调查表将自己的看法告知企业。

3）顾客调查。指企业定期向随机抽取的顾客寄送调查表进行调查。

通过上述各项分析，如果发现营销实际与年度计划指标差距太大，则必须采取调整措施。

2. 盈利控制

除年度计划控制外，企业还需要分析从各种产品、地区、顾客群、分销渠道等方面的获利情况。这可以通过盈利控制来实现。盈利控制的具体分析方法是通过对财务报表和数据的一系列处理，把所获利润分摊到产品、地区、分销渠道、顾客群等方面。从而衡量出每一因素对企业最终获利的贡献大小，并针对盈利能力不足的因素，采取相应措施，排除或削弱此类因素的影响。例如改进某种产品、调整某一销售渠道或者是针对某一市场加强广告宣传等。

下面根据实例来说明盈利控制的基本步骤。例如，上例中的汽车生产企业通过企业销售机构、国内地区代理商、外贸公司这三种分销渠道销售产品。企业损益如下：

销售收入	60000 万元	销售成本	39000 万元
毛　　利	21000 万元	营销费用	15800 万元
租　　金	3000 万元	净　　利	5200 万元

（1）将营销费用分摊给各项营销职能。分摊结果见表 9-2。

表 9-2　营销职能费用表　（单位：万元）

项　目	推　销	广　告	装　运	其　他	合　计
人工费用	5100	1200	1400	1600	9300
材料费用	400	1500	1400	200	3500
租金	—	400	2000	600	3000
合计	5500	3100	4800	2400	15800

（2）将各项营销职能费用分摊给各个分销渠道。各项营销职能活动单位成本见表 9-3。

（3）编制各分销渠道损益表，见表 9-4。由表中可看出，外贸公司的获利能力最强，获净利润 5060 万元；而国内地区代理商则亏损 310 万元；企业销售机构获净利润 450 万元。因此，企业必须对国内地区代理商采取必要的措施和行动。

表 9-3　分销渠道费用表　　　（单位：万元）

项　目	推销 顾客访问次数	广告 广告次数	装运 订单数量	其他 订单数量
公司销售机构	2000	500	500	500
地区代理商	650	200	210	210
外贸公司	100	300	90	90
合计	2750	1000	800	800
单位成本	5500/2750 =2.0	3100/1000 =3.1	4800/800 =6.0	2400/800 =3.0

表 9-4　分销渠道损益表　　　（单位：万元）

项　目	公司销售机构	地区代理商	外贸公司	合　计
销售收入	30000	10000	20000	60000
销售成本	19500	6500	13000	39000
毛利	10500	3500	7000	21000
营销费用				
推销	4000	1300	200	5500
广告	1550	620	930	3100
装运	3000	1260	540	4800
其他	1500	630	270	2400
总费用	10050	3810	1940	15800
净利	450	-310	5060	5200

（4）确定调整措施。

3. 战略控制

战略控制即是对企业目标、发展战略和主要措施进行审查与适时调整，以保证它们与不断变化的营销环境相适应。其控制方法有以下两种：

（1）营销效益等级考核。该方法从顾客导向、营销组织、营销信息、战略计划和工作效率等5个方面概括地描述了一个企业或部门的总体营销效益。

（2）营销审计。即对企业的营销环境、营销目标、营销战略、组织系统和营销组合诸方面进行全面的、独立的、系统的定期审查，以找出现有问题，发现新的营销机会。

需要强调的是，营销审计不是只审查几个出了问题的方面，而是覆盖营销环境、内部营销系统以至营销活动的主要方面，它是定期进行的，而不是出现问题时才采取的临时性行动。营销审计不仅能为那些陷入困境的企业带来转机，而且还能使那些营销绩效卓著的企业锦上添花。

营销审计由检查企业营销形势的以下6个主要组成部分构成：

1）营销环境审计，主要审查企业的宏观环境和微观环境。

2）营销战略审计，主要审查企业使命、营销目标、营销战略。

3）营销组织审计，主要审查企业营销组织是否能正常发挥功能和相互沟通。

4）营销制度审计，主要审查营销信息系统、营销计划系统、营销控制系统和新产品开发系统。

5）营销生产率审计，主要进行盈利率分析和成本效益分析。

6）营销功能审计，主要审查产品、价格、分销、促销这几个方面。

四、市场营销组织

市场营销组织是为了实现企业的目标，制定和实施市场营销计划的职能部门。

1. 汽车企业市场营销组织的变化

企业市场营销组织的设置，是随着营销观念的演变而变化的。大体讲，市场营销组织已经并将继续按照以下轨迹演变。

（1）单纯的销售部门。只负责办理签约、收账、发货等具体的销售职能，销售部门基本不负责市场调研、广告、促销等活动，有时可能应上面的要求，参与做一些辅助性的工作。改革开放初期的一段时间里，汽车企业即属于这种。

（2）营销与销售相互独立的部门。随着市场调研、产品规划、广告促销和顾客服务等工作量的增加，企业开始设立独立的营销部门统管这些活动，形成营销与销售相互独立的部门设置。20 世纪 80 年代中后期我国的一些汽车企业就是这种部门设置。

（3）现代市场营销部门。为了解决前种设置导致的营销和销售两个部门的矛盾，开始将它们合并，将销售与营销视作同等重要的职能，由一个市场营销总经理统一管理。20 世纪 90 年代以来，我国汽车企业基本都执行了这种部门设置。

（4）现代市场营销企业。真正现代企业的典型特征就是全体员工都有强烈的“顾客服务”意识，人人都在服务顾客，从而形成“以顾客为中心”的现代市场营销企业。汽车企业目前正在向其靠拢。

2. 市场营销部门的组织形式

现代企业的市场营销部门，有多种组织形式。不论采取哪种形式，都应体现“以顾客为中心”的指导思想，诚如管理大师彼得·杜拉克（Peter F. Drcker）指出，顾客是企业赖以生存的基础，企业的目标是创造顾客，任何组织若没有营销或只是其业务的一部分，则不能称之为企业。企业的基本职能只有两个，即市场营销和创新。

概括地说，市场营销部门的基本组织形式有：（1）职能专业化组织。即在营销总经理下面设立市场研究部、整车销售部、售后服务部、计划财务部、公共关系部等。这是最常见的组织形式。我国汽车企业的市场营销部门的组织形式，大多以这种形式为主。职能专业化组织按照市场营销的各种职能设置部门，其优点主要是简单、方便，缺点是没有人对一个产品或一个市场负全责，各部门常常明争暗斗，争取部门利益，营销总经理易卷入调解纠纷的旋涡中。（2）地区专业化组织。即根据企业经营业务的地区范围设置市场营销部门。（3）产品专业化组织。即根据企业经营的产品业务范围设置市场营销部门。（4）市场专业化组织。即根据企业的顾客类型设置市场营销部门，如设置大客户部、普通客户部、特殊客户部、政府市场部、军需部等。

现实生活中，企业一般根据市场营销需要，基于以基本形式组织成复合结构，如法国雪铁龙公司就是先按地区专业化，再按职能专业化组织其市场营销部门的。我国大部分汽车企业都是在职能专业化基础上，再按地区分布设置企业的驻外营销机构（如子公司、大区、办事处等）。

有的企业还在其市场营销部门的设置时，进行了更多的探索，例如建立既有产品经理，又有市场经理的矩阵结构。这种结构好比“纵”与“横”的关系，以协调其职能。

案例分析

案例 9-1 美国福特 T 型车的营销战略

1908 年 3 月 18 日由亨利·福特和柯冉斯亲自策划的福特 T 型车销售计划，是采取秘密拟定的方式进行的。

福特不声不响的印发了 T 型车的商品目录。T 型车的照片也被印在上面，然后秘密地将这些目录散发给福特汽车公司的主要经销商。经销商们收到福特邮寄来的信时有些莫名其妙，等拆开信封，仔细看过里面的商品目录、说明书和价格表后，才醒悟过来，都赞同这是个难得的奇妙的构思。

商品目录上的 T 型车是介于有篷车和敞篷车之间的一种造型。该型较之尚未售完的 R 型车和 S 型车．款式更新颖。

根据商品目录上的销售宣传，T 型车有如下几个显著特征：一是使用了材质坚固的合金材料制造：二是 4 个气缸都在由两个半椭圆型的钢板支撑着的同一个铸模内，发动机体积较小；三是变速器全部隐藏在车体内，不像以前那样露在外面；四是转向盘设计安装在左边，与欧洲车转向盘的位置相反。

难以置信的是，福特给经销商们的定价竟然只有 825 美元。

“等一等！就决定卖这种车了！但是要等到把 R 型车和 S 型车的库存清光为止，否则推出这种车是会破产的！”

当福特得知经销商们的兴奋之情时，毫不犹豫地做出断然决定，立刻选定了推出新车的发表日期。

10 月 1 日（星期五），亨利·福特断然拉开了一场新车宣传战的帷幕，这出其不意的一举着实令世人震惊，这是史无前例的创举。

先不说报纸、杂志上那些大篇幅的目不暇接的宣传，仅以邮寄广告方式，就在全美展开了声势浩大、规模空前的宣传活动。亨利·福特并不满足于以邮寄广告的方式所获得的效果，他还通过电报和电话的方式，直接迅速地告知消费者。

亨利·福特抓住一切机会进行宣传，在同年春天即将创刊的《福特时间》杂志上也作了宣传。在杂志中，福特的广告写道：“自从 T 型车发售以来，凡是购买 T 型车的顾客均可以享受邮资免费的优惠。”

这本杂志相当畅销，到了 1910 年，这本杂志相继用法文、西班牙文、葡萄牙文、俄文等几种文字大量发行，到了 1916 年，其发行量已达 60 万份。

T 型车为福特公司带来了高额利润。仅一年的时间，销售量已达 6000 部，创下了历史最高记录，所获得净利润比过去 5 年的总销售额还高出 200 万美元以上，尽管为了 T 型车投入了巨额宣传费用，但其利润还是相当可观的。毋庸置疑，这一盛举为亨利·福特写下了一生中灿烂夺目的一页。

为了更进一步拓宽市场和巩固原有市场份额，亨利·福特下令改变车的颜色和外型。车的颜色一改过去单调的黑色，根据车的用途将颜色分为 3 种：充满活力的红色旅行车、朴实实用的灰色一般大众代步车和气派高雅的绿色豪华车。这些策略使福特车能更好地满足用户的需要，福特公司因此能独树一帜，牢牢地占有相当的市场份额。

案例 9-2　宝马驰骋亚细亚

宝马公司于 1985 年首次在新加坡成立了亚太区域分公司。20 世纪 90 年代，公司抓住国际汽车市场调整和亚洲中产阶级崛起的机遇，制定了一系列市场战略，如提高销售量和市场占有率，使宝马成为高级车市场的第一品牌；渗透亚洲市场，使现有市场的代理商网络日臻完善；使顾客对产品及服务的满意度处于领先地位等。1994 年，亚洲市场共售出 2.5 万部宝马车，整个市场占有率从原来的 1.6% 提高到 2.1%，公司设立的重点区域—印尼、台湾和香港 3 个市场，1994 年增长率分别达到 86%、70% 和 31%。

一、宝马在亚洲市场所面临的主要竞争分析

20 世纪 90 年代的汽车竞争呈现出新的特点，一个越来越明显的现象是：不同厂家生产段汽车因流线设计的趋势，外型越来越相似，这不但使车体造型越来越相像，而且同一厂家生产的改良车型也越来越难从外观上看出改进的地方。

来自欧洲和日本的汽车制造商推出精心设计的车型，希望用较低的价格但又无可媲美的车型来赢得市场，这使得较低价位的宝马车型，日益面临更加激烈的竞争。

以奔驰为代表的传统高档豪华车则凭借传统名牌和市场先机，固守着亚洲市场，这又给宝马豪华系列的进入造成障碍。

针对上述现实状况，宝马审时度势，制定了被后来证明是十分正确的行销策略。

二、宝马进入亚洲市场的行销方略

独具特色的宝马市场行销方略，集中反映在它的品牌定位、产品策略、定价策略和沟通策略上。

1. 宝马的品牌定位——设计、动力与科技

“最完美的驾驶工具”是宝马别出心裁的品牌定位。这个定位结合 3 大要素：设计、动力与科技。塑立了宝马“尊贵、年轻、活力”的形象。这一形象与传统名牌奔驰汽车的“尊贵、传统、豪华”是不同的。宝马公司所有的传播沟通策略都至少以其中一项做为主题依据，每一个要素的定义都特别考虑到宝马的顾客群。这使宝马在亚洲成为“成功的新形象”。

宝马的品牌定位，巧妙地绕过了奔驰这一强劲的竞争对手，全力吸引年轻一代，寻求经济和社会地位成功的亚洲商人，表明宝马能够满足那些在乎形象、追求极致表现的年轻人的所有要求。

2. 宝马的产品策略——系列优雅风格

宝马的汽车种类繁多，分别以不同系列来设定等级，从较小型、时髦的三系列，到提供安全舒适空间的五系列，再发展适合高级人员的七系列房车，直到独特优雅的八系列双门跑车，所有车系都具备了宝马汽车惯有的优雅风格、潜在的动力、高品质的做工，以及无与伦比的安全标准，从而进一步稳固了宝马“成功的新形象”。

3. 宝马的定价策略——高价位

宝马的目标在追求成功的高价政策，以高于其他大众车品牌的价格出现。这一定位是基于宝马优于其他品牌的产品及具备完善的服务特性，以及宝马品牌象征的价值。这一定价策略达到了以下效果：作为宝马汽车品质的指标，价格也传达了品牌与声望的信息；相对于竞

争品牌的专用性与独特性，消费者的社会成就可以在他的生活里得到反映。

4. 宝马的沟通策略——广告、直销、项目策划

如上所述，宝马对亚洲市场沟通的目标主要在于加强宝马的形象，并赋予宝马顾客一种价值：创新、动力、美感。因此，宝马的沟通策略无不紧紧围绕着宝马的这种新形象来进行。当和顾客接触时，他们无时无刻不忘表现宝马这种与生俱来的实力。

当与豪华汽车市场潜在顾客沟通时，宝马首先确立沟通战略目标：①成功地把宝马的品牌定位溶入潜在用户中；②加强潜在用户与宝马的情感联系；在宝马的整体形象之下，充分体现宝马和产品与服务的组合；③针对产品提供详尽的信息。

依据上述战略目标，宝马通过自己的沟通管道——广告、直销、项目策划、公共关系等把这一战略变成现实。

（1）多层次的广告。随着全球一体化进程的发展，整合宝马在多种不同广告上的形象变得十分重要。为了适应这种需要，宝马在亚洲地区开展了一项品牌形象宣传计划。宝马充分利用统一的广告手段借助具备超越国界影响力的媒体树立起完整的宝马形象。

这些广告主要通过以下4个层次予以推进。

第一层次：企业性宣传活动——全球性地推广和定位品牌。

第二层次：亚洲地区广告网——以加强宝马品牌的形象和其在当地的信誉与地位。

第三层次：全国性形象塑造活动——在各地建立形象以提高品牌知名度，进一步赢得短期利益。

第四层次：适当使用当地行销的策略性广告——激发销售量，引导并提升产品的定位。

以上4个层次广告逐层递进，并配之以亚洲地区品牌宣传活动，使宝马形象日臻完美，收到了预期的效果。

宝马公司的这些多层次广告通过精心策划后分两个阶段推出：

在第一阶段的宣传活动里，主要是告诉消费者宝马是轿车的品质，居高级豪华车里的第一，同时阐明宝马公司的成就与成功经验。

在第二阶段的宣传活动里，利用宝马七系列作为主打产品，证明它在汽车设计、安全、舒适和照顾顾客的需要方面，是顶尖汽车市场里的领导者。

（2）直销。直销在世界各地日渐重要的事实已成共识。宝马同样十分重视直销方式，所以当宝马汽车公司在企划广告和销售计划时，与目标消费群直接的面谈占了越来越大的比例。作为一个独特、个人化且技术领先的品牌，宝马面对并非是大众化的汽车市场。随着亚洲市场的快速发展，宝马必须了解变化了的环境对顾客群沟通方式的影响，因此宝马采用慎选的个性化手法，以适当有效的方式把信息传达给消费者，这就是宝马的直销计划。

这一计划是依据消费者、产品、市场与及沟通方面的多种趋势而制定的。

以沟通方面为例，由于信息污染程度越来越严重，特别在广告上，越来越多的电视台与报章杂志，使得与潜在客户的沟通工作越来越不容易进行。在这种情况下，在亚洲直销的两个主要目标更加明显：一方面要有能力面对明确的目标顾客，另一方面要能把信息成功传达给目标顾客。但是在这方面采用传统广告是很难实现的。因此，只有直销最符合这种需要。同时，直销还具有下列功效：①拉近了宝马与其潜在客户的距离，以充分体现出对他们的承诺；②利用有条理的面谈，将宝马的各项服务整体理念，如财务状况、销售情形、售后服务和零件配备情况等传达给客户；③降低潜在客户对信息的渴望程度；④利用现有宝马客户的

资料来发展内部管理信息系统。

(3) 项目策划。随着争夺潜在客户的竞争日益加剧，加上“信息污染”的负面影响，使得和客户直接沟通变得非常重要，为了实现这一目标，宝马成功地策划了两个销售促进活动——宝马国际金杯赛和宝马汽车鉴赏巡礼，通过这些活动达到了直接与目标客户接触，争取潜在客户的目的。

此外，宝马还对一些特定目标的客户开展了一些特别项目策划：如定期与主要的媒体代表聚会；探讨汽车的功能；向特别目标客户群详细介绍七系列的宝马汽车；进口商主动开展一些社交及文化活动，资助一些定期举办的社会活动，如运动、社交和文化等。

“宝马就等于形象、机力和性能”。宝马和它的品牌所代表的，就是实际资产、竞争力和将来的丰厚利润。宝马的今天，得益于它的策略性管理，它的优越地位和口碑。它将长驱直入，驰骋亚洲。

复习思考题

1. 市场营销管理过程包括哪几个步骤？
2. 市场营销计划有哪些基本内容和形式？
3. 市场营销的实施过程包括哪些方面？
4. 营销控制形式有哪些？
5. 什么是销售分析？有哪几种？
6. 市场营销部门有哪些基本组织形式？

参 考 文 献

1 （美）菲利普·科特勒著．市场营销管理．上海：上海人民出版社，1999

2 张国方主编．汽车营销．北京：人民交通出版社，2003

3 何宝文主编．汽车营销．北京：机械工业出版社，2004

4 高玉民编著．汽车特约销售服务站营销策略．北京：机械工业出版社，2004

5 王宏雁等编著．四位一体汽车销售服务管理指南．上海：同济大学出版社，2001

6 孙凤英主编．汽车营销．北京：机械工业出版社，2004

7 陈友新著．汽车营销艺术通论．北京：北京理工大学出版社，2003

8 武康平，费淳璐编著．WTO 框架下中国汽车经济的增长极．北京：经济科学出版社，2002

9 威文，邢何明编著．第一流的汽车营销经典案例全接触．北京：机械工业出版社，2002

10 邵海忠著．WTO 与汽车营销．武汉：湖北人民出版社，2001

11 姜正根主编．汽车营销学．北京：中国劳动社会保障出版社，2002

12 职业技能教材．汽车营销．北京：中国劳动社会保障出版社，2002

13 张国方，朱杰主编．汽车配件销售员培训教程．北京：人民交通出版社，2001

14 李 强主编．市场营销学教程．大连：东北财经大学出版社，2000

读者信息反馈表

为了更好地为您服务，有针对性地为您提供图书信息，方便您选购合适图书，我们希望了解您的需求和对我们教材的意见和建议，但愿这小小的表格为我们架起一座沟通的桥梁。

<table>
<tr><td>姓　名</td><td></td><td>所在单位名称</td><td colspan="3"></td></tr>
<tr><td>性　别</td><td></td><td>所从事工作</td><td colspan="3"></td></tr>
<tr><td>通信地址</td><td colspan="2"></td><td>邮　编</td><td colspan="2"></td></tr>
<tr><td>办公电话</td><td colspan="2"></td><td>移动电话</td><td colspan="2"></td></tr>
<tr><td>E-mail</td><td colspan="5"></td></tr>
<tr><td colspan="6">1. 您选择图书时主要考虑的因素（在相应项前画√）
（　）出版社　（　）内容　（　）价格　（　）封面设计　（　）其他
2. 您选择我们图书的途径（在相应项前画√）
（　）书目　（　）书店　（　）网站　（　）朋友推介　（　）其他</td></tr>
<tr><td colspan="2">希望我们与您经常保持联系的方式</td><td colspan="4">□电子邮件信息　□定期邮寄书目
□通过编辑联络　□定期电话咨询</td></tr>
<tr><td colspan="6">您对我社图书出版有哪些意见和建议（可从内容、质量、设计、需求等方面谈）：</td></tr>
<tr><td colspan="6">您今后是否准备出版相应的教材、图书或专著（请写出出版的专业方向、准备出版的时间、出版社的选择等）</td></tr>
</table>

非常感谢您能抽出宝贵的时间完成这张调查表的填写并回寄给我们，您的意见和建议一经采纳，我们将有礼品回赠。我们愿以真诚的服务回报您对机械工业出版社技能教育分社的关心和支持。

请联系我们——

地址：北京市西城区百万庄大街22号　机械工业出版社技能教育分社　邮编100037

社长电话：（010）68329397（带传真）；88379080；88379083

联系人：朱华（策划室主任）电话（010）88379761　13501367871

E-mail　zhuhuamm@sina. com